陕西理工学院汉水文化省级重点学科暨陕西（高校）哲学社会科学
重点研究基地汉水文化研究中心资助研究成果

陕南生态农业发展研究

林　海　邵福利　著

西北农林科技大学出版社

图书在版编目(CIP)数据

陕南生态农业发展研究/林海，邵福利著. —杨凌：西北农林科技大学出版社，2013.10

ISBN 978-7-81092-848-9

Ⅰ. ①陕… Ⅱ. ①林… ②邵… Ⅲ. ①生态农业—农业经济发展—研究—陕南地区 Ⅳ. ①F327.41

中国版本图书馆 CIP 数据核字(2013)第 242897 号

陕南生态农业发展研究

林 海 邵福利 著

出版发行	西北农林科技大学出版社
地　　址	陕西杨凌杨武路 3 号　　**邮　编**:712100
电　　话	总编室:029—87093105　发行部:87093302
电子邮箱	press0809@163.com
印　　刷	陕西杨凌森奥印务有限公司
版　　次	2013 年 11 月第 1 版
印　　次	2013 年 11 月第 1 次
开　　本	787 mm×1092 mm　1/16
印　　张	12
字　　数	220 千字

ISBN 978-7-81092-848-9

定价:30.00 元

目　录

第一章　生态文明与生态农业

一、生态文明与生态农业

(一)文明与生态文明

1. 人类的文明

汉语“文明”一词，最早出自《易经》，曰：“见龙在田、天下文明。”。在现代汉语中，文明指社会进步的状态，与“野蛮”一词相对立。文明是人类在认识世界和改造世界的过程中所逐步形成的思想观念以及不断进化的人类本性的具体体现，是人类社会实践活动中进步、合理成分的积淀；文明发展水平标志着人类社会生存方式的发展变化。当然，文明不是一朝一夕形成的，它是历史的产物，是人类智慧与创造力的结晶。从这个意义上讲，人类发展史也是一部文明发展史。

人类在生产生活的实践过程中，创造了丰富的物质财富和精神财富。因此，一般把文明分为物质文明和精神文明。

物质文明是人类改造自然的物质成果，表现为人们物质生产的进步和物质生活的改善。人类自人猿分离以来，生活、生存就是其面临的首要任务。而生活物资从何而来？答案就是人类生活在其中的自然环境。于是，改造自然，变“无用”为“有用”就成为人类的努力方向。如变树木为房屋、舟船；变石头为工具、窑洞；变草为药、农作物等。当然，这种“改造”、“利用”的成果，不是一代人完成的，而是一代又一代人的不断积累、进化完成的。当今世界，人类对周围自然环境的改造已经达到了“极致”，以至于很难找到没有被人类改造过的环境。改造的“极致”，从另一方面理解，就是对自然环境的“破坏”达到了“极致”，这也是人们不得不接受的事实。

精神文明是人类在改造客观世界和主观世界的过程中所取得的精神成果的总和，是人类智慧、道德的进步状态。因此，一般把精神文明分为两个方面：一是科学文化方面，包括社会的文化、知识、智慧的状况，教育、科学、文化、艺术、卫生、体育等事业的发展规模和发展水平。二是思想道德方面，包括社会的政治思想、道德面貌、社会风尚和人们的理想、情操、觉悟、信念以及组织性、纪律性的状况。

人类文明外在的表现是物质文明，内在的本质是精神文明。制作一件工具、获得一批食物容易，但明白其中的道理、“举一反三”难。人类作为动物的一种，又远远超越了一般动物，根源在于人类善于总结经验、善于学习、善于积累。今天人类享用的文明成果，其实就是人类的先辈在生存实践活动中，不断探索、学习、总结、积累的结晶。而这些“结晶”代代相传，成为如今人们骄傲的资本。

当人类深深地理解了精神文明的本质性以后，就会进行伟大的实践。一部人类文明的历史，就是一部实践、创造、学习、总结积累的历史，其本质是学习。中国文明的先哲孔子说：“举一隅，不以三隅反，则不复也。”一个不会学习、故步自封的民族，一定不是优秀的民族。所幸，中华民族是一个善于学习的民族，抛开春秋战国时期的“文化交融”不谈，汉代开始的“儒、道、佛”融合；唐代文化包容各类西域文明；近代对西方文化的学习无不显示中华民族的学习、包容、成长的能力。这也是人类之所以伟大的根本。

2.农业文明与工业文明

人类文明经历了原始文明、农业文明、工业文明，直至今日倡导的生态文明。

原始文明是人类的初始文明形态，人类依靠集体的力量才能够生存。原始文明大约出现在石器时期，人类从猿刚刚分离，使用原始的劳动工具——天然的石块、木棒等。由于工具水平较低，人类主要是靠体力从自然界获取果实，维持生命的存在。个体有限的力量不能有效地获取果实，于是集体劳动、渔猎就成为必要的劳动生产方式。在生产劳动过程中，工具的重要作用被人们不断地认识，于是，改进劳动工具就成为人们永恒的追求。正是在不断发现和改进劳动工具的过程中，原始文明也在不断进步。从自然工具——天然石块、木棒，到人造工具——加工石料、木材等形成的石刀、石斧等，二者虽难于区分，但无疑是两个不同的时代。正是有了石刀、石斧等人造工具，才有后来的人造铁制工具及今天的拖拉机等生产机具。人造工具是人类创造性地体现，开辟了人类进步的新天地。时至今日，回顾人类历史，也不能不说人类历史就是不断改进工具、创造工具的历史。

原始人类在为生存而奋斗的过程中，付出了血和泪的代价。无论是天灾，还是兽祸，都是以无数生命的终结为历史所铭记。多次重复同样的不幸，终于在人类的心灵留下了不灭的印记，人类世代以口口相传、图腾崇拜、结绳记事等不同的方式，让用生命和鲜血换来的经验和教训流传下去。在上万年的生存实践中，人类用生命和时间累积出经验和知识，并一代一代传承下去，成为人类最原始的文明形式。这些原始文明的成果，与其说是创造出来的，不如说是积累出来的，如果没有这些积累，不知又要付出多少生命的代价。

原始文明的发展，为人类带来剩余的食物、物资，积累了丰富的经验和教训。于是，人类进步到农业文明时期。剩余的猎物吃不完，就有了保存和圈养的必要，从而发现了牛、羊、猪等适合圈养的动物等。各类植物果实的采集，加深了人们对植物的认识，于是，人工种植就成为发展的目标。人类开辟的新领域，改变了人类的生存状况，也把人类带进了新的天地，开辟了新的文明。

农业文明不仅解决了食品物资的保存和淡季食品短缺的问题，更重要的是解决了劳动的忙与闲的矛盾，把人们从“靠天吃饭”的困境解放出来。过去秋天果实累累，吃都吃不完，大量食物坏掉；到了冬季，无法狩猎，食物短缺，饥寒交迫。现在，家禽、家畜的圈养，解决食物季节不均的问题，粮食的种植与保存解决了淡季的生存难题。农业文明使人类真正实现了“人猿相揖别”，使人们有更多的时间从事科学技术的教育和发展，从根本上改善了人类的生活生存方式。

工业文明的发展，源于商业的发展。而商业之所以能够发展起来，还应归功于农业文明的发展基本解决了人类的生存问题。如果没有农业文明带来的剩余食品和物资，其他一切都难以发展。有了剩余食品和物资，商品的流通和交换，就是自然而然的了。令人没有想到的是，被中国人不那么重视的在“士农工商”中的排名末位的“商”，竟是引发“工业革命”的导火索。

商业发展的历史与剩余物资(商品)的出现是密切相关的，但并不是有剩余物资就有商业的大发展。商业真正成为“导火索”，是与以航海为代表的运输业的发展联系在一起的。也就是说，运输越来越方便，运输成本越来越低，是带动产业发展的重要原因。当然，交通运输不是唯一原因，工具的改进，科学技术的积累等也是十分重要的因素。

交通运输业的发展，是商业发展的条件。自古以来，商埠均是在交通枢纽点上，如重庆、武汉、上海、天津、西安等城市。商业的物资流通，依靠的是交通，没有交通，物资流动不起来。早期的物流大动脉主要是河流、官道，现在是铁路、公路、港口等，“要致富，先修路”，就是对交通重要性的最好说明。工业文明的发展，与交通工具的发展是紧密相连的。轮船、汽车、火车、飞机等的发展，极大地提高了运输效率，降低了运输成本，从而更好的促进了工业的发展。

当然，仅有交通运输的发展，是不会有近代工业文明的。工业文明的核心仍是以近代科学技术为基础的“大机器”。用机器代替人力，极大地提高了劳动生产率，创造出了更优质、更廉价的商品，这是工业文明带给人类的实质贡献。工业文明的每一点进步，都是伴随着科学技术的发展，这是不争的事实。于是，世界各国都把科学技术的发展放在重要位置。中国改革开放的总设计师邓小平就十分重视科学技术的发展。1978 年 3 月 18 日，在全国科学大会上，邓小平在开幕词中指出：四个现代化的关键是科学技术现代化，要大力发展我国的科技教育事业。1985 年 3 月 7 日，他在全国科技工作会议上又进一步肯定了“科学技术是生产力”的论述。1988 年 9 月，他说：“马克思说过，科学技术是生产力，事实证明这话讲得对。依我看，科学技术是第一生产力。”1992 年春，他在视察南方的谈话中又说：“经济发展得快一点，必须依靠科技和教育。我说科学技术是第一生产力。”

科学技术的发展带来了今天的文明，这是不容争议的事实。同时，还有一个不容争议的事实就是科技的发展一方面提高了人类利用资源的效率，改善了人们的生活；另一方面，对自然的利用超过了一定的度，也破坏了自然。正如人类开采煤炭，利用自然资源造福人类，同时也破坏了自然资源，污染了环境。当人类对自然环境的破坏达到不能恢复的程度时，就会危及人类自身的生存。于是，人类又呼唤“生态文明”。

(二)生态文明及其内涵

1. 生态文明的提出

“生态”一词，源于古希腊，意思是指家或我们的环境。1869 年，德国生物学家海克尔(E. Haeckel)首次提出生态学的概念：它是研究生物与其周围环境(包括非生物环境和生物环境)相互关系的科学。如今生态学已渗透到各个领域，“生态”一词所涉及的范围也越来越广，“生态”不仅指自然界的生命世界，同时还包括自然界的非生命世界。

生态文明是人类社会实践发展的产物，是人类智慧的结晶。生态文明问题的提出是 20 世纪 70—80 年代。这一期间，随着西方工业化发展到了其最高成就，也暴露出这一社会生产方式存在的严重弊端：人类生存环境恶化，自然资源被破坏。为促使工业社会实现历史性的重大改革，一些有识之士就本着反思历史、面对现实、预设未来的精神，尖锐地提出了生态文明的问题。这一问题的提出，既是现实实践的紧迫需要，也是对原始文明、农业文明，特别是工业文明发展中正反两个方面经验的总结、反思和超越。将生态文明看做是原始文明、农业文明、工业文明之后的一种文明新形态，并对其涵义和要求作出多角度的审视，是这些有识之士对人类文明发展的又一重大贡献。

国际社会对环境恶化、生态破坏的关注，是随着这一问题的严重性、迫切性而不断上升的。20 世纪 60 年代，美国女科学家雷切尔·卡逊以《寂静的春天》揭示了伤害自然必然危及人类自身生存的事实，提出了人与自然共存共荣的问题。1972 年联合国在斯德哥尔摩召开有史以来第一次“人类环境会议”，讨论并通过了著名的《人类环境宣言》。该宣言明确提出：“我们应该做什么，才能保持地球不仅成为现在适合人类生活的场所，而且将来也适合子孙后代居住”。同年，罗马俱乐部发表研究报告《增长的极限》认为，必须在 15 年内停止人口和经济增长，以达到“零增长”的“全球均衡”状态，提出了均衡发展的概念。20 世纪 80 年代，人们开始对工业文明进行了初步反思，各国政府开始把生态文明保护作为一项重要的施政内容。1981 年，美国经济学家莱斯. R. 布朗出版了《建立一个可持续发展的社会》一书，首次提出了可持续发展问题。1983 年联合国成立世界环境与发展委员会，发布研究报告《我们共同的未来》，对可持续发展作了理论表述，形成人类建设生态文明的纲领性文件。20 世纪 90 年代，产生了可持续发展的思想与实践，生态学与环境学与其他自然科学、社会科学互相交叉渗透，相继出现了一批新兴科学。1992 年，联合国环境与发展大会通过的《21 世纪议题》，更是强调和深化了人们对可持续发展的理论认识。同年，在巴西里约热内卢召开的联合国环境与发展大会，提出了全球的可持续发展战略，拉开了人类自觉改变生产和生活方式，建设生态文明的序幕。（荣开明，2010）

2. 生态文明的内涵

生态文明是自然人化的历史进程进入到后工业时代形成的以可持续发展为导向的一系列思维方式、价值观念、行为方式、物化成果和制度形态的总和。由于生态文明包含内容较多，因而，对生态文明的概念，学者们仁者见仁、智者见智，观点不一。

有许多学者认为生态文明的核心就是指人与自然的和谐相处。如李红卫就认为，生态文明就是人与自然相互协调共同发展的新文明。李文华也认为，生态文明就是把发展与生态保护紧密联系起来，在保护生态环境的前提下发展，在发展的基础上改善生态环境，实现人类与自然的协调发展。

也有学者认为，生态文明不仅包括人与自然的关系，还应包括人与人的关系。杨智明认为，生态文明的核心是人类在改造客观世界的实践中，不断深化对其行为和后果的负面效应的认识，不断调整优化人与自然、人与人的关系，它反映的是人类处理自身活动与自然界关系和人与人关系的进步程度。陈寿朋认为，生态文明是指人类在生产生活实践中，协调人与自然环境和社会生态环境的关系，正确处理整个生态关系方面的成果。

还有一些学者把生态文明区分为广义和狭义。郭洁敏认为，广义上的生态文明是继工业文明后，人类社会发展的一个新阶段；狭义的生态文明是指文明的一个方面，即相对于物质文明、精神文明和制度文明而言，人类在处理同自然关系时所达到的文明程度。肖建平也认为，从广义角度来看，生态文明是人类继原始文明、农业文明、工业文明后的新型文明形态；从狭义角度来看，生态文明是与物质文明、政治文明和精神文明相并列的现实文明形式之一。

同时，学者们对生态文明的基本特征概括如下：①生态文明具有伦理性。廖福霖认为，原始文明中人类完全顺从自然，自然是人类的主宰；农业文明中人类能够发挥主观能动性，但在很大程度上必须依赖自然；工业文明中生产力得到极大发展，但人类开始忘乎所以，开始向自然开战，企图以主宰自然的姿态征服自然，具有伟大而残酷的双重性质；而生态文明既弘扬了工业文明伟大的一面，又克服了工业文明残忍的一面，具有层次高、方向对的崇高性特征。于宇也认为，生态文明是一种价值文明，是一种经过“修饰的”或“加工的”具有鲜明价值性的、有序的人与自然的和谐关系。②生态文明具有和谐性。周生贤认为,建设生态文明有利于将生态理念渗透到经济社会发展和管理的各个方面,实现代际、群体之间的环境公平与正义,推动人与自然、人与社会的和谐。张光义也认为,生态文明是社会和谐和自然和谐相统一的文明,是人与自然、人与人、人与社会和谐共生的文化伦理形态,是人类遵循人、自然、社会和谐发展这一客观规律而取得的物质和精神成果。③生态文明具有可持续性。生态文明追求人与人、人与自然的和谐发展,克服了传统农业和工业发展带来的种种弊端和缺陷,正确处理人与自然的关系,即把破坏关系变成了一种和谐有序地关系,使人与自然的关系得以持续。张光义认为,建设生态文明,作为人类社会进步的必然要求功在当代、利在千秋。只有追求生态文明,才能使环境、人口和社会发展相适应,使经济建设与资源、环境相协调,实现良性循环,保证一代一代永续发展。④生态文明具有自然性和自律性。部分学者认为,生态文明与农业文明、工业文明一样,也主张在改造自然的过程中发展生产力,不断提高人们的物质文化水平,不同的是生态文明更突出自然的重要性,强调人类在改造自然的同时,必须爱护和尊重自然,而不是为所欲为,生态文明更强调人的自律性。周生贤也认为,在实践途径上,生态文明体现为自觉自律的生产生活方式。(张佳佳,2012)

总结以上学者的论点,我们认为生态文明内涵的要点如下:①生态文明是人类为了克服工业文明的缺陷而提出来的。人类的生存,一直是以掠夺自然资源为基本方式。随着人类社会从原始文明、农业文明发展到工业文明,人类掠夺的水平不断提高,至工业文明时期,人类对自然的掠夺和破坏已经到了危及人类自身的地步,如工业污染、食品添加剂等。于是,人类不得不把生态文明提到重要位置上来,因此,生态文明,本质上是为了克服工业文明的缺陷,提高人类自身生存质量。反过来说,如果没有工业文明带来的种种弊端,人类很难重视生态文明建设。②生态文明是人类理想的文明形态。生态文明作为人类社会发展的理想文明形态,当然是就现今人们的认识水平而言,也可能随着人类社会的发展,生态文明会表现出其阶段性的缺陷。关于生态文明的定位,有人认为生态文明与原始文明、农业文明、工业文明是并列的文明;有人把生态文明与物质文明、精神文明、政治文明并列;也有人把二者糅合在一起,认为在广义上生态文明与原始文明、农业文明、工业文明是并列,在狭义上,生态文明与物质文明、精神文明、政治文明并列。可见人们对生态文明的定位还是有分歧的,这是对生态文明认识不够的表现。我们认为,生态文明与物质文明、精神文明、政治文明并列,实际上是认为生态文明是“文明”的一个要素或一个方面,即文明就应当包括生态文明。把生态文明与原始文明、农业文明、工业文明并列,实际上是认为生态文明是“文明”的一个阶段。原始文明使人类从洪荒世界中分离出来,农业文明是人类能够利用自然,获得生存空间;工业文明是人类改造自然,但也破坏了自然;生态文明应是改造自然，但又不破坏自然。从这个意义上讲，生态文明是工业文明的补充，而不是开辟了一个新时代。文明的“要素”和“阶段”显然有着不同的含义，因此，把“阶段”说成是广义，把“要素”说成是狭义是不成立的。③生态文明以人与自然和谐为核心内容。人与自然的相互和谐，共同发展，这是目前人们的共识。因为，自然是人类生产生活的条件，人类社会离开了自然就无法生存，破坏自然，就是破坏人类自己的生存环境。如果自然界连一只老鼠、一只苍蝇都无法生存，人类又如何能够生存呢！人离不开自然，自然中不仅有生命物质，也有无生命物质，人到底离不开什么？其实，人类什么都离不开。用哲学的语言来说，物质世界是相互联系的，一个东西的缺失，就会带来一系列东西的缺失，对一个事物无用的东西，对另一个事物也许是最不可或缺的因素。因此，人与自然的和谐，推广开来，应当是人与万物的和谐。从这个意义上讲，学者们把人与自然的和谐，扩大到人与人、人与社会等都是对的。④生态文明以人的自律为实现条件。在人与自然的关系中，人是主动的一方，自然是被动的一方，所谓人与自然的和谐，实际上是人要与自然和谐，不要破坏自然。从这个意义上讲，人类要约束自己的行为，不要主动破坏自然环境，即人的自律。人能不能自律，这是由人类的文明水平决定的，影响因素包括人的思想观念、政治制度、经济制度、科学技术、理想追求等。⑤生态文明以科技进步为实现路径。生态文明真正得以实现，必须依靠科技进步。因为，没有科技进步，人类生存的需要就不可能被满足，人类就不可能最大化的利用自然资源，不可能制约人类无止境的欲求，等等。如果让人类处在纯粹的自然状态，就会像所有动物一样，优胜劣汰、适者生存，那么，战争、瘟疫、疾病等就会成为消灭人类自己的基本方式，这不符合人类的理想和追求。如果人类天天为食物而奋斗，饥饿常常伴随着人类，也不是人类想要的生活。因此，控制人口的无限增长，最大化的利用有限的资源，让每一个人都有一个幸福的生活，就必须依靠科学技术的发展。

3. 生态文明建设

2012 年 11 月召开的党的“十八大”就生态文明建设明确指出：“坚持节约资源和保护环境的基本国策，坚持节约优先、保护优先、自然恢复为主的方针，着力推进绿色发展、循环发展、低碳发展，形成节约资源和保护环境的空间格局、产业结构、生产方式、生活方式，从源头上扭转生态环境恶化趋势，为人民创造良好生产生活环境，为全球生态安全作出贡献。”根据“十八大”精神，我们认为，生态文明建设应抓好以下几方面：

第一，树立生态文明理念，强化生态文明价值观。人的行为都是以理念为指导的，因此，树立正确的理念，明确前进方向，才能少走弯路，提高效率。在全社会树立生态文明理念，强化生态文明价值观，是生态文明建设的首要问题。生态文明的价值观，包含内容比较多，比如万物平等、万物都有权利生存和发展、生态环境决定事物的生存与发展、可持续发展、适度消费、节约资源、循环利用，等等。只有生态文明的价值观深入人心，人们才会自觉地按照生态文明的要求去行动，生态文明建设才能取得成功。

第二，坚持节约资源，建立适度消费的制度。社会经济发展离不开资源，但资源是有限的，这是人所共知的道理。在中国，人均资源的不足，是制约中国经济发展的重要因素。因此，节约资源、反对浪费势在必行。事实上，中国资源浪费现象十分严重，在国际上都有“知名度”。中国的浪费可分几类：一是观念性浪费，如一次性消费、爱买便宜货等，造成浪费最大的一次性筷子、伪劣商品；二是传统习俗浪费，如宴请、汽车房子追求宽大、好面子讲阔气等，造成浪费最大的是宴请、房子汽车追求宽大；三是政策性浪费，如政府的各类检查、评估、文件等各类政府行为，最大的浪费是政府检查。以上浪费现象的解决，不是一朝一夕的事情，需要名人号召示范和政府法律制度规范。以宴请为例，最好请国家领导人或影视明星等影响力较大的人推广新用餐方式（如中餐的自助餐），同时，用税收的方式限制高消费，特别是浪费。

第三，坚持可持续发展，积极转变经济增长方式。“十八大”报告在论及“以加快转变经济发展方式为主线”的经济发展战略时明确指出：“着力激发各类市场主体发展新活力，着力增强创新驱动发展新动力，着力构建现代产业发展新体系，着力培育开放型经济发展新优势。”其中，“发展新动力”主要是“依靠科技进步、劳动者素质提高、管理创新来驱动”。“构建产业新体系”主要是靠“节约资源和循环经济推动”。生态文明建设需要科技创新，用科技创新提高资源利用率，开发替代产品，促进循环经济的发展。还要大力扶植新能源产业（如太阳能发电、风能及水电等）、服务业及新兴产业等，减少经济发展对资源的依赖性。要促进专业化生产、集约化生产，提高资源利用率，让有限的资源发挥更大的作用。

第四，加大对自然生态系统和环境保护力度。“十八大”报告明确指出：“良好的生态环境是人和社会持续发展的根本基础。要实施重大生态修复工程，增强生态产品生产能力，推进荒漠化、石漠化、水土流失综合治理，扩大森林、湖泊、湿地面积，保护生物多样性。加快水利建设，增强城乡防洪抗旱排涝能力。加强防灾减灾体系建设，提高气象、地质、地震灾害防御能力。坚持预防为主，综合治理，以解决损害群众健康的突出环境问题为重点，强化水、大气、土壤等污染防治。坚持共同但有区别的责任原则、公平原则、各自能力原则，同国际社会一道积极应对全球气候变化。”保护自然生态系统和环境，关键是执行力和一致性的问题。执行力表现在各级政府、各类人员认真贯彻落实国家有关政策法律规定，而不是做“表面文章”，应付国家和民众。如果有了执行力，就不会发生“三鹿奶粉”等事件，或少发生一些类似事件。一致性表现为各个政府部门、机构都应当重视生态环境保护，不能互相拆台。如招商引资对污染企业的限制、旅游业对自然资源的破坏等。同时,引入各类生态环境保护主体,发挥各类主体的积极性,也是十分重要的举措。

(三)生态文明与生态农业

1. 生态农业是生态文明的重要组成部分

生态文明的内容涉及人与自然、人与人、人与社会,可以说包含的内容十分广泛。其中重点是人与自然的和谐关系。在人与自然关系中,生态农业无疑是最重要的内容之一。因为生态农业就是人类利用自然资源的最基本、最重要的方式。虽然人类文明已经发展到今天,农业在国民生产总值中的比重仅10%左右(发达国家10%、发展中国家30%左右),但农业仍然是基础的生产部门,如果人类没有农业,人们的吃饭问题如何解决?在生态环境保护形势日趋严重的时期,保护农业产品的安全和健康,就是保护人类自己的安全和健康。于是,世界各国均出台了保护农业、保护食品安全的法律法规,并给予农业一定的经济扶植。由此可见,生态农业是生态文明的重要组成部分。

2. 生态农业建设是生态文明建设的基础

生态文明建设是一种全新的发展、建设理念。生态文明建设的核心是人与自然的和谐。也就说,生态文明建设最重要的内容是人与自然相关的部分,如植树造林、沙漠绿化、防止水污染、节约用水等。生态农业既涉及对自然资源的保护,也涉及对自然资源的利用,因此,它是生态文明建设的基础。如果生态农业建设做好了,人自身的安全与健康有了保障,人们才有可能去从事更多的生态保护工作。就目前生态保护的实际来看,大部分都是与农业有关的。水资源短缺、农药残留超标、水土流失、土地沙漠化等直接与生态农业有关,间接与农业有关的如水污染造成农产品质量问题、自然灾害造成的农田基础设施被毁,砍伐林木、采矿等造成的生态环境破坏等。因此,生态农业建设,其本身就是生态文明建设的重要内容,并且能够带动一系列生态文明建设活动,正面附加效应不可估量。这些却再次印证了毛泽东同志的名言:“农业是基础”。生态农业建设是生态文明建设的基础。

3. 大力发展生态农业是促进生态文明发展的路径

促进生态文明健康发展,有许多方式方法,大力发展生态农业无疑是促进生态文明发展的重要路径。大力发展生态农业,可以让人们吃上优质的食品、放心的食品,这本身就是对生态文明的一大贡献。大力发展生态农业,能够给工业提供安全的原料,促进生态工业的发展。大力发展生态农业,对生态环境提出更高的要求,如水质、土质、肥料、工具、生产方式,等等,就会影响、带动相关领域的积极变化,促进生态文明的健康发展。大力发展生态农业,保护了宝贵的自然资源，为子孙后代保留了发展的空间，促进了生态文明的发展。大力发展生态农业，提高了人们的生态意识，引导了人们的生态行为，对生态文明的持续发展是十分有益的。

二、生态农业的内涵及其研究意义

(一)生态农业的内涵

1. 生态农业的提出

生态农业是一个农业生态经济复合系统，将农业生态系统同农业经济系统综合统一起来，以取得最大的生态经济整体效益。它既是农、林、牧、副、渔各业综合起来的大农业，又是农业生产、加工、销售综合起来，适应市场经济发展的现代农业。

“生态农业”是20世纪中后期发达国家中出现的一种针对现代农业弊端而提出的新农业理念。比较近似的理念有自然农业、有机农业、持久农业、生物生态农业等，其指导思想都是用生态学原理指导农业生产，以合理的农业生产力，实现农业生产的优质高效高产。

“生态农业”最初由美国土壤学家威廉姆·阿尔伯卫奇于1970年提出。1981年，英国农学家Worthington. M将其定义为“生态上能自我维持，低输入，经济上有生命力，在环境、伦理和审美方面可接受的小型农业”。我国学者张值于1979年10月26日在《河北日报》“现代农业大讨论”专栏上发表的文章中首次提出了“生态农业”等观点。1980年，我国学术界第一次正式提出了“生态农业”这一术语。1982年，国务院环境保护领导小组在全国各地相继开展生态农业试点工作。1984年，在《国务院关于环境保护工作的决议》的文件中，首次提出要积极推广生态农业。(李军，2011)

我国发展生态农业的原因，主要是巨大的人口压力和食品安全需要生态农业发展；保护有限的自然资源要求发展生态农业；生态环境的恶化和资源退化呼唤生态农业和生态食品的出现；社会进步带来人们对食品要求的提高和国际贸易的发展需要大力发展生态农业。

2. 生态农业的内涵

要正确理解生态农业的内涵，必须区分生态农业与传统农业、有机农业、绿色农业等相近概念的不同。首先，生态农业与传统农业在对生态环境的保护和利用上是相同的，甚至传统农业更符合生态学标准；二者的区别在于传统农业是人们利用本能或自发的从事种植的个体小规模的作业，单一经营，产业布局尚欠合理，生态农业则是人们利用现代科学技术，规模经营、综合经营，产业布局合理，综合效益显著。其次，生态农业与有机农业的关系。有机农业是遵照一定的有机农业生产标准，在生产中不采用基因工程获得的生物及其产品，不使用化学合成的农药、化肥、生长调节剂等物质，遵循自然规律和生态学原理，协调种植业和养殖业平衡，采取一系列可持续发展的农业技术以维持持续稳定的农业生产体系的一种农业生产方式。有机农业强调符合生态规律，利用有机物质，基本不用或完全不用无机化肥和农药；生态农业强调生物与环境的统一，生物防治与化学防治相结合，实行开放式的物质循环和能量转化。再次，生态农业与绿色农业的关系。绿色农业是以保护生态和环境为基础，利用无污染、无残留、无公害的生产、加工、销售方式从事农业生产经营，生态农业以农业生产与自然环境协调发展为出发点，强调物质循环与综合利用，以农业可持续发展为追求目标，绿色农业以绿色为核心，生态农业以生态为要点，强调重点不同，但长期目标基本相同。

生态农业的内涵：一是生态农业以生态学为指导，建立一种既能保护资源和环境，又能促进农业生产发展的农业生产体系。二是生态农业以生物共生和物质循环为要点，采取系统工程方法，吸收现代科技成就。三是生态农业充分发挥自然资源优势，实现能量的多极利用，达到资源的综合利用。四是生态农业以综合发展、动态平衡为目标，生态、经济、社会三者均要兼顾，达到生态与经济的良性循环发展，使经济、生态、社会三大效益统一。

3. 生态农业的发展

改革开放30多年来，我国生态农业的发展，经历了三个主要阶段：

起步阶段(20世纪70年代末到80年代中期)。我国学者张值于1979年10月26日在《河北日报》“现代农业大讨论”专栏上发表的文章首次提出了生态农业等观点。1980年9月，国家在银川召开的全国“农业生态经济问题学术讨论会”，会上西南农业大学的农业经济学教授叶谦吉第一次正式使用了“生态农业”这一术语，正式向主管部门提出了发展生态农业的建议。云南大学的曲仲湘教授也在1980年出版的《植物生态学》中提出了发展生态农场的构想，并介绍了菲律宾的生态农场。马世骏先生在1981年也提出了农业生态工程的概念。1980年，国务院环境保护领导小组在全国各地相继开展“生态农业”试点工作。北京市环境保护研究所和浙江省环境保护研究所分别在北京市大兴县留民营村和浙江省萧山县山一村进行科学实验研究。同时，山西省闻喜县、辽宁省大洼县、湖南省南县等也开始了探索，出现了一批“生态农业户”、“沼气生态户”、“生态示范户”等典型。这是我国第一次对生态农业进行全面、定量、系统地研究和实践。

发展阶段(20世纪80年代中期至90年代初期)。1984年5月，国务院发布《国务院关于环境保护工作的决定》，正式提出：“要认真保护农业生态环境。各级环境保护部门要会同有关部门积极推广生态农业，防止农业环境的污染和破坏。"同年11月，城乡建设环境部和农牧渔业部联合召开了全国生态农环境保护经验交流会，研究部署在全国开展生态农业的试点示范工作。1985年6月，国务院环境保护委员会转发了(85)国环字第006号文《关于发展生态农业、加强农业生态环境保护工作的意见》，对生态农业的试点工作提出了具体要求，明确提出："发展生态农业是实现两个转变的重要措施之一，适合我国人多地少的国情。这对于农业生态环境保护，促进农村经济持续稳定的增长有着巨大的促进作用。"在政府有关部门的号召和支持下，全国17个省、市、自治区，建立了19个生态农业试点。而且，试点的规模由生态户、生态村逐步向生态乡、生态县转变。1991年国家在《国民经济和社会主义发展十年规划和第八个五年规划纲要》提出了"继续搞好环境治理示范工程和生态农业试点"。1992年国家把发展生态农业作为环境与发展十大对策之一，提出要增加生态农业的投入，推广生态农业。1993年，在北京召开了全国生态农业县工作会议，经国务院批准，由农业部、林业部、水利部、国家计委、国家科委、财政部、国家环保局组成生态农业县建设领导小组，在不同生态类型地区，选择51个县作为试点。这次会议把生态农业建设纳入了政府工作议程，标志着我国生态农业建设从此被纳入了政府工作范畴，使生态农业建设进入了一个新的发展阶段。

提高阶段(20世纪90年代至今)。1994年国务院批准了七部、委(局)提出的"关于加快发展生态农业的报告"，要求各地积极开展生态农业试点建设工作。1995年中共中央十四届五中全会提出"大力发展生态农业"。1997年党的十五大又一次提出发展生态农业。1997年8月5日江泽民总书记在姜春云副总理"关于陕北地区治理水土流失建设生态农业的调查报告"上作了"植树造林、绿化沙漠、建设生态农业"的重要批示。"大力发展生态农业"已经被列入《中华人民共和国国民经济和社会发展"九五"计划和2010年远景规划纲要》，发展生态农业作为我国可持续发展战略重要措施之一的政策方针得以确立，而且试点规模已从生态户、村、乡、农场逐步发展到生态县。2000年3月我国又启动了第二批51个县推行生态农业县建设，同时提出了在全国大力推广和发展生态农业的任务。温家宝总理对此作了批示："全国生态农业试点县建设开展5年来取得了显著成效，形成了一套较为完善的支持体系。要认真总结经验，加强组织领导，依靠科技创新，把生态农业建设与农业结构调整结合起来，与发展无公害农业结合起来，把我国生态农业建设提高到一个新的水平"。在此基础上，有一批地市和省在更大范围内推行生态农业建设。2005年党的十六届五中全会提出"坚持以科学发展观统领经济社会发展全局"的要求，从而研究推进农业现代化及进入全面、协调、可持续发展执导的新阶段。2007年，党的十七大报告中首次提出了"走中国特色农业现代化道路"的指导方针。2012年11月，党的十八大报告指出:“坚持走中国特色新型工业化、信息化、城镇化、农业现代化道路”;“加快发展现代农业,增强农业综合生产能力”,为今后我国发展现代农业指明了方向。(徐岩,2009)

(二)研究生态农业的意义

生态农业的发展不仅与环境形势严峻有关,更与农业科学技术的发展有关,我国学者研究认为,这是一次农业发展史上的观念更新,对今后的农业发展具有重要意义。

1.研究生态农业的必要性

首先,研究生态农业的必要性源于农业对人类生存与发展的重要性。生存是人的第一需要,生存需要解决吃饭穿衣等基本问题,而这些问题的解决就需要农业,这也是人类历史为什么先发展农业的原因。如果没有农业、没有饭吃、没有衣穿,任何金银财富、汽车别墅都没有意义。其次,科学技术的发展。随着科学技术的发展,人们制造出了农药、化肥等产品,提高了农业产量,但也带来了危害——农产品上农药残留等各种有害物质的增加。于是,利用科学技术促进健康食品的生产也必然引起人们的重视,循环生态农业、设施农业、观光农业、绿色农业等成为社会发展的方向。再次,高质量、高水平生活的要求。人们越来越富裕,对生活的要求也越来越高,过去吃饱即可,现在要吃好、吃出营养、吃出健康,这是生态农业发展的重要原因。最后,土地资源紧缺、食品安全堪忧也是生态农业发展的重要理由。

2.研究生态农业的重要性

生态农业发展的重要性,不是用语言可以表达的,生活实际逼迫人们不得不重视生态农业。近些年来不断发生的食品安全事件中,许多都与农产品的种植和养殖有关。如“瘦肉精事件”、“毒大米事件”、“立顿红茶农药超标事件”、“三鹿奶粉事件”、“速成鸡事件”等。

当然,从营养的角度来看,生态农业所生产的农产品——如有机食品等,营养价值很高,成为越来越多的人追逐的对象。来自天然草原的珍禽美味——草原绿鸟鸡,在国内市场独树一帜,成为草原兴发品牌形象的代表。草原绿鸟鸡的生产,是一个系统工程。要求必须有健康的鸡雏,良好的饲养环境,完善的饲养规程,严密的防疫体系,安全无污染的日粮,各种因素相辅相成,缺一不可,独特的天然环境造就了草原绿鸟鸡卓越的绿色品质。

正反案例说明,研究和发展生态农业是人心所向,大势所趋。

3.中国研究生态农业的意义

中国研究生态农业的意义,首先,生态农业是现代农业的重要组成部分。农业现代化是整个社会现代化的基础，它不仅为人类提供必要的食品，而且提供工业生产必需的原材料。农业现代化也不仅是机械化、自动化，更重要的是生态化。在工业发展严重破坏土壤、空气、水质，进而危害人类健康的时候，引进生态学理念，发展生态农业就是十分重要的。其次，研究生态农业对于及早部署、发展中国生态农业是十分必要的。中国的生态农业和世界生态农业的发展基本是同步的，但中国经济尚处在工业社会的发展初期，及早部署生态农业，发展生态农业，少走弯路，这是全社会的共识，也是国家的决策。再次，研究和发展生态农业，对于提高农产品产量和质量，保障人民生活水平的提高，也具有重要意义。

（三）研究陕南生态农业的意义

1. 研究陕南生态农业的意义

陕南地处秦岭和巴山之间，地形以山地、河谷、盆地为主，属于国家集中连片特困区．工业以机械制造业为主，有数量众多的地方小型企业．由于地区经济发展相对滞后，生态环境相对保护较好．从全国来看，陕南地区是国家自然生态环境的“心肺”，秦岭由甘肃到河南，横贯中国中部，生态意义不言自明。更为重要的是国家南水北调中线工程的水源地就在陕南地区，保护好一江清水是陕南地区义不容辞的责任。保护生态环境，必然会影响地区经济社会的发展，如何在经济发展与生态环境保护之间保持平衡，就具有十分重要的意义。从这一角度来看，研究和发展陕南生态农业，不仅能够促进陕南地区经济发展，而且还能不影响水质水量，保护生态环境。

2. 研究陕南生态农业的有利条件

研究陕南地区生态农业的有利条件主要有：一是陕南生态环境基础较好，特别是水资源十分丰富，有利于生态环境的恢复与优化。二是陕南生态农业发展已取得良好的成果，传统生态农业有较好的传承。三是国家级森林公园、国家生态保护区以及地方政府对生态环境保护的高度重视等，都是研究陕南生态农业的有利条件。

3. 研究陕南生态农业的不利条件

研究陕南生态农业的不利条件主要有：一是农业在农户增收中的比重不断下降。由于农户的经济收入不是依靠农业，而是依靠外出打工、经商等，生态农业的发展不受农户的重视。二是农户的家庭小型化，使生态农业发展缺乏规模效应。三口之家或五口之家，十亩左右的土地，仅仅能够满足农户粮食需要，农户没有发展生态农业的动力。三是上级政府重视发展生态农业，基层政府和工作人员重视则不够，加上农户也没有积极性，生态农业的发展往往落不到实处。

三、研究陕南生态农业的理论与方法

(一)生态农业研究的相关理论

1. 生态学理论

生态学是研究有机体与周围环境——包括非生物环境和生物环境相互关系的科学(Haeckel),或研究生命系统和环境系统相互关系的科学(马世骏)。环境是指某一特定生物或生物群体以外的空间及直接、间接影响该生物或生物群体生存的一切事物的总和。环境总是针对某一特定主体或中心而言的,离开了这个主体或中心也就无所谓环境,因此,环境只具有相对意义。在环境科学中,一般以人类为主体,在生物科学中,一般以生物为主体。环境是由许多环境要素构成的,环境要素被称为“生态因子”。在任何一种生物的生存环境中都存在着很多生态因子,这些生态因子在性质、特性和强度方面各不相同,他们彼此之间相互制约、相互组合,构成多种多样的生存环境,为各类极不相同生物的生存进化创造了不计其数的生境类型。生物的生存和繁殖依赖于各种生态因子的综合作用,但是其中必有一种或少数几种因子是限制生物生存和繁殖的关键因子,这些关键因子就是限制因子。任何一种生态因子只要接近或超过生物的耐受范围,就会成为这种生物的限制因子。然而,任何一种生物对生态因子的耐受限度都不是固定不变的。在进化过程中,生物的耐受限度和最适生存范围都可能发生变化,也可能扩大,也可能受到其他生物的竞争而被取代或移动位置。即使是在较短的时间范围内,生物对生态因子的耐受限度也能进行各种小的调整。生态学对生物环境的研究一般是从生物环境和非生物环境两方面来进行的。非生物环境包括:光、温度、水、土壤;生物环境包括:种群、群落、生态系统、生物圈。(孙儒永等,2003)

2. 经济学理论

经济学理论对于本课题研究是十分必要的。首先是宏观经济理论,包括产业结构、劳动就业、交通通讯、商品流通等。其次是经济效益理论,包括农户的生产经营、外出打工、商业投资、经济收入对比分析等。再次是经济行为理论,包括农户的职业选择、经营方向、决策心理、投资行为、模仿行为等。最后,经济模型、数理分析、调查统计等知识理论也不可或缺。

3. 农业科学理论

生态农业属于农业的重要组成部分,农业科学理论是其发展的基础。土壤学,种子肥料,种植养殖,设施农业,观光农业,农业机械,防灾防虫,水利灌溉,生态保护等，是促进生态农业健康发展的保障。

4. 其他相关理论

化学理论，特别是与环境保护相关的理论知识；统计学相关知识理论；心理学相关知识理论；商品流通相关知识理论；以及社会学相关知识理论等。

(二)生态农业研究的基本方法

1. 生态学方法

植物生态研究方法；生态循环研究方法；土壤学研究方法；水资源保护与利用；生物生态群落等。

2. 经济学方法

产业布局与产业发展；特色农业生产与经营；农业生产经营；商品流通经营；经济投资与经济效益分析；经济行为分析等。

3. 其他相关方法

工程设计与建筑；化学污染与防治；社会组织及公共福利等。

第二章 生态农业的发展历程

一、生态农业的前形态

(一)传统农业

传统农业,特别是中国的传统农业,是建立在对土地资源利用的基础上的。首先被发现和利用的是河谷地带,这些地带水利资源丰富、土地肥沃、交通便利。随着人口的增加、战争引起社会动荡等因素,人类逐渐向其他较小的河谷地带迁移、发展,但不会离开水。正如毛泽东所说,“水利是农业的命脉”。由于人类需要的多样性,农业并不仅仅是粮食生产,而是围绕粮食生产展开的一系列生产活动。从这个意义上讲,人类一切活动都是农业生产活动。只是由于社会的进步,在社会生产专门化趋势的推动下,才有众所周知的“三次社会大分工”,事实上,养殖畜禽、种植蔬菜、生产中药材、生产木耳等一系列生产活动也归属于大农业的范围。在中国,由于人口增多,而土地资源有限,土地的利用率比较高,于是,就产生了与之相关的一系列生产技术。随着工业革命带来社会的不断变化发展,劳动工具首先得到改进,促进了劳动生产率的提高。然而,工业革命带来的不仅仅是工具革命,人们的思想观念也发生了变革,如规模经营、大棚蔬菜、观光农业等。农业的革命性变化,累积至20世纪70年代,终于发生了直观的显著变化——生态农业、设施农业、多功能农业等成为人们习以为常的东西。传统农业的不断消亡已成为不可更改的事实。

(二)传统农业的生态性质

传统农业的发展,带来了至今都有价值的东西——生态化技术,这就我们所说的生态性质。传统农业的生态性质,首先表现为土地轮耕。土地轮耕就是让土地耕种几年休息一年,让土地自动恢复肥力。这个方法在山区的使用更为普遍,在平原地区,在土地休息年往往会种上一些专门恢复肥力的植物,如苜蓿、毛苕子等,耕压在地里,效果比简单休耕更好。现在农村推广的秸秆还田就是植物恢复肥力的一种发展形式。其次是农家肥的使用。没有化学肥料的传统农业,也使用肥料,就是农家肥。农家肥是利用人畜粪便、杂草及土壤等发酵而成,可以改善土壤结构,被农作物直接利用,没有化学肥料的副作用——土壤板结。这些传统肥料的变化形式就是今天的沼气残渣肥料。再次是有序轮种。就是上一季种什么,决定下一季种什么。如西瓜、棉花等不能在同一块地连续种植;菜籽收完插秧(种水稻),玉米收完种小麦等。这是长期种植总结出来的有利于土地肥力恢复、防止虫害、提高粮食产量等的生产经验,也符合生态农业的观念。另外还有高低搭配、动植物搭配种植养殖等,都具有生态农业的性质。

二、西方生态农业的发展

生态农业在西方的发展,最早可以追索到 1924 年,人们运用生态学、经济学理论指导农业生产,取得了经济效益、社会效益和生态效益的多重效果。1980 年以来,人们对人类面临的诸多生态环境问题日益重视,特别食品安全事件的多次发生,迫使各国政府不得不加大对生态农业的扶持力度,促进生态农业的发展。同时国际贸易(20 世纪 90 年代西方发达国家)也借食品安全之东风,采用绿色壁垒限制农产品的进口,直接推动了生态农业的发展。消费者消费理念的转变,消费层次的提高,是生态农业不断发展的根本力量。

(一)德国生态农业发展的概况与政策

德国生态农业的发展,1991 年还处在由大众传媒宣传鼓动的“造势”阶段,但到 2001 年年底,德国已有 14 702 个农业企业在按照“欧盟生态农业指令”的有关规定从事生态农业经营,占农业企业总数的 3.3%,其经营面积的总规模超过了 634 998 公顷,占德国农用地的 3.7%;与 2000 年相比,从事生态农业经营的企业数量增加了 15.4%,面积扩大了 16.3%。德国生态农业的发展主要受两个因素的影响:一是“疯牛病危机”和“口蹄疫风波”直接导致国民对食品质量和食品安全的怀疑,促使政府加大了促进生态农业发展的力度;二是 WTO 贸易谈判形成的新的《农业协定》,促使欧盟诸国要强化以促进生态农业发展为主导的“绿箱补贴”政策,以代替原有的直接补贴政策。

在组织方面,德国大多数生态农业企业是通过协会进行组织和管理的。德国的生态农业组织除了对协会成员提供法规、技术等方面的咨询和服务外,还负责生态农业经营的甄别和监督以及在此基础上发放进入生态农业产品市场的标识。并且他们的监督标准在某些方面甚至超过了欧盟。

德国生态农业的主要政策有:①生态立法。1991 年 6 月,欧共体制定了首个“欧共体生态农业条例”,德国严格执行该条例的标准。“条例”明确规定了那些被确定为生态产品的农产品和食品应该如何被生产出来;它不但对生产者如何生产和在生产过程中允许使用的物质作了具体规定,而且也对加工者如何加工和在加工过程中允许使用的物质作了明确规定,并明确说明,那些未在肯定可以使用的物质名单中出现的物质即为不允许使用的物质。1999 年 7 月，“条例”又补充进了有关动物生产的条款。②生态农业扶植政策。包括：转型和维持补贴；生态标识制度；培训和信息服务以及观念推广。德国上下已取得这样的共识，即农业不仅是一个经济部门，而且是一个与整个国民的健康和安全休戚相关的部门。其政策目标主要是：在全德国食品市场零售总额中，生态食品所占份额要保证每年以 10％～20％的速度递增；到 2010 年，从事生态农业经营的农业用地面积必须占到德国农业经营用地总面积的 20％。（贾金荣，2005）

（二）比利时生态农业发展的经验

20 世纪 90 年代初，随着人们对环境污染和生活质量的不断重视，欧盟出台了扶持生态农业的具体政策，比利时也随之采取措施，通过政府、组织和农民三位一体相结合的模式，共同促进生态农业的发展。其主要经验有：①强烈的社会环境意识引导生态农业发展。比利时生态农业的推广主要是让农民自己树立尊重环境、注重产品质量和实现可持续发展的意识，政府为他们积极创造条件，从事生态农业。②科研机构、农业协会的技术服务推进了生态农业发展。在比利时，一些农学院和农业技术研究中心都肩负着农业科研推广工作，涉及领域既有基础研究，也有技术服务。③政府实施多种补贴政策、促进生态农业发展。比利时农业政策支持来源于四个方面：一是欧盟，主要负责农业公共政策，农产品进出口法律法规制定，农业生产补助政策制定，组织开展国家间合作研究和地区发展战略研究。二是比利时联邦农业部，主要负责农业谈判，以保护农民利益为核心的法律法规制定，公共健康关系、动植物健康关系的协调等。三是地区级农业部，负责地区农业支持政策的制定与执行。四是省级农业部门，以农业支持政策和支持体系，维护当地农业地位和保证农民利益。在比利时，绝大多数从事生态农业的生产者都取得了成功，收入高于普通农业生产者，且收入稳定，主要因为：一方面生态农业的循环利用使得农业生产成本较低（较大农场循环利用资源有规模优势）；另一方面，生态农产品售价高（品牌优势和固定消费群）。（徐松，2008）

三、东方生态农业的发展

生态农业在东方的发展，除日本的等少数国家和地区外，基本上是跟随西方的发展而发展，并且外贸因素（主要是绿色壁垒）占据很重要的成分。近年来生态农业的发展与生态安全事故的缕缕发生有着密切的关系，如中国人不吃国产奶粉，就是受“三鹿奶粉”事件的影响，于是，中国游客到香港地区、台湾地区、欧洲等地大量采购奶粉，引起世界各国的关注。由此呼唤起的民众的生态意识，成为生态农业进步的动力源泉。

（一）日本稻田生态农业的发展途径与模式

日本稻田生态农业非常关注通过有机生产、革新农业技术和发展农业多功能性来构筑生态农业的发展。①发展有机生产，实现种养殖相结合的途径。稻鸭共作技术，起源于中国，但完善于日本，它开辟了水稻、水禽有机生产的新途径。同时还有稻鸭萍共作模式和稻鱼共作模式。②创新农业技术，促进稻田的节能、高效和低污染。日本发展高效、高成活率的栽培技术，从而节约利用能源，降低能耗，发展灌溉技术，减少温室气体排放，探索新的肥料施放机制。③水稻的多功能性。日本稻田的多功能性主要体现在：防治洪水、补给地下水、防止土壤侵蚀和防止滑坡、净化水质、分解有机物、减轻气候变化的影响、增加生物多样性、美化景观和社会等功能。日本从稻田有机生产模式、稻作生产和种植技术以及发展稻田多功能性方面提出并尝试了发展生态农业的途径，为生态农业发展提供了有益的经验。比如利用直播稻的优点可以省去20%的劳动时间，降低10%的成本；稻鸭鱼工作可以减少温室气体排放。（刘星辰等，2011）

（二）中国台湾生态观光农业的发展经验

台湾生态观光农业秉承中国文化传承，追求“采菊东篱下，悠然见南山”的农业生态文化境界。生态农业、休闲农业和民宿农业结合成一个整体发展，形成台湾生态休闲农业的特征。台湾生态农业几十年的发展，取得了许多成功的经验。①农业科技是生态农业的强大支撑。台湾依靠高水平农业科技，通过发展“三生”农业，控制肥料使用，使农产品符合国际检验标准，促进农产品出口。②精致农业是生态农业的显著特色。早在1984年，台湾就提出了发展“精致农业”的口号，即发展以“经营方式的细腻化、生产技术的科学化以及产品质量的高级化”为特征的农业生产。1990年台湾提出“农业零成长”口号，农业发展重点转向发展新的优良产品，提高农产品质量。如开发与推广优质米、开发多产期与高价值水果等。③观光休闲是生态农业的崭新方向。台湾地区土地狭小，劳动力成本高，在全球经济一体化进程中，又面临质高价低的外来农产品的冲击，如何加快转型、提高竞争力已成为台湾农业发展的重大课题，而发展观光农业是重要的出路之一。台湾休闲观光农业的经营类型多种多样，除教育农园外，还包括各类休闲农场、林场、渔场、牧场、观光农园、市民农园以及民宿农业等。（庞道沐，2011）

四、世界生态农业发展的趋势与启示

(一)世界生态农业发展的趋势

世界生态农业的发展趋势主要是:①人们的生态意识被唤醒,生态农业必将持续发展。全球多次重大食品安全事件,成为民众生态意识觉醒的动力源泉。②标准化生产成为生态农业产品的基本质量保证。生态农业的法规、管理体系和质量标准有联合国、国际非政府组织、国家三个层次,特别是国际化的生态食品标准和认证体系,发挥着重要作用。③国际贸易的绿色壁垒进一步推动了生态农业的发展。绿色壁垒的标准体系,用强制力量促进世界生态农业的协调发展。④科学技术是生态农业发展的支撑力量。从传统的自然经济农业,到工业社会的化学农业,再到生态农业,对于农业科学技术来讲,是一个重大转折。这个转折的最终实现,必须得到科学技术的有力支持,否则是无法完成的。⑤规模经营是生态农业的实现路径。生态农业的社会效益无需多言,但经济效益必须有经营规模作保证。单家独户是不可能维持生态农业正常运行的。⑥政府政策扶植和经济补贴是生态农业发展的最后屏障。生态农业的外部性是十分明显的,受益人群较大,但经济效益不够显著(发展初期尤其突出),因此,政府的支持就是十分必要的,并且具有长期性。

(二)世界生态农业发展的启示

世界生态农业发展对于中国的启示主要有:①加强宣传力度,进一步唤醒和加强民众的生态意识。生态农业的发展发端于生态意识的觉醒,生产生态产品也需要生态意识的提高,消费和购买生态产品离不开生态意识的进步,因此,保护生态的意识就是十分必要的。②落实标准化生产,保证生态产品的质量。生态产品销售价格高于普通商品,如果没有质量保证,就难以立足。“三鹿奶粉”的教训一定要吸取。因此,各个质量关口都要遵法守规,严格执行有关标准。③生态产品销售,要保质保量,取信于民。民众信任、品牌号召、质量保证缺一不可。国家要严格执法,保护消费者权益,特别是外贸产品,关乎国家名誉,不能有丝毫懈怠。④重视科技投入,保证生态农业的持续发展。生态农业的持续发展,要用经济效益来保障,而不仅仅是靠生态意识。因此,农业科技工作者要适应从化学农业到生态农业的转换,研究出适用的技术,促进生态农业的持续发展。⑤规模经营,提高生态农业发展的效益。无论是环境保护还是食品生产,规模越大成本越低,反之,规模越小成本越高。生态农业生产,不适合单家独户进行,生产必须企业化、联合化,这是生态农业发展的必由之路。⑥政府支持,保障生态农业稳定发展。西方国家各级政府对生态农业支持力度很大，德国连草地都有补贴，像中国这样计划经济比例较大的国家，没有理由不大力支持。当然，中国各级政府对生态农业发展的重视、支持是有目共睹的，但还有学习进步的空间，还有很多事情需要做。

五、陕西生态农业的发展

陕西生态农业的发展落后于我国东部地区，主要原因是农业产品外贸比例较小，因而来自外部的压力也较小，发展步伐不大。但陕西水果在国际上有一定影响，生产的标准化、生态化程度较高，对于引领陕西生态农业的发展有一定的意义。

陕西分陕南、陕北和关中地区，且区域差异较大，生态农业发展品种、路径必然各不相同，不能强求统一。

(一)西安市临潼区生态农业模式

西安市临潼区根据自然状况和资源利用情况，生态农业发展因地制宜、统筹安排、突出区域特点，提出三种发展模式：①南部低山丘陵林果牧结合模式。该模式通过荒山种草植树，为畜牧业提供大量的饲料，畜牧业产生的粪便通过沼气池发酵生成沼渣还田，促进粮、果、林、草的生长。②中部黄土台塬农林果牧副加综合经济模式。该模式的发展方向是推广旱作农业技术，努力提高农作物单产，加强林果生产基地和畜牧业建设，扩大石榴、柿子、杏等杂果种植面积，通过农林果推动副业和加工业的发展，满足景区和城区日益增长的物质需要。③北部平原牧农经综合生态模式。该模式充分利用土地资源优势，提高粮食产量，加强棉、果、菜基地建设，重点抓好奶畜产业的发展，提高奶畜产品质量，开发出自己的龙头产品，达到牧农经共同发展的目的。

根据三大生态农业模式，临潼区生态农业建设的主要任务有：①改善生态环境，加强农业配套设施建设。包括农田水利工程、生态治理工程、动物保健工程。②农业基地建设。包括粮食生产基地建设、果品基地建设、优质良种苗木花卉基地建设、畜牧业基地建设。③高产日光温室大棚生产基地建设。④农作物秸秆综合利用工程。⑤庭院生态经济建设。包括沼气能源建设、种养加综合经济建设。(杨青利，2005)

(二)榆林市生态农业模式

榆林市地形属于黄土高原地区地貌类型，主要有风沙滩区、黄土丘陵区、土石山区、川水地区。全年干燥度大于2.0，属于半干旱地区。榆林市生态农业建设思路是:①黄土丘陵区以治理水土流失为主,以改善植被、增加有机投入、提高雨水利用率为主攻方向,大力推进流域建设,建立农、林、牧结合,山、水、田、林、路综合治理的生态农业模式。②北部风沙滩区立足于防风固沙、改造土壤质地,提高土地和水资源利用率,有计划地合理开发荒漠地,建立商品粮生产基地为主的高效农业科技示范园,形成商、牧、农、工综合经营的生态模式。③黄河沿岸土石山区以改善植被、控制水土流失、改善生态环境与生存条件为主攻目标,大力开展小流域治理与微地貌整治工程,建立以庭院经济为单元,连片经济林果带的生态经济模式。④主干公路沿线川水地区大力发展集约种植、养殖加工业,形成规模化的农业产业,以发展立体农业为主攻方向,建立三维立体网络生态农业模式。(李亚琼,2007)

综上所述,因为陕南与关中、陕北在自然条件——地理、水土、资源、气候等方面都有较大差异,所以生态农业发展必然具有自己的路径和特点。这正是本书研究的内容所在。

第三章 生态农业的理论与技术支持

一、生态经济与循环经济

（一）循环经济的内涵

循环经济(Cyclic Economy)是指在人、自然资源和科学技术的大系统内，在资源投入、企业生产、产品消费及废弃的全过程中，把传统的依赖资源消耗的线性增长的经济，转变为依靠生态型资源循环来发展的经济。循环经济是把清洁生产和废弃物的综合利用融为一体的经济，本质上是一种生态经济，它要求人类运用生态学规律来指导人类社会的经济活动。

循环经济的理论基础应当说是生态经济理论。生态经济学是以生态学原理为基础，经济学原理为主导，以人类经济活动为中心，运用系统工程方法，从最广泛的范围研究生态和经济的结合，从整体上去研究生态系统和生产力系统的相互影响、相互制约和相互作用的关系，揭示自然和社会之间的本质联系和规律，改变生产和消费方式，高效合理利用一切可用资源。简言之，生态经济就是一种尊重生态原理和经济规律的经济。它要求把人类经济社会发展与其依托的生态环境作为一个统一体来看待，经济社会发展一定要遵循生态学理论。生态经济所强调的就是要把经济系统与生态系统的多种组成要素联系起来进行综合考察与实施，要求经济社会与生态发展全面协调，达到生态经济的最优目标。

生态经济与循环经济的主要区别在于：生态经济强调的核心是经济与生态的协调，注重经济系统与生态系统的有机结合，强调宏观经济发展模式的转变；循环经济侧重于整个社会物质的循环应用，强调的是循环和生态效率，资源被多次重复利用，并注重生产、流通、消费全过程的资源节约。生态经济与循环经济本质上是相一致的，都是要使经济活动生态化，都是要坚持可持续发展。物质循环不仅是自然作用过程，而且是经济社会过程，实质是人类通过社会生产与自然界进行物质交换。也就是自然过程和经济过程相互作用的生态经济发展过程。确切地说，生态经济原理体现着循环经济的要求，正是构建循环经济的理论基础。

生态经济、循环经济理念的产生和发展，是人类对人与自然关系深刻认识和反思的结果，也是人类在社会经济高速发展中陷入资源危机、环境危机、生存危机深刻反省自身发展模式的产物。由传统的经济向生态经济、循环经济转变，是人类在全球人口剧增、资源短缺和生态蜕变的严峻形势下的必然选择。客观的物质世界，是处在周而复始的循环运动之中，物质循环是推行一种与自然和谐发展、与新型工业化道路要求相适应的一种新的生产方式和生态经济的基本功能。物质循环和能量流动是自然生态系统和经济社会系统的两大基本功能，是处于不断的转换中。循环经济则要求遵循生态规律和经济规律，合理利用自然资源与优化环境，在物质不断循环利用的基础上发展经济，使生态经济原则体现在不同层次的循环经济形式上。

循环经济在发展理念上就是要改变重开发、轻节约，片面追求 GDP 增长的思想；重速度、轻效益；重外延扩张、轻内涵提高的传统的经济发展模式。把传统的依赖资源消耗的线性增长的经济，转变为依靠生态型资源循环来发展的经济。既是一种新的经济增长方式，也是一种新的污染治理模式，同时又是经济发展、资源节约与环境保护的一体化战略。

循环经济本质上是一种生态经济，它要求运用生态学规律而不是机械论规律来指导人类社会的经济活动。与传统经济相比，循环经济的不同之处在于：传统经济是一种由“资源—产品—污染排放”单向流动的线性经济，其特征是高开采、低利用、高排放。在这种经济中，人们高强度地把地球上的物质和能源提取出来，然后又把污染物和废物大量地排放到水、空气和土壤中，对资源的利用是粗放的和一次性的，通过把资源持续不断地变成为废物来实现经济的数量型增长。与此不同，循环经济倡导的是一种与环境和谐的经济发展模式。它要求把经济活动组织成一个“资源—产品—再生资源”的反馈式流程，其特征是低开采、高利用、低排放。所有的物质和能源要能在这个不断进行的经济循环中得到合理和持久的利用，以把经济活动对自然环境的影响降低到尽可能小的程度。

(二)循环经济的新理念

循环经济的理念包括“新四观”，即：新系统观、新经济观、新价值观和新生产观。

1. 新的系统观

循环经济与生态经济都是由人、自然资源和科学技术等要素构成的大系统。要求人类在考虑生产和消费时不能把自身置于这个大系统之外，而是将自己作为这个大系统中的一部分来研究符合客观规律的经济原则。要从自然—经济大系统出发，对物质转化的全过程采取战略性、综合性、预防性措施，降低经济活动对资源环境的过度使用及对人类所造成的负面影响，使人类经济社会的循环与自然循环更好地融合起来，实现区域物质流、能量流、资金流的系统优化配置。

2. 新的经济观

就是用生态学和生态经济学规律来指导生产活动。经济活动要在生态系统可承受范围内进行，超过资源承载能力的循环是恶性循环，会造成生态系统退化。只有在资源承载能力之内的良性循环，才能使生态系统平衡地发展。循环经济是用先进生产技术、替代技术、减量技术、共生链接技术以及废旧资源利用技术、"零排放"技术等支撑的经济，不是传统的低水平物质循环利用方式下的经济，要求在建立循环经济的支撑技术体系上下工夫。

3. 新的价值观

在考虑自然资源时，将其不仅要视为可利用的资源，而且是需要维持良性循环的生态系统；在考虑科学技术时，不仅考虑其对自然的开发能力，而且要充分考虑到它对生态系统的维系和修复能力，使之成为有益于环境的技术；在考虑人自身发展时，不仅考虑人对自然的改造能力，而且更要重视人与自然和谐相处的能力，促进人的全面发展。

4. 新的生产观

就是要从循环意义上发展经济，用清洁、环保的要求从事生产。它的生产观念是要充分考虑自然生态系统的承载能力，尽可能地节约自然资源，不断提高自然资源的利用效率。并且是从生产的源头和全过程充分利用资源，使每个企业在生产过程中少投入、少排放、高利用，达到废物最小化、资源化、无害化。上游企业的废物成为下游企业的原料，实现区域或企业群的资源最有效利用。并且用生态链条把工业与农业、生产与消费、城区与郊区、行业与行业有机结合起来，实现可持续生产和消费，逐步建成循环型社会。

发展循环经济的关键，在于加速经济转型。

二、农业生态技术

(一)生态技术的支撑作用

生态农业是按照生态学原理和经济学原理，运用现代科学技术成果和现代管理手段以及传统农业的有效经验建立起来的，是能获得较高的经济效益、生态效益和社会效益的现代化农业。它要求把发展粮食生产与多种经济作物生产，发展大田种植与林、牧、副、渔业，发展大农业与第二、三产业结合起来，利用传统农业精华和现代科技成果，通过人工设计生态工程，协调发展与环境之间、资源利用与保护之间的矛盾，形成生态上与经济上两个良性循环，经济、生态、社会三大效益的统一。

可见，生态农业的关键是离不开生态技术。生态技术是指在保护环境质量的同时，实现经济效益最大化的精细技术，包括：以可再生资源替代不可再生资源的技术；通过延长产业链，提高能源利用效率的技术；通过能级转换，实现低级能源替代高级能源的技术；对环境的负面影响最小并能改善生态的技术。

生态技术对生态农业发展的支撑作用，主要表现在以下三个方面：

1.促进农业资源的集约持续利用

生态技术的开发、应用与创新，可促进资源使用方式由粗放经营向集约经营转变，优化资源配置，提高人均资源禀赋承载力。具体地讲：通过生态技术的改进和科学地应用，缓解资源的有限性与农业生产发展的客观需要不断增长之间的矛盾，有效提高资源利用率和产出率；生态技术将食物链理论、生态位原理、资源稀缺性序列替代理论等渗透于农业生产过程，提高资源配置中相对丰富的生物资源比重，以多层次的资源配置充分利用空间，实现劳动投入更密集、太阳能利用更有效、土地生产力发挥更充分，从而提高资源配置效率；生态农业能够合理开发利用农业资源，发展生物能源，提高农业生态系统的光能利用率、生物能转化率和农业废弃物的再循环率，从根本上解决我国农业发展面临的能源危机。

2.促进农业生态系统经济生产力水平的提高

作为农业区域内以绿色植物为主体的生命系统、环境系统、经济系统有机组合的农业生产态系统，其自然生产力水平，需通过该系统的社会动力机制对日益弱化的生物动力机制不断加以强化，创造新的人工环境或生产方法，开发利用生产力，形成由人工控制的生态系统，增加系统经济产出；并通过聚集效应集中生物经济要素，形成较强的经济辐射力，提高系统经济生产力。生态农业正是建立在此生态经济原理的基础上，遵循生物与环境的协同进化原理等生态规律，应用现代先进、成熟的生态技术，将各种具有高度个体生产力的农业生物合理地组织成高效率、强功能的农业生态系统，进而促使环境系统与生物系统良性结合，形成农业生产发展的永续动力源。

3.推动生态农业模式的优化与创新

生态农业的发展，离不开个性化的区域农业发展模式的贡献。生态农业模式的建立与优化，又必须依靠集约性、综合性、多样性的相关配套生态技术的支持，否则生态农业模式也将难以为继。无论是模拟生态系统立体结构、优化生物组合的立体农业模式，还是模拟生态系统食物链结构、实现生物能量多级利用的循环再生农业模式，抑或庭院立体经营模式，均离不开立体种植技术、物质和能量的良性循环再生技术以及庭院资源综合利用技术等一系列技术的支撑，即后者为前者创新与升级提供“踏跳板”和“助推器”。

(二)生态农业技术体系的架构

在农业发展过程中,生态技术的贡献份额将越来越大,且技术的扩张是农业经济增长中克服收益递减、实现生态农业高效持续发展的唯一途径。

1. 指导原则

生态技术发展的总原则是为有效满足市场对优质化、多样化、无公害、营养保健和廉价农产品的需求,大力改善农业生态环境,为增强我国农产品的国际竞争力和积极融入经济全球化浪潮是提供技术支撑。具体包括:

(1)先进性。农业生态技术较之当前应用的同类国家技术,在降低成本、促进增效或在改善农业生态环境等方面具有明显的改进,接近国际、国内先进水平,抑或该项技术是一项全新的实用技术,提高生态农业经济、社会和生态效益。

(2)适用性。传统的农业科研体制往往导致开发出来的新技术不能直接应用于农业生产实践,形成农业适用生态技术缺乏与农业技术无效供给之间的矛盾。因此,生态技术的研制与推广,必须根据实际发展的需要确定,将技术组装配套成农民易于掌握、操作简便的“傻瓜技术”或“按钮技术”,以提高技术应用效果。

(3)系统性。在发展生态农业技术时,必须从生态经济系统的角度出发,将相关的几项生态技术进行综合配套实施,尽可能以较低的技术投入获得最大的系统经济、生态和社会产出。

(4)效益性。生态技术应在节能、降耗、保护环境、合理利用资源、提高劳动生产率等方面具有明显的成效,促进高产、优质、高效农业和农村经济的发展。尤其是利用先进适用技术,降低农业生态系统的外部性,保持系统的稳定性和持续经济生产力。

2. 基本内容

(1)种养优化技术。包括:利用生物共生原理的间作套种技术和模拟生态系统的立体结构、充分利用立体空间营养生态位的立体种养技术。

(2)田间管理技术。包括水肥一体的喷灌、微灌、滴灌等节水灌溉技术,配方施肥及精确施肥等科学施肥技术以及病虫害无公害综合防治技术。

(3)物质能量多级有效利用技术。利用循环原理和生态系统“闭路控制”原理,采用废物再生利用方式,将彼此不相关联的生产形式整合为循环式无废物生产形式。譬如农林结合、农牧结合、农林牧渔结合等生态农业模式的相关技术,相互利用原料、充分利用生物在其生产、生活、加工等过程中产生的有机废物,将农业生产纳入生态系统循环良性化轨道。

(4)环境综合整治技术。利用如环境值原理,结合食物链理论,协调农村工业经济活动与农业生产活动的污染治理和环境净化技术。

(5)良种良法技术。利用现代生物基因工程技术和常规育种技术,充分利用生物界的种质优势,提高作物抗病虫害性能。

3.发展思路

(1)采取积极有效措施,增加生态技术的有效供给。近十年来,我国农业科技平均每年约有7 000多项成果问世,其中生态技术占绝大多数,但平均推广率仅为30%～40%,远不及发达国家60%～70%的水平。据专家估计,我国农业科研水平至少落后于世界先进水平15～20年。为增加生态技术有效供给,加速农业科技进步和科技成果转化,须从以下几个方面着手进行:①纠正农业科研的错误指导思想。除基础性课题研究外,科研项目研究的最终目的均要应用于农业生产实践,应注重其适用性、可操作性和持续性等特征,为生态农业发展服务。②进一步完善农业科研课题申报验收制度。一方面,完善知识产权制度;另一方面,严格限制污染环境、破坏生态的技术研究与开发,从源头上遏制其滋生和蔓延。③鼓励农民技术能手进行技术发明、创造。④增强公共财政对农业科研的支持力度,实现生态技术的持续有效供给。据有关资料显示,政府农业科技投资额仅占农业总产值的0.25%,比一般发展中国家还低0.75个百分点。而由于农业的比较利益低下、农业新技术采用风险很大和农民收入水平低等多种现实因素的存在,农民无力承担数额庞大的科研开发费用,同时社会力量支持农业科技研究也尚未形成气候。因此,必须实现人均科技经费、营务费的稳步增长,并合理分配科技资金,确保农业科技资源快速增长。

(2)建立农业生态技术需求的内在扩张机制。农户技术选择的动因是自身从中获得的经济利益。为提高农户技术需求的扩张力,调动其应用新技术的积极性,必须为之创造有利的外部条件。①提高农民技术采纳的收益预期。农户是技术的最终需求者,要促进技术成果转化为现实生产力,提高农业科技贡献率,必须从根本上通过增加农业比较收益,改善农民技术采纳的收益预期,才能激发农民的积极性,疏通技术推广应用的"绿色通道"。对此,笔者认为,由于农业的弱质性产业特征,农业生产收益水平极其低下,目前仍需加强支持和保护,提高农民从事农业生产的收入水平。②化解农民技术应用的实际风险。农民将新技术应用于农业生产过程,面临三重不确定风险:自然风险、技术风险和市场风险,削弱了其采纳新技术的积极性,而且农民风险承担能力相当弱小,不愿因应用新技术而承担高风险。因此,可通过建立新技术风险储备金制度和政策性保险机构,为农民应用新技术投保,必要时提供贴息贷款;完善农业技术合同制度,由技术供需双方共同承担风险等灵活多样、行之有效的农业技术风险保障制度,以降低农户技术应用风险。③降低技术推广成本。高素质的劳动力和高质量、全方位的服务是高新技术应用中不可或缺的两个重要因素。但是,目前农民科技意识淡薄，文化素质普遍不高，小学以下文化程度的劳动力约占总劳动力的67%，造成技术使用不当和推广成本高昂。因此，要通过办农业技术培训班、加强农村职业技术教育等多种形式，提高农民应用新技术的综合水准。还应加强农业高新技术示范园区建设，增强其技术辐射、示范功能；改进农技推广部门的技术服务，建立技术推广人员与农民的紧密联系，增强高新技术应用效果。

(3)建立有效的农业生态技术供需平衡机制。①建立灵活的技术信息双向传输机制。通过建立农业信息网络，加强农业科技人员与农民之间的联系，形成技术供求信息迅速有效传导的便利通道，从而建立起基于农户技术需求的市场导向性供需平衡机制。对已物化的新技术可大胆投放于技术市场，充分发挥市场机制的作用，通过技术信息的及时反馈与传输协调双方的行为，以达到技术的供需平衡。②政府对农业科研立项实行专家评审制与农技人员、农民参与制相结合。③改进农技服务，创新技术推广模式，充分发挥农业科技推广的"杠杆效应"。我国农业高新技术发展水平与发达国家的差距关键就在于新技术的推广应用。所以，我国必须以提高技术成果实际应用率和贡献率为着眼点，加强农技推广体系建设，积极探索新的经营机制、管理制度和服务方式，促进农业技术成果的转化。具体体现在以下几个方面：一是建立灵活的经营机制。通过组建股份制科技企业，对科技成果进行产业化开发，实现技术服务活动与推广人员之间的利益挂钩，增加技术服务组织的市场适应力和经济活力。另外，建立技术、物资合同制衔接机制，并对技物结合实行目标管理，调动技术人员的积极性。二是健全高效的管理制度。要充分激励和发挥技术推广人员的积极性和主观能动性，根据不同推广内容、对象、自然条件、经营水平、技术难易程度等变量，制定不同的推广计划，寻求最佳的推广方式，增强试验、示范、推广、经营服务的技术扩散链条联结度。三是加大农技推广的资金支持力度。目前我国农业技术推广投资强度(即农业推广费用占农业国内生产总值的比例)为：1986 年 0.41%，1990 年 0.35%，大大低于工业化国家 20 世纪 80 年代0.62%的水平，也低于世界低收入国家 0.44%的平均水平，造成农技人员离岗倾向十分突出，推广效率低下。因此，应尽快增强对农技推广经费的投入力度，满足农技推广事业发展对资金的需求，提高推广组织的运行效率和服务功能。四是鼓励民办科技组织发挥其联结农业科研单位与推广机构的桥梁作用。农民专业技术协会、科技示范户具有很强的组织灵活性和市场适应性，鼓励其为农民提供全方位的技术咨询、指导服务。

三、水土保持

水土保持是指对自然因素和人为活动造成水土流失所采取的预防和治理措

施。水土保持对于发挥水土资源的经济效益、生态效益和社会效益，发展山区、丘陵区和风沙区的生产和建设，整治国土、治理江河，减少水、旱、风沙等灾害，维持生态系统平衡，具有重要意义。水土既包括土地资源，还包括水资源。保持(Conservation)的内涵不只是保护(Protection)，而且包括改良(Improvement)与合理利用(Rational Use)。其措施包括：工程措施、生物措施和蓄水保土耕作措施。

(一)工程措施

指防治水土流失危害，保护和合理利用水土资源而修筑的各项工程设施，包括治坡工程(各类梯田、台地、水平沟、鱼鳞坑等)、治沟工程(如淤地坝、拦沙坝、谷坊、沟头防护等)和小型水利工程(如水池、水窖、排水系统和灌溉系统等)。

(二)生物措施

指为防治水土流失，保护与合理利用水土资源，采取的造林种草等措施及完善管护的办法，增加植被覆盖率，维护和提高土地生产力的一种水土保持措施。主要包括造林、种草和封山育林、育草。

(三)蓄水保土耕作措施

以改变坡面微小地形，增加植被覆盖或增强土壤有机质抗蚀力等方法，保土蓄水，改良土壤，以提高农业生产的技术措施。如等高耕作、等高带状间作、沟垄耕作少耕、免耕等。开展水土保持，就是要以小流域为单元，根据自然规律，在全面规划的基础上，因地制宜、因害设防，合理安排工程、生物、蓄水保土三大水土保持措施，实施山、水、林、田、路综合治理，最大限度地控制水土流失，从而保护和合理利用水土资源，实现经济社会的可持续发展。

水土保持是一项适应自然、改造自然的战略性措施，也是合理利用水土资源的必要途径；水土保持工作不仅是人类对自然界水土流失原因和规律认识的概括和总结，也是人类改造自然和利用自然能力的体现。

陕南三市基本处在山区、半山区和河谷地带，生态经济和生态农业的发展重点离不开水土保持。关于陕南水土保持与利用问题，将在本书第五章专门论述。

四、设施农业

设施农业是近十年来发展起来的一种集约化程度很高的农业生产技术。由于该技术摆脱了传统农业生产条件下自然气候的制约，使单位面积产量及畜禽个体生产量大幅度增长，同时也保证了农牧产品，尤其是蔬菜、瓜果和肉、奶、蛋的全年均衡供应。

所谓设施农业，是指利用人工建造的设施，为种植业、养殖业以及其产品的储藏保鲜等提供适当的环境条件，以获得速生、高产、优质的农产品。设施农业在一定程度上克服了传统农业难以解决的限制因素，加强了资源的集约高效利用，从而大幅度提高了农业系统的生产力，使单位面积产出成倍乃至数十倍地增长。设施农业打破了传统农业地域和时季的“自然限制”，具有高投资、高产出、高效益、无污染、可持续农业等特征。设施农业的措施如下：

(一)地膜覆盖栽培

地膜覆盖栽培是许多国家和地区发展设施农业采取的重要措施。该技术兴起于20世纪70年代。由于用地膜覆盖农田可提高地温，保持土壤水分，促进有机质的分解，提高作物生产量，于是在欧美、日本等地得到迅速普及，80年代以后，不少发展中国家应用地膜覆盖的农田面积和范围也不断扩大。目前世界大多数国家使用的塑料薄膜是一般厚为0.2～0.3毫米的聚乙烯透明塑料薄膜。

(二)温室栽培

园艺作物温室栽培是发展设施农业的又一重要举措。园艺作物温室栽培主要包括塑料大棚温室栽培和现代玻璃房栽培两类。目前世界上塑料大棚栽培最多的国家是意大利、法国、西班牙和日本等国家。

玻璃房温室是荷兰、德国、法国、英国、日本等国家发展的一种现代化温室，由于这种温室能自动控制室内的温度、湿度、灌溉、通风、CO_2浓度和光照，每平方米温室一季可产番茄30～50公斤，黄瓜40公斤，等于露地栽培产量的10倍以上。目前，世界上玻璃房温室面积以荷兰最大，20世纪80年代末期荷兰全国玻璃房温室面积就已达1万公顷。由于玻璃房温室能源消耗大、成本高，近10年来一些国家大力研究节能措施。如室内采用保温帘、双层玻璃、多层覆盖等技术措施。也有一些国家，如美国、日本、意大利等开始把温室建在适于喜温作物生长的温暖地区，也减少了能源消耗。

(三)温室无土栽培

温室无土栽培技术是发展设施农业的第三个措施。无土栽培技术是随着温室生产发展而研究采用的一种最新栽培方式。该技术基本分为两大类——基质栽培和无基质栽培。前者是将作物根系固定在基质中，植株通过基质吸收营养液，栽培方式有袋培、岩棉培和营养液膜法；无基质栽培也被称为“水培”，即植物根系直接和营养液接触，世界上已有100多个国家将无土栽培技术用于温室生产。但目前无土栽培还有一定的局限性，首先是无土栽培必须在特殊设备上进行，初期投资较高；其次是营养液有时会遭受病原菌感染而使植物受害，因此，现阶段无土栽培主要用于蔬菜生产。

(四)工厂化农业

工厂化农业是继温室栽培之后发展的一种高度专业化、现代化的设施农业，是指工厂化育种育苗、工厂化生产畜禽等，是设施农业的高级层次。一般包括加热、降温、通风、遮阳、滴灌以及中心控制系统等。工厂化农业利用成套设施或综合技术使种养业生产摆脱自然环境的束缚，突破了养殖、种植业生产中的传统观念，实现了周年性、全天候、反季节的企业化规模生产。

植物工厂与温室生产不同，它完全摆脱大田生产条件下自然条件和气候的制约，应用先进技术由人工控制环境条件，全年均衡供应农产品。目前，植物工厂在美国、日本等发达国家发展迅速，不仅实现了工厂化生产蔬菜、食用菌和名贵花木等，美国还正研究利用“植物工厂”种植小麦、水稻以及进行植物组织培养和快繁、脱毒。在日本，已有企业建立了面积为 1 500 平方米的植物工厂，并安装有“机器人”，从播种、培育到收获实现了电气化。由于植物工厂的作物生长环境不受外界气候等条件影响，蔬菜种苗移栽两周后，即可收获，全年收获产品 20 茬以上，蔬菜年产量是露地栽培的数十倍，是温室栽培的 10 倍以上。

另外，工厂化也在养殖业得到迅速发展。工厂化饲养畜禽自 20 世纪 70 年代在国外兴起，现在已发展到工厂化养猪、养鸡、养肉羊和养奶牛等领域。其中以工厂化养鸡规模最大，效益也最高，因此，已被广泛采用。据预测，21 世纪发达国家的工厂化养鸡场将采取全封闭式自动控制畜舍，空气全部经过过滤。这样成本虽高，但鸡不会感染疾病，同时，由于人工控制环境温度和饲养等，所以鸡产肉、蛋更多。

五、陕南生态农业技术及应用概况

(一)“三沼”综合利用技术

沼气、沼液、沼渣的综合利用，简称“三沼”综合利用。“三沼”作用大、应用范围广。它可用于种植、养殖、加工、仓储等多个行业。沼气除了用于做饭、照明外，还可用于 CO_2 施肥、粮果贮藏、烘干等。沼液、沼渣是速缓兼容的优质有机肥，富含氮、磷、钾及多种微量元素，施用沼肥能促进作物生长，改良土壤，减少病虫害。同时，沼液中含有多种氨基酸、维生素等营养成分，能用来喂猪、养鱼等。

“三沼”在种植业上有如下应用技术：

①沼液浸种技术适用于水稻、小麦、玉米、菜籽等作物。

②沼液叶面施肥技术。

沼液叶面施肥，主要采取喷雾施肥方法。重点要掌握喷施时间和喷施浓度。适用于茶、桑、果树和水稻、小麦、玉米等作物，蔬菜喷施浓度宜小。

③沼液、沼渣作基肥可穴施、条施和沟施。

④沼肥使用“五忌”。忌出池后立即使用；忌不兑水直接追施；忌表土撒施；忌过量施用；忌与草木灰、石灰等碱性肥料混施。

⑤蔬菜大棚可利用沼气灯增温、补光、施 CO_2。安康市的温室大棚，常因高湿、多雾、寡照影响蔬菜产量和质量。试验证明，大棚内合理使用沼气灯，既可增温、补光，又能增加 CO_2 浓度，从而提高蔬菜产量和效益。

⑥沼液对柑橘螨、蚧和蚜虫，柑橘黄、红蜘蛛，玉米螟，蔬菜蚜虫、麦蚜虫等有很好防治效果。

(二)陕南生态农业技术应用概况

1. 安康市生态农业技术应用——阳晨集团高效闭路循环的生态农业

阳晨集团地处汉江岸边，主要从事现代农业开发。为了保护好南水北调的汉江水源，这家企业积极承担环境责任，坚持按照现代化企业的管理模式安排生产流程，力求实现闭路循环。

阳晨集团旗下的秦阳晨原种猪有限公司，是以美国进口原种猪育种为主业的专业企业，像这样规范的繁育基地，我国西北地区仅有 3 家。所有的原种猪都采取封闭饲养的方式，每个进入圈舍的人都必须经过 3 天的隔离。通过圈舍的玻璃窗看，宽大的圈舍内，用栏杆分割出若干个隔间，每个隔间里都有好几只肤色粉嫩的小猪围着一只三四百斤的母猪吃奶。这些繁育出来的种猪，每头的售价可以达到 4 000～8 000 元。企业与甘肃农业大学、西北农林科技大学、安康学院共同建设了陕西省农业科技专家大院、安康市现代养猪技术研发中心等，公司建有饲料分析、猪病检测、富硒饲料研发 3 个专业实验室，并被农业部评为国家生猪核心育种场。

猪场这么干净，那些臭烘烘、难处理的粪便去哪儿了？猪场外上百米地方的两个绿色罐体就是粪便从垃圾变成宝的地方。这两个罐体是厌氧反应罐，总体积为 6 400 立方米，主要用来把猪粪转化为沼气发电，养猪场产生的粪便通过铺设在地下的管道源源不断地往罐体中运送，经过发酵的沼气也会源源不断地产生。目前，发电厂已经建成年发电量 1 兆瓦的一期工程，已于 2013 年春季开始试运行。

按照设计，发电厂每天能消耗 90 吨含水率为 20%的猪粪，所产沼气日均可发电 8 640 千瓦时。现在不仅能将种猪场每天产生的猪粪全部处理掉，有时还需要外购。2013 年 8 月份，电厂发的电已并入国家电网。

发酵罐不仅产生沼气，还产生沼渣和沼液，这些正是有机农业的好材料，企业设计了"猪—沼—肥—菜/果/花"的循环经济模式，建起了占地 15 200 亩的现代农业科技示范园，重点发展生态设施农业、标准化养殖业、生态休闲观光业、农产品加工和物流业。

走出发电厂，来到阳晨现代农业科技示范园。一排排白色塑料薄膜盖顶的大棚整齐排列，大棚里种满了五彩斑斓的蔬菜和清香扑鼻的瓜果。示范园按照生态农业模式修建和种植很有示范意义，已经被陕西确定为陕南浅山丘陵地区循环发展的典范。

目前阳晨集团以种猪场为核心成立的阳晨生猪产业联盟已吸纳 63 家企业，经营范围扩展到陕西、重庆、甘肃等地，年出栏育肥猪达 25 万头。预计到 2015 年，将出栏育肥猪 100 万头，实现销售收入 74 亿元，带动 15 万人就业。产业联盟准备在每个养殖场周边都建起这样的循环经济园，变废为宝、化害为利，以实现经济发展与环境保护的双赢。

2.汉中市生态农业技术应用

汉中市是全省乃至西北地区最大的生猪养殖基地。2010 年年底，全市生猪养殖量达到 619.6 万头(其中存栏 274.9 万头，出栏 345 万头)。肉类总产 29.3 万吨，其中猪肉 25.8 万吨。畜牧业总产值 60.8 亿元，占农业总产值 190.3 亿元的 32%。汉中市生猪饲养量占全省饲养总量的 25.8%，生猪存栏量、出栏量、猪肉产量、人均猪肉占有量、畜牧业生产总值等几项重点指标均位居全省之首。

2011 年 7 月，国务院《关于对能繁母猪实行补贴的意见》出台后，基层畜牧部门派员逐户登记结果显示，截至 2011 年 8 月底，全市养猪 100 头以上规模的大户有 5 258 户，其中饲养繁殖母猪在 50 头以上的千头猪场已达 361 户。全市规模养猪户生猪存栏量达 148 万头，规模化生产已占据了生猪存栏总量的"半壁江山"。

在生产力落后、畜禽养殖规模化生产尚未形成以前，一家一户分散零星养殖的过程中，畜禽排泄的粪尿正是农业生产中不可或缺的有机肥来源。在传统农业中，畜牧业与种植业有着密不可分的辩证关系，可谓"猪多肥多、肥多粮多"，对环境造成的污染亦不大，即使在今后现代农业建设过程中，有机肥料的生产和使用仍然是有机农业和有机食品生产的根本保障。但不容忽视的是，随着传统养殖业向现代畜牧业转型，畜禽养殖在规模不断扩张、产业化程度不断提高的同时对环境的污染问题也就逐渐地暴露了出来。

以不同畜禽品种计算，每天的排泄量大致如表 1。

汉中市生猪产业有了一定的规模化生产，牛、羊、禽等其他牲畜规模化生产程度不高。以生猪规模养殖总量存栏量 150 万头计算，一年的粪污排泄量大约在 150 万吨左右。生猪规模养殖，大量粪污集中排放造成对环境的污染，正成为现代畜牧业进程中必然会遇到进而必须要解决的问题。

表 1　不同畜禽每天排泄量

项 目	牛	猪	羊	鸡	鸭
粪(kg/日)	20	2	2.6	0.12	0.13
粪(kg/年)	7300	398	950	25.2	27.3
尿(kg/日)	10	3.3	未测定	未测定	未测定
尿(kg/年)	36.3	656.7	未测定	未测定	未测定
饲养周期(日)	365	199	365	210	210

汉中是西北地区的“小江南”。建设“绿色汉中”、“生态汉中”是汉中市面临的长期战略任务，如何处理经济发展与环境治理问题，既保住汉中的“青山绿水”，又规避畜禽规模化养殖过程可能造成“污水横流”的环境风险。为此，在指导生产上，汉中市始终坚持“发展与治理并重”的理念，向上级财政、发改、农业部门“争、跑、要”污染治理项目，千方百计争取资金扶持，特别是帮助规模化养殖企业向上申报生产扶持项目时一贯坚持生产发展与污染治理同规划、同建设、同检查、同验收，多措并举，狠抓养殖业的污染治理工作，推进畜牧业走上生产稳定发展和粪污科学治理的良性发展轨道。主要有如下措施：

一是大力发展户用沼气，解决零星散养农户污染问题。近 5 年间，汉中市积极争取中央、省项目扶持，全市累计总投资 3 903.6 万元，建设小型户用沼气池 98 759 个，使众多养殖农户从中受益。

二是积极争取大型沼气项目，控制大型养殖企业污染问题。5 年间，全市共申报建设大型沼气工程 58 个，经国家发改委批准立项建设的 28 个，其投资规模都在 120 万元以上。其中 300 立方米 10 个，600 立方米 18 个，总投资 8 600 万元。目前，已建成并投入使用的有 9 个。从大型沼气项目的投产使用路径看，不仅从根本上解决了养殖企业的污染问题，还满足了企业自身生活燃气使用、圈舍照明、圈舍取暖，同时还解决了周边部分农户的生活燃气使用，是一举多得、最具推广价值的治理污染项目。

三是综合利用，走循环农业发展道路。近年来，汉中市从生产实际出发，积极引导养猪专业大户和专业村，走“生猪养殖、沼气利用、莲藕种植、大棚蔬菜、苗木花卉、有机肥生产”为一体的农业循环经济发展道路。

四是引进固液分离机械，解决中、小规模户的污染问题。2008 年以来，汉中市西乡、城固、勉县等养猪大县先后引进和购买了大中小不同型号近 300 台固液分离机，用于养猪场化粪池或沉淀池的固体粪肥分离，残余尿液则用液槽车运送到田间地头施于农田，形成了便捷快速的污染治理，加速了粪污肥料在种植业上的使用和转化。

五是提倡和推广发酵床养猪，解决面源性粪肥污染问题。发酵床养猪技术是将锯末、稻壳、米糠、麸皮等按比例搭配一定量的发酵剂，创造一个仿生态养殖环境，在很大程度上减少了污染，消除了污染。目前，汉中市宁强、勉县、汉台区等县区已有245户推广使用了此项技术。

六是建设有机肥生产加工厂，走工厂化治污道路。2010年以来，城固天利养殖有限公司、汉台赛优养猪场和西乡城关镇五丰村均办起了有机肥料加工厂，尤其以城固天利公司投入3 000万元办起的年产量可达1.2万吨的有机肥生产线既开创了汉中市有机肥生产的先河，延长了养殖业的产业链，更为规模化养殖场粪污治理和畜禽非传染病尸体处理找到了出路。

第四章　陕南生态农业发展的条件及概况

陕南发展离不开一个“水”字，无论是防洪保安、水土保持、安全饮水、渔业发展、河道管理、农田建设、水电开发及近年来兴起的自然山水风光旅游，都与陕南的母亲河——汉江休戚与共。陕南生态农业——无论是种植业、养殖业，还是观光农业，都与“水”息息相关。

一、自然、经济和人文条件

陕南从地理位置来看，指秦岭在陕西境内以南的地区，位于北纬 31°～34°，东经 105°～111°之间。包括秦岭、大巴山和夹于两山之间的汉水谷地。海拔一般在 1 200～2 500 米之间，约占陕西省土地总面积的 36％，是陕西农林特产和矿产资源的宝库，基本属于亚热带季风气候。秦岭是黄河流域与长江流域的主要分水岭，是中国南、北方的主要分界线。陕南从行政区划看，包括汉中市、安康市和商洛市。

（一）汉中市

汉中市自古被称为“鱼米之乡”，有“汉家发祥地，中华聚宝盆”之美誉。早在商朝时期，这里就有了人类生息劳作的身影，在以后的历史中，汉中又一度成为兵家争战之地，如刘邦、诸葛亮等都以汉中作为军事基地。汉中是汉家发祥地，其历史悠久。自公元前 312 年秦惠文王首置汉中郡，迄今已有 2 300 多年的历史。汉中开汉业，公元前 206 年，汉王刘邦以汉中为发祥地，筑坛拜韩信为大将，明修栈道，暗度陈仓，逐鹿中原，平定三秦，统一天下，成就了汉室天下四百多年，自此，汉朝、汉人、汉族、汉语、汉文化等称谓就相传至今。这里是丝绸之路开拓者张骞的故里、四大发明造纸术发明家蔡伦的封地和葬地。韩信、诸葛亮、曹操等帝王将相曾在这里建功立业，李白、杜甫、陆游、苏轼等伟大诗人曾探访、辗转或生活在这片土地上，并留下了瑰丽的墨迹诗章。

汉中市位于陕西省西南部，北依秦岭，南屏巴山，与甘肃、四川毗邻，中部为盆地，中国古代称为“江淮河汉”四大河流之一的汉江，流经汉中、安康和荆襄大地，汇入长江，成为长江最长、最大支流。全市辖汉台、南郑、城固、勉县、洋县、西乡、宁强、略阳、镇巴、留坝、佛坪 11 个县区，2012 年年末，全市户籍总人口384万人，其中非农业人口 84.55 万人，常住人口 341.84 万人。市域总面积 2.72 万平方公里，其中盆地占 6%，浅山丘陵占 36%，中高山区占 58%，自古以来，汉中就是连接西北与西南、东南的通道和辐射川陕甘鄂的主要物资、信息集散地之一。汉中市景色秀丽，气候温和、湿润，年平均气温 14.3℃，降雨量 871.8 毫米，素有西北“小江南”和“金瓯玉盆”之美称。1996 年汉中经国务院批准撤地改市。

汉中市资源富集，其生物、矿产、水能、旅游、军工企业五大资源在全省乃至全国尚有一定的位置，经济开发潜力较大。

汉中市生物资源丰富。汉中被誉为“地球同一纬度生态环境最好的区域”。形成了植物南北共生的特点和生物种群的多样性，素有“生物资源宝库”、“天然物种基因库”之称。生态环境良好，森林覆盖率达 51.2%，植被覆盖率 56%，林地面积居全省第一、居西部第二，活立木蓄积量 8 781 万立方米，可利用草场 500 万亩。秦巴无闲草，有药用植物 1 300 多种，居全国地（市）级第二。汉中市杜仲、天麻、附子、川芎、黄柏、元胡等种植面积和产量占全国产量的 50%以上，是全国重要的生产基地。野生动物有 280 多种，列为国家和省级保护的珍稀动物有大熊猫、朱鹮、金丝猴、羚牛等 42 种，尤其是汉中市独有的世界珍禽朱鹮现已繁育到 260 余只。

汉中市水能资源丰富。嘉陵江和汉江两大水系，为长江一级支流。大小支流 500 余条，流域面积在 500 平方公里以上的支流 13 条，全市地表径流量 217 亿立方米，地下水综合补给量 31.7 亿立方米，水量占全省三分之一。水能资源蕴藏量 260 万千瓦，可开发量 87 万千瓦，是西北地区水资源最丰富的地区之一。

2012 年，该市实现地区生产总值 772.26 亿元，按可比价格计算，增长 15.2%。其中，第一产业增加值 159.47 亿元，增长 5.8%；第二产业增加值 338.11亿元，增长 21.8%；第三产业增加值 274.68 亿元，增长 12.9%。全年人均生产总值为 22 602 元。在地区生产总值中，第一、第二和第三产业增加值占比分别为 20.65%、43.78%和 35.57%。同 2011 年相比，一产比重下降 1.33 个百分点，二产比重提高 2.46 个百分点，三产比重下降 1.13 个百分点。全年城镇居民人均可支配收入 19 827 元，增长 16.5%，城镇居民人均消费性支出 13 001 元，增长 13.9%；农民人均纯收入 6 181 元，增长 17.0%，农民人均生活消费支出4 597元，增长 18.1%。

2012 年，汉中市农林牧渔业完成总产值 274.66 亿元，增长 5.8%(可比价)。其中，农业产值 150.77 亿元，增长 5.9%；林业产值 12.14 亿元，增长 2.5%；牧业产值 97.42 亿元，增长 5.8%；渔业产值 3.8 亿元，增长 8.7%；农林牧渔服务业产值 10.53 亿元，增长 7.0%。“猪、药、茶、菜”四大主导产业产值 169.00 亿元，占农林牧渔业总产值比重为 61.5%。

2012 年汉中市全年粮食播种面积 403.35 万亩，比上年增加 2.85 万亩，粮食总产 101.36 万吨，增长 6.5%。其中，夏粮 23.94 万吨，秋粮 77.42 万吨。油料种植面积 124.18 万亩，比上年减少 0.21 万亩，油料总产 17.89 万吨，增长 1.3%。

2012 年汉中市全年中药材种植面积 127.52 万亩，比上年增加 0.53 万亩，产量 13.85 万吨，增长 10.3%；年末茶叶实有面积 74.81 万亩，比上年增加 5.33 万亩，产量 2.27 万吨，增长 33.0%；蔬菜种植面积 87.69 万亩，比上年增加 2.98 万亩，产量 191.09 万吨，增长 6.5%；年末园林水果实有面积 55.8 万亩，比上年增加 1.09 万亩，产量 39.77 万吨，增长 3.9%。

2012 年汉中市全年大牲畜出栏 10.26 万头，增长 2.5%；生猪出栏 385.31 万头，增长 5.5%；牛出栏 10.21 万头，增长 2.4%；羊出栏 24.44 万头，增长 1.8%；家禽出栏 1 357.60 万羽，增长 12.2%。肉类总产量 31.21 万吨，增长 5.0%，其中猪肉产量 27.08 万吨，增长 5.5%。禽蛋产量 7.01 万吨，增长 1.4%。全年生猪饲养量 665.73 万头，比上年增加 25.57 万头。

2012 年汉中市现代农业持续发展。全年蔬菜复种面积 87.69 万亩，比上年增加2.98万亩，产量 191.09 万吨，增长 6.5%；设施大棚蔬菜面积 9.25 万亩、产量32.4万吨。新建设施大棚蔬菜 2 万亩，全市百亩以上连片设施蔬菜基地达到 85 个、面积 3.95 万亩，初步形成了以黄瓜、辣椒、西红柿为主的春提早秋延后蔬菜，以香菇、木耳为主的食用菌和山野菜为主的高山蔬菜，以莲藕为主的水生蔬菜，以紫甘蓝、芦笋、山药、西芹等为主的名特蔬菜，以莴笋、菜花、蒜苗、胡萝卜、青菜为主的冬春露地蔬菜等六大类品种结构格局。水果产业稳步发展，年末实有面积 55.8 万亩，比上年增加 1.09 万亩，产量 39.77 万吨，增长 3.9%。其中柑橘 36.29 万亩、产量 31.22 万吨，新建橘园 2.58 万亩、低改橘园 3.72 万亩、培育标准化示范园 5.24 万亩，秦岭南麓丘陵地区东起洋县槐树关西至勉县水磨湾延绵近百公里的柑橘产业带初具规模。以柑橘为主、多元化发展的果业产业格局正在形成。

2012 年汉中市新兴农业产业快速发展。茶叶年末实有面积 74.81 万亩，比上年增加 5.33 万亩，产量 2.27 万吨，增长 33.0%，全年新建无性系良种茶园 6.9万亩、低改茶园 10.9 万亩、培育丰产示范园 7.8 万亩，建成年产 200 吨以上茶叶清洁化生产企业 15 个，其中年产 500 吨以上的企业 1 个，清洁化生产线总数达到 25 条，全市茶叶加工企业达到 800 家，经营企业达到 653 家。全年中药材种植面积 127.52 万亩，比上年增加 0.53 万亩，产量 13.85 万吨，增长10.3%，品种进一步优化，产业竞争能力增强。

2012 年惠农政策落实到位。持续加大农业科技投入，发挥政府在农业科技投入中的主导作用，继续加大农业补贴强度，2012 年，全市落实各项惠农补贴资金 36 547.19 万元，其中良种补贴 5 740 万元、种粮直补 2 161.04 万元、农资综合补贴23 446.15万元、农机具购置专项补贴5 200万元，有效整合国家投入，提高资金使用效率。切实加强财政“三农”投入和补贴资金使用监管，坚决制止、严厉查处虚报冒领、截留挪用等违法违规行为，依靠政策调动了农民生产积极性。

2012年汉中市渔业发展步伐加快。2012年，汉中市政府出台了《关于加快渔业发展的意见》，按照“优势产品区域化、名优鱼类精品化、基地建设标准化”的要求，推进渔业“五大基地”建设，渔业产业结构进一步得到优化，渔业生态保护、观光休闲功能进一步拓展，渔业产业化水平，大力推动了渔业产业发展，全年水产品总产量26 245吨，比上年增加928吨，增长3.7%，养殖面积9.76万亩，比上年增加0.46万亩。

2012年年末汉中市农用机械总动力163.91万千瓦，增长7.3%。农田有效灌溉面积189.02万亩，增长1.4%。全年农用化肥施用量(实物量)57.80万吨，减少2.5%。农村用电量43 354万千瓦时。

2012年，该市财政总收入完成75.95亿元，增长17.7%，其中，地方财政收入30.08亿元，增长27.7%。财政支出195.84亿元，增长23.0%。

(二)安康市

安康市地处我国内陆腹地，陕西省东南部，居川、陕、鄂、渝交接部，位于东经108°00′58″～110°12′，北纬31°42′24″～33°50′34″之间，南依巴山北坡，北靠秦岭主脊，东与湖北省的郧县、郧西县接壤，东南与湖北省的竹溪县、竹山县毗邻，南接重庆市的巫溪县，西南与重庆市的城口县、四川省的万源市相接，西与汉中市的镇巴县、西乡县、洋县相连，西北与汉中市的佛坪县、西安市的周至县为邻，北与西安市的户县、长安区相邻，东北与商洛市的柞水县、镇安县毗连。

安康市在大地构造位置上属于秦岭地槽褶皱系南部和扬子准地台北部汉南古陆的东北缘，分别由东西走向的秦岭地槽褶皱带和北西走向的大巴山弧形褶皱带复合交接组成。具南北衔接，东西过渡的特点。安康以汉江为界，分为两大地域，北为秦岭地区，南为大巴山地区，以汉水—池河—月河—汉水为秦岭和大巴山的分界，其地貌呈现南北高山夹峙，河谷盆地居中的特点。全市地貌可分为亚高山、中山、低山、宽谷盆地、岩溶地貌、山地古冰川地貌6种类型。在本市土地面积中，大巴山约占60%，秦岭约占40%；山地约占92.5%，丘陵约占5.7%，川道平坝占1.8%。海拔高程以白河县与湖北省交界的汉江右岸为最低(海拔170米)，秦岭东梁为最高(海拔2 964.6米)。秦岭主脊横亘于北，一般海拔2 500米左右；大巴山主梁蜿蜒于南，一般海拔2 400米左右；凤凰山自西向东延伸于汉江谷地和月河川道之间，形成“三山夹两川”地势轮廓，汉江谷地平均海拔370米左右。秦岭、大巴山主脊与汉江河谷的高差都在2 000米以上。境内的主要山脉有秦岭的东梁、平梁河、南羊山和大巴山的化龙山、凤凰山、笔架山。境内最高点镇坪牛头店红星村，海拔 2 912 米，最低点白河县汉江出境处右岸，海拔 168.6 米。

安康市属亚热带大陆性季风气候，气候湿润温和，四季分明，雨量充沛，无霜期长。其特点是冬季寒冷少雨，夏季多雨多伏旱，春暖干燥，秋凉湿润并多连阴雨。

安康市辖汉滨区、汉阴县、石泉县、宁陕县、紫阳县、岚皋县、平利县、镇坪县、旬阳县、白河县 1 区 9 县。2011 年全市常住总人口 263.07 万人，其中城镇常住人口 95 万人，全市城镇化率 35%。安康总面积 23 534.5 平方公里，辖区东西最大距离 250.1 公里，南北最大距离 236.2 公里，其中陆地 23 130.44 平方公里，占 98.%；水域 398.6 平方公里，占 1.7%。人口密度为每平方公里 115 人。安康市耕地总面积 380 094 公顷，常用耕地面积 191 478 公顷，林地 1 658 496 公顷，森林覆盖率 56.5%，荒山荒地 91 691 公顷，水域面积 39 861 公顷。

2012 年安康市实现生产总值 513.02 亿元，增长 15.2%；财政总收入 51.8 亿元，增长 19.1%，其中地方一般预算收入 21.66 亿元，增长 25.2%；城镇居民人均可支配收入和农民人均纯收入分别达到 20 300 元和 5 815 元，增长 16.9% 和 16.1%。汉江出境断面水质保持国家 II 类标准。

安康市现代农业特色鲜明，加快实施"百园建设、千元增收"工程，启动建设现代农业园区 154 个，其中省级 20 个，建成面积 21.4 万亩，带动园区农民户均增收 2 686 元。粮油总产 98.7 万吨，连续九年增产增收。肉类总产 26.1 万吨。新增设施蔬菜 2.1 万亩，发展水面养殖 21.6 万亩，种植烤烟 22 万亩。新建特色经济林 43.5 万亩，发展林下种植 37.9 万亩。汉滨区被列为国家现代农业示范区。紫阳富硒茶成为安康市首个中国驰名商标。安康市与中国农科院共建的中国(安康)富硒产品研发中心加快推进。

安康市生态旅游蓬勃发展。岚皋县创建为第一批省级旅游示范县。瀛湖创建为国家 4A 级景区。安康成为央视气象公共服务播报城市。第十二届中国安康汉江龙舟节、第八届中国盆景展、首届南宫山旅游文化节等重大节庆活动的成功举办，使安康生态旅游知名度明显提高，全年接待游客 1 830 万人次，增长17.2%。

(三)商洛市

地处秦岭南麓的商洛，跨长江、黄河分水岭和南北自然分界线，是一个"八山一水一分田"的土石山区，全市总面积 1.93 万平方公里，因境内有商山、洛水而得名。商洛市位于陕西省东南部，秦岭南麓，与鄂豫两省交界。东与河南省的灵宝、卢氏、西峡、淅川县市接壤；南与湖北省的郧县、郧西县相邻；西南与陕西省安康市的安康、宁陕、旬阳和西安市的长安、蓝田县毗邻；北与陕西省渭南市的潼关、华阴、华县相连。商洛市界于东经108°34′20″～111°1′25″，北纬33°2′30″～34°24′40″之间，东西长约229公里，南北宽约138公里，总面积19 292平方公里，占全省总面积的9.36％。商洛市辖商州、洛南、丹凤、山阳、商南、镇安、柞水1区6县，122个镇，4个办事处。商洛市总人口为243万。2010全市生产总值增长14.9％，地方财政收入增长34.1％，全社会固定资产投资增长31.6％。市委、市政府所在地商州区，距省会西安110公里。

商洛地跨长江、黄河两大流域，位于暖温带和北亚热带过渡地带，气候温和、雨量充沛、四季分明，属半湿润山地气候。独特的地理和气候条件，赋予商洛良好的生态环境和丰富的矿产、生物和旅游资源。全市现有林地1 539万亩。已探明并列入陕西省储量表的矿种有46种108处，大型矿藏35个，矿产资源潜在价值超过3 400亿元。境内遍生野生纤维、淀粉、油料等农林特产260多种。商洛素有"秦岭药库"之美称，现有中药材品种1 192种，其中大宗道地中药材265种。

商洛市素有"南北植物荟萃、南北生物物种库"之美誉。据西北植物研究所等单位调查统计，有野生油料、纤维、淀粉、林果、中药材、化工原料等1 200多种。此外还有许多鞣料植物、芳香油植物和国家重点保护的珍稀、濒危植物及牧草植物等。宜林面积2 300万亩，占土地面积的70％。有林地1 500万亩，木材蓄积量2 154万立方米，森林覆盖率54％，是陕西省木材主产区之一。①药材类：商洛是全国有名的"天然药库"。中草药种类1 119种，列入国家"中草药资源调查表"的达286种。其中年产量50万公斤以上的有连翘、五味子、丹参、苍术、青风藤、淫羊霍、黄姜、桔梗、威灵仙、茵陈等10余种；年产量10万～50万公斤的有金银花、柴胡、天麻、白术、山楂、黄芪、猪苓、山萸、柏子仁、远志等10余种。其中连翘、金银花、丹参、山萸、五味子、桔梗年收购量居陕西省之首。山萸肉年产干果皮50余吨，在全省占重要地位。②纤维类：有龙须草、棕片、构树皮、葛麻、苎麻、桑树皮、桦树皮、竹子等。其中龙须草是高级造纸原料，全区年产约4万～5万吨。③淀粉类：有薯蓣、橡籽、毛栗、葛根、石蒜等。有许多植物淀粉含量高、品质好。如橡籽仁的淀粉含量达50％～60％，橡籽年产量约5 000吨。④油料类：有核桃、松子、油桐、乌桕、椿树籽、花椒籽、黄连木籽、八月炸籽等。年产油桐籽约3 500吨。⑤化工原料类：有五倍子、橡碗、薯蓣、刺黄蘗、漆树、黄栌、化香树等。年产橡碗6 200吨、生漆6.75吨。⑥牧草类：据畜牧部门普查，该市牧草植物共85科、480余种。主要有芒、白羊草、苠草、葛藤、野豌豆、鹅冠草、紫花苜蓿、唐松草、胡枝子等。⑦蕨类植物：全市约26科、46属、95种。其中大部分属药用植物。如木贼、贯众、还阳草、海金沙、石韦、问荆、节节草、阳地蕨等，都是很重要的中草药。⑧食用菌类：全市约70余种。其中经济价值较高的有松孔蘑、美味牛肝菌、羊肚菌、鸡油菌等。多野生，人工栽培的主要限于黑木耳、香菇等一般菌类。木耳、香菇总产分别达到 1 000 多吨和 3 700 多吨。⑨林特产品类:以生漆、油桐、核桃、板栗、葡萄、柿子、木耳等林特产品而著称。尤其是核桃、板栗、柿子产量居全省之首,核桃出口量占全国六分之一。2010 年茶叶产量 0.16万吨,比上年增长 45.5%。

商洛市水力资源比较丰富,理论蕴藏量 79.89 万千瓦,占全省总量的 6.27%。每平方公里平均 40.79 千瓦,人均 376 瓦,均高于全省平均水平。五条干流理论蕴藏量为 36.06 万千瓦,占全区总量的 45.1%。水力资源的可开发量为 30.17 万千瓦,占理论量的 37.7%,其中小水电为 19.17 万千瓦。人均占有可开发量 142 瓦。可开发量在各县(市)的分布:1 万~3 万千瓦有商州、洛南、柞水三县市;3 万~5 万千瓦的有丹凤县;5 万~10 万千瓦的有镇安、山阳、商南三县。

2010 年该市实现生产总值 285.9 亿元、增长 14.9%,完成财政总收入21.24 亿元、增长 29.2%,地方财政收入 12.01 亿元、增长 34.1%,城镇居民人均可支配收入和农民人均纯收入分别达到 14 811 元和 3 605 元,增长 15.2% 和 20.1%,社会消费品零售总额 79.19 亿元,增长 18.6%。

商洛市全年实现农林牧渔业总产值达 100.35 亿元,增加值 58.05 亿元,增加值按可比价计算增长 6.5%。2010 年粮食总产量为 71.05 万吨,较上年增长 5.0%。其中夏粮产量 28.22 万吨,秋粮产量 42.83 万吨。造林绿化步伐加快,生态环境显著改善;森林保护全面加强,林业建设成果得到有效巩固;林业改革取得重大进展,集体林权制度主体改革提前完成。全年荒山荒地造林面积达2.7 万公顷。畜牧产业突破发展,新建畜牧小区 25 个,新增规模养殖大场大户5 240 户,规模养殖场畜禽存栏数占到全市存栏量的 65.22%。农业基础设施得到加强,农业机械总动力 71.48 万千瓦,比上年增长 6.0%。实际机耕面积达到 52.57万亩。

该市按照"市场引导、项目支撑、资金扶持、龙头带动"的思路和"一村一品"的布局要求,强力支持贫困农户发展增收产业,大力发展专业技术协会和中介服务组织,积极培育扶贫龙头企业。目前,已累计安排投放扶贫项目贷款 5.9 亿元,投放扶贫到户小额贷款 12.8 亿元,投放世行贷款 1.26 亿元;建立村级扶贫互助资金协会 151 个,筹集互助基金 2 890 万元,建成了一批"公司+基地+农户"的绿色食品和现代中药产业基地,初步形成了县有龙头企业、村有主导产业、户有增收项目的产业发展新格局。

商洛是丹江的发源地。为了确保一江清水送北京,商洛市在实施整村推进中把民居环境治理始终放在重要的位置,通过改房、改灶、改厕、改圈,推广使用沼气,在开创农村新气象的同时,维护了良好的生态。商洛人在走出贫穷的同时,山绿了,水清了,村也美了。

新的阶段，更需要有新的发展思路。商洛市的思路是：以“五化”促开发，再创新辉煌。

一是农村民居城镇化，紧紧抓住陕南地区移民搬迁工程机遇，努力完成18.3万户 72.6 万人的搬迁任务，引导贫困人口下山、入川、进城，从根本上改变贫困人口生存发展条件。

二是农民增收长效化，坚持循环经济理念，大力发展特色林果与绿色产品，加快基地建设，确保户户都有增收项目，推动农民收入快速稳定增长。

三是基础设施便民化，大力发展“五通”网络，积极实施“六到农家”，水、电、路、气、房和环境改善工程，进一步改善农村生产生活条件。

四是人口素质技能化，积极改进技术技能培训和雨露计划实施方式，增强培训效果，增强贫困人口创业、就业和自我发展能力。

五是社会事业功能化，在合理布局搞好硬件设施建设的同时，大力加强农村社会保障体系建设，不断提高保障水平，努力做到少有所学、病有所医、老有所养，使低收入阶层基本生活得到保障。

二、陕南发展生态农业的优势和劣势

(一)优势

由于区内有两大水系——汉江水系和丹江水系，所以整体上陕南地区水资源相对充裕，再加上丰富的动植物资源、较高的森林覆盖率及优越的气候条件，陕南地区发展生态农业的自然条件非常不错。2013 年 3 月，国务院印发的《关于丹江口库区及上游地区经济社会发展规划的批复》，原则上同意《丹江口库区及上游地区经济社会发展规划》(以下简称《规划》)。这是保障南水北调中线工程顺利实施、推动生态文明建设、促进区域协调发展的重要举措，对于保障南水北调中线工程顺利实施，促进全国区域协调发展，提升库区及上游地区经济社会发展水平具有重要意义。《规划》对陕南地区是个重大利好，因为它意味着陕南的发展被纳入了国家战略层面，已上升为国家战略；对陕西而言，意味着继《关中——天水经济区发展规划》、《陕甘宁革命老区振兴规划》之后，又一个国家规划的全覆盖。

《规划》按照水源区生态保护的需要和水环境保护的要求，根据经济社会发展实际和发展趋势，将规划区划分为水源保护区、生态农业区和集聚发展区三类功能区。

1. 水源保护区

水源保护区主要是水源保护核心区和涵养保护区，按照禁止开发的要求进行管理。其中水源保护核心区包括南水北调中线水源一级、二级保护区范围。区内禁止开展易造成水污染的生产活动，严禁新建、改扩建易造成水污染的项目。加强生态建设与保护，逐步搬迁外移区内人口，提高水环境安全水平。水源涵养保护区包括自然保护区、风景名胜区、重要湿地、森林公园、地质公园以及坡度25度以上的山地。要严格控制采矿、采伐等破坏水源涵养功能的相关活动，加强天然林保护、生态公益林建设、湿地保护与恢复和水土保持，不断提高水源涵养能力。加大生态移民实施力度，加强各类保护区的建设与管理。

2. 生态农业区

生态农业区包括以种植、养殖业为主的区域，按照限制开发的要求进行管理。区内重点调整农业结构，发展生态农业、高效农业和设施农业，着力改进种植业、养殖业和林果业生产方式，减少农药、化肥施用量，推广测土配方施肥和病虫草害生物防治技术，集中建设畜禽养殖场污染防治和综合利用设施，减少农业面源污染。积极推进农村沼气、太阳能等清洁能源建设，改善能源消费结构。加强农村环境综合整治，建设农村垃圾收集处理系统和小型污水处理设施，减少农村生活污染。

3. 集聚发展区

《规划》提出的区域中心城市的发展方向是：

安康市建设新型材料工业基地和特色生物资源加工基地，建成上游地区交通枢纽和物流中心。

汉中市建设重要的装备制造业基地、循环经济产业集聚区和重要的物流中心，建成生态宜居城市。

商洛市建设优质绿色农产品、新材料工业基地，建成秦岭南麓生态旅游城市。

以促进水源区经济社会发展、确保调水水质安全、实现水源区与受水区双赢为目标，按照政府主导、社会各界积极参与的原则，制定实施丹江口库区及上游地区对口协作工作方案，鼓励受水区与水源区采取多种方式在生态环境保护、产业发展、人力资源开发、社会事业建设等领域积极开展对口协作，深化经济技术交流合作。从规划实施当年起，受水区北京市、天津市每年筹集一定数额的资金，以对口协作的方式，专项用于支持水源区生态保护和经济社会发展，资金管理办法另行制定。

(二)劣势

丹江口库区及上游地区经济社会发展有着良好机遇，同时也面临着严峻挑战。这一地区贫困人口和革命老区相对集中，发展底子较薄，为保障水源区的水质，产业发展受到严格限制，部分企业关闭或转产，就业压力加大。水污染治理和生态建设任务艰巨，时间紧迫。移民搬迁数量较大而且集中，安置难度大，淹没线上未纳入移民搬迁的留置人口生产生活条件亟待改善。地方财政增支减收因素增多，发展后劲明显不足。

据统计，2010 年年末，陕南区域内总人口 1 709.1 万，人口密度 151.8 人/平方公里，略高于全国平均水平，人均地区生产总值 16 525 元，相当于全国平均水平的 56%。陕南耕地面积 99.23 万公顷，农村人口 1 031.78 万人。三次产业结构为 16.8∶46.3∶26.7，农业比重较高，第三产业发展滞后。2010 年地方财政一般预算收入 120.25 亿元，实际财政支出 586.03 亿元，是国家财政补助的重点地区；城镇居民人均可支配收入 13 135.08 元，农民人均纯收入 4 151.04 元，分别为全国平均水平的 69%和 70%。区域内 43 个县（区、市）中，有国家级贫困县 26 个、省级贫困县 8 个，是扶贫工作重点县和革命老区相对集中的地区，经济社会发展总体水平较低。

第五章　陕南生态农业——水土保持与利用

一、陕南水土保持与利用的意义

（一）为“南水北调”工程顺利实施提供强有力的支持

陕南是南水北调中线工程的主要水源地，由于这一区域山高坡陡，地质构造复杂，土壤极易被侵蚀，降雨充沛，导致区域内水土流失严重。陕西省内长江流域水土流失面积3.65万平方公里，年流失泥沙总量1.2亿吨，面积仅占长江流域总面积的4%，年输沙量却占长江上游年输沙量的12%，因此，做好陕南地区水土流失治理和生态环境建设具有十分重要的意义。

长期以来，陕西省高度重视长江流域水土保持工作，立足“一江清水供北京”的战略目标，始终把保护水源、治理污染、净化水质作为一件大事来抓。尤其是“十一五”以来，在国家有关部委的大力支持下，陕西省长江流域各级政府带领广大群众，按照生态文明建设的总体要求，把生态环境建设作为实现陕南“循环发展”的基础工程，近5年来，结合实施“长治”工程、“丹治”工程、陕南移民搬迁工程以及退耕还林、天然林保护、扶贫开发等重点生态建设项目，累计投入建设资金170多亿元，治理小流域1 000多条，治理水土流失面积1.24万平方公里。水保生态建设投资之多、群众参与范围之广、生态改善步伐之快均达到新中国成立以来最好水平。

为确保南水北调中线工程调水水质，陕西省提出：陕南作为水源地要发挥生物资源和水资源丰富的优势，以建设生态屏障和绿色产业基地为重点，大力发展现代中药、生态旅游、绿色产业，打造“陕南绿色品牌”，实现循环发展。2005年年底，陕西省人大通过了《陕西省汉江丹江流域水污染防治条例》，省政府编制了《汉丹江水污染防治规划》。2007年11月，省人大颁布了《陕西秦岭生态环境保护条例》，将汉江、丹江流域水污染综合防治纳入《陕西省秦岭生态功能区规划》。各地不断加大工作力度，全力治理工业污染，关停排污不达标企业65家，废水排放达标率由59%提高到87%，污水排放总量减少近35%。从2010年开始，省委、省政府启动实施了陕南移民搬迁工程，对居住在偏远山区、生活条件差、以资源换生存的部分群众，实施生态移民搬迁，在改善群众生产生活条件的同时，有力地促进了生态自然修复，推进了经济社会全面持续发展。

进入“十一五”，特别是2007年国家启动实施丹江口库区及上游水土保持工程以来，陕西省以“丹治”项目建设为支撑，积极整合各类生态环境建设项目和资金，扎实推进小流域综合治理。5年治理小流域1 000多条，初步治理水土流失面积1.24万平方公里，年均拦蓄泥沙量达到3 700多万吨。“丹治”工程实施4年来，完成总投资19.19亿元，治理小流域348条，治理面积7 500多平方公里。监测显示，项目区植被覆盖率增加15.63%，年蓄水能力提高5%。

陕西省不断加大监督执法力度，按照“谁破坏、谁治理”的原则，落实水土保持“三同时”制度，省上在审批开发建设项目时，坚持把水土保持方案编报作为立项审批的前置条件，最大限度遏制人为水土流失。据统计，5年内陕南3市生产建设单位编制水土保持方案2 200多个，方案申报率达到95%，审批率达到100%，生产建设单位投入返还治理资金达到7.6亿元。各地紧抓国家实施退耕还林和天然林保护工程的机遇，加大封山造林力度，截至2010年年底，累计完成退耕地造林480多万亩，荒山造林423万亩，划定自然保护区19个，面积3 456平方公里，区内森林覆盖率较“十五”末提高了6个百分点，库区生态环境明显改善，水源涵养能力不断增强，汉江干流白河出口段水质始终稳定在二类以上。

从2007年开始，在配合国家发改委、财政部、南水北调办等有关单位开展生态补偿机制研究工作的同时，陕西省着手研究建立丹江口水库水源区水土保持生态补偿机制，水土保持职能部门联合科研单位和大专院校进行了深入研究，取得重大突破，研究成果获得了省政府科技进步二等奖。为了分析面源污染形成的机理、造成的危害，探索治理途径，陕西省在石泉、商南、丹凤等县建立了8个试验观测区，建立数据模型，开展动态监测，为防治面源污染提供了科学依据。

在开展长江流域水土保持工作中，陕西省始终坚持治理与开发相结合、治理与生态环境保护相结合、治理与群众脱贫致富相结合，创造和积累了一些行之有效的方法。一是水土保持必须树立大生态、大水保的观念，走全面、协调、可持续的路子。生态建设工程必须紧紧围绕建设生态文明的目标，切实把工程建设和经济社会全面发展结合起来，尤其是要紧贴“三农”问题，立足改善农业农村生产生活条件，提高农业综合生产能力，促进农业增收和生态环境改善。二是水土保持必须建立政府主导、部门联动、社会支持、齐抓共建的长效机制。生态建设是一项长期的事业，需要各级政府的高度重视，需要社会各方的共同关注，需要广大群众的广泛参与。针对陕南秦巴山区自然灾害频繁、农业生产条件较差的突出问题，陕西省始终把治理水土流失、改善生态环境作为一项长期任务，列入各级政府的重要议事日程，把“长治”工程和其他生态环境建设作为硬任务纳入目标责任考核，保证了工作的连续性和稳定性。三是水土流失治理必须依靠大项目支撑，坚定不移地实施项目带动战略。近年来，陕西省大力推进“长治”、“丹治”、坡耕地综合整治、清洁小流域等重点工程建设，加大整合力度，扩大项目规模，坚持以小流域为单元，山、水、田、林、路统一规划，工程、生物、耕作措施综合配置，人工治理与生态修复有机结合，有力地带动了全流域的水土流失治理和生态环境建设。四是水土保持必须走依法行政的路子，加强预防监督，巩固治理成果。针对当前开发建设活跃、人为水土流失有所加剧的态势，全省各地认真贯彻实施《水土保持法》、《行政许可法》，统筹兼顾当前和长远利益，正确处理经济开发和生态保护的关系，严把开发项目水土保持方案审批和检查验收关口，督促落实水保方案和“三同时”制度，遏制了人为造成的水土流失，巩固扩大了治理成果。

（二）为全国水资源保护与利用提供经验和借鉴

我国长江流域和黄河流域的水资源的保护与利用，在很大程度上影响和决定了我国未来整个国民经济和社会发展。而多年来特别是近些年来陕南地区水资源的保护与利用为此提供了很好的经验，长江流域和黄河流域的广大地区可以借鉴陕南的经验，在水资源保护与利用方面做得更好。

（三）为陕南地区生态农业的发展奠定良好的基础

前面说过，陕南地区生态农业发展离不开丰富又宝贵的水资源，生态种植和养殖、生态旅游和观光农业得益于水，而陕南地区未来经济和社会的全面可持续发展更是离不开水。靠山吃山，靠水吃水，只有不断做好水资源保护与利用，才能为陕南全面可持续发展提供坚实保障。

二、陕南水土保持与利用的现状

（一）汉中市水土保持与利用

汉中市境内河流分属汉江和嘉陵江两大水系，人均水资源量达到 3 900 立方米，超过全国、全省人均的 2～3 倍。

汉江是丹江口库区水源的重要来源之一。位于汉江源头的汉中，是南水北调工程的中线区域，肩负着历史重任和政治使命。多少年来，汉中市确保汉江水质不受污染，将一江清水送北京。地处汉江源头的汉中，境内干流长 270 公里，流域面积 1.96 万平方公里，占全市总面积的 72%，占丹江口水库流域面积的 21%，位列安康、商洛、南阳和十堰之首，是国家南水北调中线工程重要水源涵养区。长期以来，受自然和人为因素影响，区域内水土流失依然严重。资料显示，该市现有水土流失面积 1.25 万平方公里，汉江流域占到 0.96 平方公里，涉及 11 个县区，占整个中线工程水源区流失面积的 20%。严重的水土流失而引发耕地、生态安全和调水危机。

汉中一直保持着治理水土流失的优良传统，随着国家对生态环境建设的重视，实施的长江三峡工程流域治理(以下简称“长治”)，特别是丹江口库区水土保持工程(以下简称“丹治”)以来，汉中抢抓机遇，在治理水土流失、改善生态环境方面成绩斐然，实现了生态文明和社会经济协调可持续发展。

“长治”十年富甲一方，“长治”工程是三峡工程为控制泥沙淤积而设置的配套项目。据了解，汉中市“长治”项目共治理小流域 211 条，完成水土流失治理面积 3 896 平方公里，占计划任务的 112%，完成总投资 5.45 亿元(含中央投资1.2 亿元)；累计投入工程 7 045 万个，移动土石方 9 221 万立方米。

项目区农业人均基本农田超过 1.2 亩，年人均纯收入平均提高 30%以上；植被覆盖率增加，建立起以茶园、桑园、银杏、杜仲、中药材为主的特色产业基地，其中建成的杜仲、良桑、银杏三大支柱产业，产值已占到治理区多种经营收入的 56.6%，其经济收入已占到农民纯收入的 45%以上；特色经济种植面积与粮食种植面积的比例达到 1∶1 ，总产值占农业总产值的 49%，促进了农村经济全面发展。通过实施山、水、田、林、路、梁、池综合治理，形成了综合开发、立体防护格局，真正达到了拦沙有坝、蓄水有池、沉沙有函、排洪有沟、灌溉有渠、耕作有路，走出了一条符合秦巴山区自然与经济综合发展的防治之路，为国家后期实施的“丹治”工程治理奠定了坚实基础。

“丹治”一期成效显著。2006 年，为有效缓解中国北方城市水资源严重短缺局势，国家实施了“丹治”工程，鉴于汉中所处汉江源头这一特殊的地理位置，在水土保持治理方面就显得尤为重要。“丹治”一期国家累计投入项目资金 2.46 亿元，共治理小流域 44 条，治理水土流失面积 882 平方公里，完成坡改梯 2 650 多公顷，栽植经济果林 7 287 公顷，水保林草 25 594 公顷，新建蓄水池 1 104 口，修建灌溉沟渠和河堤 272 公里、田间道路 216 公里，建设省柴灶 5 791 口、沼气池 2 154 座，实施生态修复 517 平方公里；项目区植被覆盖率平均提高了 22%，土壤侵蚀强度下降 50%，减少水土流失量 2 000 多万吨，减少氮、磷、钾流失量 1.6 万吨，出色地完成了一个个水保攻坚战役。

汉台区与城固县，在城区北部丘陵山区，连片打造出万亩柑橘生态观光旅游农业示范园区，形成了集生态旅游、观光、经济为一体的经济林果风景带。

宁强县则根据治理区地理条件，在大安镇娑婆沟流域连片栽植万亩优质核桃园区。

南郑县结合区域岩沙丰富的特点，通过预制混凝土模块修筑梯地典型示范点，治理效果较好。

结合樱桃产业发展，西乡县在漆树沟流域新建了 200 亩高标准樱桃园，栽植优质品种、科学管理，充分体现了科技示范作用。

留坝县、佛坪县结合“打造山水园林观光城市”建设总体布局，在城郊进行设计和实施流域治理，为开展城郊休闲旅游观光搭建了平台。

勉县杜家坝水保项目，建设期间充分考虑到洪水泥沙沉淀过滤、污水和垃圾处理等问题，探索出清洁型小流域建设新模式。

略阳县五龙洞镇金池院生态清洁型小流域治理项目，是省煤油气资源开采水土流失补偿费使用项目试点之一。该项目的实施，使当地居民的生活污水、日常生活垃圾都做到了标准化处理，村容村貌改善了，居民总体生活水平提高了。其建设内容门类齐全，在同类地区具有代表性，为积极开展清洁小流域治理工作探索出新模式。

镇巴县捆绑使用水土保持、农田基建、以工代赈、口粮田、农业综合开发、天保等项目资金，集中连片建设杨家河、拉溪塘两条流域，形成了沿 210 国道自杨家河到镇巴县城 30 公里的绿色生态经济走廊。

水保工程成“保命工程”。2010 年 7 月 16 日，镇巴县城遭遇百年不遇特大暴雨洪灾，多处出现滑坡泥石流等自然灾害，人民生命财产安全受到严重威胁。镇巴县先期实施的“丹治”水保项目，此时发挥了关键作用，高密度植被防护体系，山腰间层层梯田，拦截地表径流，挡住山体滑坡和泥石流侵袭，沿 210 国道居住的居民，包括在县城居住的部分居民得到安全转移。这次洪水来袭，没有造成人员伤亡。针对此次汛情和险情，经省水利厅调查，陕南三市遭遇暴雨袭击，镇巴县的“丹治”项目在预防治理滑坡泥石流等地质灾害中发挥了重大作用。在同一暴雨期间，有水保设施和没有水保设施受灾程度差异明显，水保工程在缓洪减沙、阻挡泥石流、保护群众生命财产安全中发挥出不可替代的作用。被群众称为“保水保土保安全”的“救命”工程。

今天人养山，明天山养人。这是人类与自然唇齿相依的千古绝唱。据不完全统计，在“丹治”小流域项目区域，汉中各县区农民人均耕地面积增多，粮食产量增加，农民人均纯收入提高，已先后有 4.5 万贫困人口通过“丹治”小流域水保治理越过了温饱线，真正实现了“山绿水清人富”的目标。

“丹治”二期迎来曙光。水土保持工程成显效著，广大群众受益。2012 年 6 月，国务院批复了《丹江口库区及上游水污染防治和水土保持“十二五”规划》。在批复中，给汉中市下达了 7.26 亿元投资计划，由一期时 5 个县区的部分流域扩大到 11 个县区的汉江全流域，共治理小流域 81 条，治理水土流失面积达到 1 780平方公里。2012 年，汉中市完成 27 条小流域治理任务，总投资达 18 438 万元。2012 年的投资总额和目标任务，已超过了一期工程的总和，足见国家对“丹治”工程的重视。

按照规划，“丹治”二期工程可治理水土流失 1 780 平方公里，年均治理水土流失达到 460 平方公里，项目区，每年减少水土流失 700 万吨，植被覆盖率要提高到22%，使12万贫困人口通过“丹治”二期工程跨越温饱线。南水北调中线工程的源头水质得到更加有力的保护，将会迎来“水保战役”新的曙光。

近年来，由汉中市水土保持总站牵头，对“十天高速”汉中西段水保方案落实进行专项检查，促使26个标段整改。这是汉中市通过全国首批水土保持监督管理能力建设试点工作以来的重大执法活动之一。自从2009年全国水土保持监督管理能力建设开展以来，汉中市以规范小水电、矿产开发建设水土保持为突破口，以水土保持方案前置审批和落实水土保持方案实施为重点，着重抓好建设项目的水土保持监测、监理和验收，在水土保持方案后续设计方面进行了积极探索。

已经建成通车的京(北京)昆(昆明)高速公路勉县至宁强段在2005年被评为全国首批水土保持示范工程，吸引了全国各地水土保持和公路建设者参观学习。2006年陕西省水土保持监督工作会议在汉中召开，全面推广此段公路水土保持经验，为汉中乃至全省高速公路建设树立了标杆和样板。京昆高速汉中境内，分两段均被水利部命名为全国水土保持示范工程。刚刚建成通车的十堰至天水高速公路汉中东段植被郁郁葱葱，真正建成了路黑、线白、坡绿，与自然生态景观融合的生态路，该路段正在积极申报全国水土保持示范工程。

近年来，为了落实水土保持方案前置审批，汉中市水利局分别与市国土资源局、市环境保护局、市安全监督管理局联合下发了三个规范性文件，明确指出，各类开发建设项目在审批过程中，必须要有相应水行政主管部门审查同意的水土保持方案，在项目竣工验收时要有相应水行政主管部门对项目水土保持设施验收意见，从源头上有效预防了开发建设项目不履行水土保持义务的行为，为全市开发建设项目的水土保持管理工作提供了支持和保障。

打造水土保持科技示范园区。十年“长治”，“丹治”接力。汉中市以科技水保为生命线，开展《丹江流域非点源污染及防治措施研究》、《开发建设项目水土流失防治技术标准研究》等具有较高科技含量的实用技术研究和推广，打造一批具有汉中特色的水土保持科技示范观光园区。

洋县牛头坡水土保持科技示范园区，横跨洋州镇巩家槽、何家、云阳、草坝和白石镇韩家湾村5个行政村。建成生态修复与水保林示范园区、坡改梯技术示范园区、人居环境整治示范园区、水源与径流控制利用示范园区、坡面侵蚀控制示范园区、产业开发示范园区、生态观光示范园区、宣传教育培训示范园区，投资规模达到1.8亿元，治理面积15.44平方公里，实现水保科技示范园建设目标。

西乡县樱桃沟水土保持休闲旅游示范园，地处城关镇余家山村和莲花村。治理水土流失223公顷，其中封禁205公顷，经果林18公顷，蓄水池110口，整治河道2 000米，排水沟1 500米，沉沙池10口，修建谷坊10座，栽植行道树2 000米，污水处理管道1 500米，生物降解塘2个，乡村道路2 000米，改造院落

30 户，以此来带动旅游休闲业发展，使当地群众更加富裕。宁强县肖家坝示范园，位于高寨子镇肖家坝村，新建石坎梯地 25.67 公顷，新建排灌渠 2 500 米，田间道路 2 500 米，新建蓄水池、沉沙池各 4 口，新建排洪沟 600 米，新建农防河堤 1 000 米。

（二）安康市水土保持与利用

“水土流失是中国的头号环境问题，我国的基本国情、现阶段的突出水情和水土流失的严峻形势表明，从根本上解决我国水土流失问题，是一项重大而紧迫的战略任务。”水利部部长陈雷说，我国水土流失防治进程与国家生态建设的总体目标差距很大，加强水土保持是搞好江河治理、保障防洪安全的迫切需要。

修改后的《水土保持法》于 2011 年 3 月 1 日正式施行。安康市人口众多，山大沟深坡陡，水土流失量大面广、危害严重。防治水土流失，改善生态环境，保护一江清水是水土保持工作的重要任务。安康市认真贯彻执行新《水土保持法》，以促进水土资源的可持续利用和生态环境的可持续维护为根本目标，围绕“防灾减灾、改善生态、支持经济、服务民生”的总体要求，以“丹治”工程等国家重点水土保持工程为中心，实施综合治理，加强预防监督，突出工作重心，加大工作力度，持之以恒地推进水土保持工作，为安康市经济社会发展提供有力生态环境支撑。

安康市是南水北调中线工程的重要水源地，丹江口水库以上汉江流长 925 公里，其中安康境内 340 公里，占水源段流长的 36.7%。安康每年平均自产径流量 107 亿立方米，占库区水资源总量的 27.5%。保护好安康水资源及水生态环境，对南水北调中线取水意义重大。目前安康市水土流失面积达 10 976.75 平方公里，流失率 47%，每年水土流失给安康市带来的经济损失相当于 GDP 的 3%左右，带来的生态环境损失更是难以估算，加之安康市经济发展对生态环境保护提出了严重挑战，修路、开矿、建厂、建房、修电站等开发建设项目，人为破坏水土流失的现象时有发生。严重的水土流失和脆弱的生态环境不仅严重阻滞安康市实现经济社会可持续发展和全面建设小康社会，而且严重影响着南水北调中线工程水源区的水质。

“丹治”一期工程自 2007 年实施以来，全市有 8 个县区 43 个项目区 166 条小流域被列入治理范围，通过干部群众的苦干实干，打造了一批精品样板工程，4 年时间共高标准高质量完成治理水土流失面积 3 443 平方公里，促进了全市重点水土流失区域有效治理，生态环境和生产生活条件明显改善，防灾减灾能力明显提高，群众宜居指数明显提高。根据 2012 年 6 月国务院批复的《丹江口库区及上游水污染防治和水土保持“十二五”规划》精神，全市 10 县区全部列入工程实施范围，规划治理面积 1 806 平方公里，总投资 7.24 亿元，其中中央投资比例占80%,计划2012年投资1.74亿元,治理面积434平方公里。2012年9月16日,安康市"丹治"二期工程建设正式启动,按照《陕西省丹江口库区及上游水土保持工程建设管理办法》等有关规定和要求,规范工程建设管理,加强工程技术指导,建立健全资金使用管理制度,严把工程质量关,确保治理一片、巩固一片、见效一片。标志安康水土保持与利用进入新阶段。

(三)商洛市水土保持与利用

2012年,商洛全市建设基本农田7.17万亩,发展节水灌溉面积3.15万亩,防治水土流失面积810平方公里,解决农村21.6万人饮水问题,完成水产品产量2 000吨,新修加固堤防251.8公里。全市共完成水利投资12.7亿元。

1.重点水利项目取得突破

商洛市"丹治"项目取得重大进展。"丹江流域综合治理规划"编制修改完成,已上报省政府批准。其中丹江防洪工程项目可研报告已顺利通过省级审查,已争取中省资金3 000万元。

"十二五"重点水源工程洛南张坪水库工程已完成建设投资4 140万元。"丹治"二期2012年17条流域列入投资计划,争取项目投资1.28亿元。2012年全市争取丹江流域综合治理、中小河流治理、病险水库除险加固、小型农田水利重点县、农村安全饮水等中省水利资金达6.11亿元。

2.水保生态建设积极推进

商洛市围绕"绿色现代、开放和谐、文明宜居、幸福商洛"的生态文明建设,抓前期,抓示范,生态修复综合治理。该市防治水土流失面积810平方公里。项目区新修"四田"5.04万亩,造经果林24.16万亩,造水保林43.7万亩,封育治理48.6万亩。

3.防汛抗旱工作取得成效

商洛市共排除各类险情159处,减淹耕地270千公顷,避免粮食减收0.13万吨,减少受灾人口1.19万人,减灾经济效益约0.21亿元。抗旱灌溉面积31.8万亩次,挽回粮食0.48万吨,挽回经济作物损失251万元,临时解决1.02万人、0.55万头大牲畜的饮水困难的问题,最大限度地降低了灾害损失,全市无人员伤亡。

4.渔业生产成效显著

商洛市加快发展特色渔业生产,已建成冷水鱼和大鲵驯养繁殖基地19个3.2万平方米。推广藕田生态养殖600亩,完成水产品产量2 000吨,实现渔业产值4 500万元。

5. 省级水土保持科技示范园区

2012 年 9 月商洛市丹凤县桃花谷被省水土保持局命名为“省级水土保持科技示范园区”，成为陕西省首家省级水土保持科技示范园区。

桃花谷水土保持科技示范园位于丹凤县竹林关镇，园区总面积 6 平方公里，由科技园、生态园和农业园组成。园区建设坚持人与自然和谐、人水和谐的生态理念，以“水保生态、科技示范、面污治理、休闲旅游”为重点，以构建水土保持综合防护体系为基础，水保科技示范为平台，开展生态农业示范、生态清洁示范、科普教育展示、监测预警研究等示范项目，将水土保持科技示范园建设与社会经济发展、新农村建设紧密结合，打造集综合治理、产业开发、科技示范、监测研究、成果展示、休闲观光为一体，水土保持特色明显的示范园区，为增强全社会的水土流失忧患意识、展示水土保持成果、提升水土保持科技水平、促进文明社会建设做出贡献。示范园区于 2010 年 8 月动工建设，已完成投资 8 100 万元，集中规模建设以桃树、樱桃、葡萄为主的特色产业园 133 公顷，以侧柏、龙柏为主的水土保持生态林 360 公顷，封育面积 107 公顷，构筑了较为完整的山顶、坡面、沟道立体防护体系，于 2013 年 5 月建成开园。

(四)陕南水土保持与利用的国家层面支持

陕西省汉江、丹江流域气候温和、雨量充沛、生态良好、水质优良，经济发展后劲大。同时，这一区域是国家南水北调中线工程的主要水源地，建立国家级生态文明建设示范区是全面推动水源区经济社会又好又快发展，维护库区水质安全的重大举措，也是谋求水源区人民福祉的千秋伟业，将汉江、丹江流域水源区列为国家级生态文明建设示范区后，陕南水土保持与利用在政策和资金上将得到更大扶持。

陕南三市坡耕地量大面广、流失严重，生产能力低下。治理和改造坡耕地，不仅是治理水土流失，控制面源污染，保护水源水质的需要，也是确保粮食安全，促进产业结构调整，推动地方经济发展的前提。国家扩大治理范围，增加投资规模，将陕南秦巴山区 31 个县(区)全部列入《规划》实施范围后，陕南水土保持与利用有了更坚实的保障。

为保证南水北调中线水源区水质，陕西省对汉江、丹江流域现有工业企业进行了关、停、并、转，地方财政受到较大损失，当地群众就业和农业生产也受到一定影响。《规划》明确了国家从财政转移支付丹江、汉江水源区生态补偿资金中，拿出一定比例的资金用于水土保持生态建设工作，将大大加快建立水源区水土保持生态补偿机制。

三、陕南水土保持与利用的效益

(一)经济效益

水土保持与利用的经济效益主要体现在三个方面:①减少自然灾害。山体稳固、水坝安全、生态良好,可以减少非经济投入,增加经济投入,为经济的持续健康发展注入动力。②提高综合经济效益。水土保持良好,生态环境优化,不仅可以促进生态农业的发展,也是旅游服务等相关产业得到发展,最终促进农、林、牧、渔、休闲娱乐等综合经济效益不断提高。③促进水土和生态的可持续发展。水土保持可以促进生态环境优化,而水土资源利用可以经济收益,二者相互促进,良性循环,是水土保持与利用可持续发展的关键。

(二)生态效益

水土保持与利用在陕南的重要意义在于生态效益:①稳定生态链。防止水土流失,主要是为了巩固自然生态的物质基础,山体、河流、植物、动物等保持稳固,生物之间的关系才可能稳固,这是生态良好的基石。②保护生态资源。有了稳定的生态链,就有了稳固的生态资源。朱鹮、熊猫、羚牛、金丝猴等保护动物有赖于林木茂盛,中药材、农作物及水资源有赖于植被覆盖,青山绿水、气候宜人的美好家园有赖于生态环境,因此,保护水土资源,就是保护生态资源。③美化家园。自然生态的保持,与时间成正比,生态保持时间越长,生态价值越高。水土保持使生态环境在长时间稳定发展,这会使陕南的生态不断优化,使山川更秀美,土地更肥沃,水量更充沛,水质更良好,气候更宜人,使陕南成为同纬度"最适合人居地"、"最美好人居地"。

(三)社会效益

陕南水土保持与利用的社会效益,可以从三个层次来理解:从全国的视角来看,陕南的水土保持与利用,可以使长江的最大支流——汉江流域水质水量得到保护,进而将一江清水送入长江;作为国家"南水北调中线工程"的水源地,保护生态环境,保持水质水量是陕南的责任;作为中国地理的中心,陕南生态美好,具有全国"心肺"的意义。从全省的视角来看,陕南地区 878 万人民生命和财产安全、陕南地区经济和社会发展都有赖于陕南的社会稳定,首先是物质的水土保持、生态稳定,其次才能发展社会的其他方面。从陕南三地的视角来看,水土保持、生态优化是陕南地区经济和社会发展的基础,如果山体滑坡、水质污染、生态资源短缺等现象发生,无疑是陕南社会发展的灾难。因此,做好陕南水土保持与利用,对于陕南三市的经济社会发展具有十分重要的意义。

第六章　陕南生态农业——种植业

种植业是农业生产的基本生产方式，或者说农业基本形态就是种植业。生态农业的发展，种植业占有十分重要的地位。

一、陕南种植业的发展历程

（一）陕南种植业发展的历史依据

陕南种植业的发展，有着悠久的历史。根据学者研究，汉代汉中地区仍以水田农业为主，主要农作物为水稻。旱地则以种植豆类、粟、菽为主，同时渔猎经济仍占一定成分。《汉书·地理志》将汉中郡划入楚地范围，“楚有汉江川泽山林之饶；江南地广，火种水耨，民食鱼稻，以渔猎山伐为业，果蔬嬴蛤，食物常足”，这主要是指西汉而言。东汉时汉中地区水田农业更加发达，普遍兴修陂池塘库、蓄水灌溉。20 世纪 60 年代至 80 年代，汉中地区在东汉墓葬中发现塘库、陂池、水田模型，这些模型形象地反映出东汉时汉中地区农田水利的基本面貌。早在 1964 年，考古工作者即在汉中县郊区一东汉墓中发现过陶制陂池和稻田模型。20 世纪 80 年代初，在勉县也出土了东汉塘库、水田模型。尤为引起史学界关注的是 1978 年考古工作者在勉县哱叨寺东汉中期墓葬中出土了完整的红陶水田模型一件，该模型中有一条田埂将田分为左右两块，右边留有一放水孔，田间刻画有不规则的横线，属汉中地区平川典型的稻田模式，并且在两块田中间放置有泥制红陶小型水生动、植物如莲花、莲籽、菱角、浮萍、鳖、鱼等，仔细观察模型，发现水田中有纵横成行的秧苗及水流分散的痕迹。模型两旁沿水流方向渐次降低，末端又略微抬高，以便蓄水，属稻田无疑。由于在勉县老道寺出土的陶制水田模型中还放置有草鱼、鲫鱼等泥塑，所以还被一些学者认为是我国稻田养鱼起源的物证。而这些出土的陂池、稻田模型文物表明，东汉时汉中地区水田农业已相当普遍，当地农民已能利用盆地平川丰富的地表水资源挖池造陂、引水灌溉，且能利用水田优势，一田多用。

（二）近代以来陕南种植业的发展

陕南地区耕地主要分布在山地、河谷、平川，旱地和水田是耕地的基本形式。近代以来，陕南和全国一样，种植农业发展十分缓慢，基本上仍保持传统的耕作经营方式。水田以种植水稻为主，兼种油菜、小麦等农作物。旱地以玉米、小麦为主，兼种油菜、土豆、红薯等。种植农业以庭院经济为主要模式，房前屋后种植家庭生活所必需的粮食、蔬菜等。

种植业发展变化较大的是新中国成立以后，特别是20世纪70年代以来，在毛泽东"水利是农业的命脉"的重要思想指导下，陕南大搞水利建设，水田面积、粮食产量都有较大提高。"农业学大寨"也促进了科学技术与农业的结合，水稻、小麦新品种极大地提高了粮食产量，农业机械化方便了农业生产，提高了农业经营效益。20世纪80年代以来，随着改革开放的深入发展，解放了农业劳动力，农民外出打工成为主要赚钱方式，土地闲置现象大量出现，而没有闲置的土地，劳动投入也大量减少。从而一改过去不计成本提高粮食产量，增加收入，到以比较收益决定农业投入，农民行为的经营化特征日趋明显。

二、陕南种植业的发展路径

陕南种植农业的发展是从精耕细作开始的，以多种经营为特点，经济发展与环境保护二者有机结合，实现农业的可持续发展。

（一）微环境的综合治理与生态平衡

陕南农业土地资源以浅山地、丘陵地、平坝等为主，上百亩的平坝地主要分布在汉江、丹江、洛水等江河两岸，绝大部分土地是小平大不平的小块农田。陕南的农业地理特征决定了陕南不能按照平原地区进行农业生产和土地整治，必须适应陕南特点，走自己的路——微环境的综合治理。所谓微环境，就是最小的，但又是独立的农业生产环境。它可以有几百亩地大小，也可以只有几十亩地大小，甚至几亩地大小。这些微环境可能是一个村子的农业生产环境，也可以是一户或几户人家的农业生产环境。微环境的综合治理就是把微环境看作一个整体进行农业水利、生态保护、种植养殖等的综合规划与建设和管理，使微环境能够发挥出较大的经济与社会效益；同时在这个环境里，生态环境能够满足社会可持续发展的需要，达到生态与社会经济的协调发展。微环境的综合治理按照从大到小的原则，各级政府优先治理的是乡级、村级的微环境，村民小组级别的微环境主要依靠村民自我治理，数户村民的微环境，依靠农户治理。

陕南微环境的综合治理的主要内容：①水土保持。陕南多山多雨，水土流失严重，保护农田、道路、房屋、山林等的安全是综合治理的首要任务。②水资源保护。水利是农业的命脉，对于水田较多的陕南，缺水就意味着减产或绝收，因此，一般环境都有小型水库或水塘，再小一点是小的蓄水池。水量水质保护在一般地区不存在问题，农户的保水意识还是很强的。现在水量较小，与"文革"期间的

"乱砍乱伐"有关,现在虽然没有破坏,但建设力度不足。③土地资源的综合利用。本区域山多地少,农户对土地资源的利用效率较高。如田地种水稻,收完水稻种小麦或油菜籽,田埂渠畔种豆类作物。路边山坡种植林木、果树、药材等,多种作物间种,既充分利用了土地,也满足了农户生活的多种需要。④道路、水利等基础设施建设。微环境的建设和发展是长期持续的过程,是人们生产生活的基础,是社会发展的需要,它不仅仅是生产需要或环境保护的需要,是以人为中心的基础生活设施建设,也是微环境建设的目的和出发点,因此,道路、房舍、水电等基础设施建设是不可或缺的。

(二)多作物套种与农作物的微生态发展

本地区农作物品种较多,汉中市水稻占粮食生产的首位,安康市、商洛市玉米占粮食生产的首位。以安康市为例,粮食作物以玉米、小麦、薯类和水稻四大类为主,兼有大豆和杂粮作物,杂粮主要包括:大麦、豌豆、胡豆、洋麦、燕麦、绿豆、豇豆、小豆、巴山豆、高粱、荞麦、兵豆、蔓豆、天星米等,可分 22 种 2 703 份。长期以来,玉米在粮食产量中一直占据第一位(35%),其次是薯类、水稻(22%)、小麦(19%)。安康市全年粮食以秋粮占大头,在粮食总产量中,秋粮占七成,夏粮占三成。夏粮以小麦为主,秋粮以玉米、水稻为主。多种农作物在种植上并不是大面积连片种植,更多的是因地制宜,间种套种,保持小区域的微生态发展平衡。以玉米种植为例,一般农户都在玉米地里套种小豆、豇豆或黄豆(大豆)等,使土地高低阳光得到充分利用,提高整体收益,同时,种植豆类有利于土地肥力的恢复,其生态意义大于经济意义。农作物除间种套种外,与桑树、果树等的间隔播种,也有利于水土保持。薯类(土豆、番薯等)的播种,主要是根据土地特点,提高粮食收益,满足人们对食品的需要。另外,间种套种对于维护土地肥力,保持土地的可持续使用也是十分重要的。除小麦、玉米、水稻等主要作物外,农户一般采用隔年种植,避免连年种植带来的病虫害发展。有恢复土地肥力作用的大豆、小豆、薯类作物,更要在不同的土地播种,连年播种不会使土地肥力得到改善。间种套种在平坝的意义低于浅山丘陵,这是由地形地貌,耕种方便等因素决定的。

(三)精耕细作与农业的可持续发展

陕南农田的精耕细作,与土地资源的稀缺性、粮食的紧缺性以及农民辛勤劳动结合在一起的。土地资源的稀缺性,与人口的不断增加有密切关系。从全国来看,人均土地 1 亩以上就算拥有土地较多,很多土地肥沃的平川地区,人均土地不足 1 亩。陕南地区沿江沿河两岸的平整肥沃土地,人均也不足 1 亩,浅山丘陵虽然人均土地较多,但产量低下。因此,长期以来农民虽然辛勤劳动,但仍食不果腹，于是，粮食的紧缺性也随之而来。为了解决粮食供给不足的问题，薯类、玉米等粗杂粮种植比例不断提高。农民为了提高粮食产量，不惜劳动成本，长年劳作在土地上。精耕细作主要表现：①土地利用率高。平地、肥沃土地种植主要粮食作物，坡地、沟坎种植杂粮，提高土地利用率，提高粮食产量。②间种套种。如前所述，可以改善农作物微生长条件。③合理除草施肥。如玉米农民要锄地三次，小麦一次，播种前施农家肥等，有习以为常的一套做法。④土地闲置时间短，生产能力不降低。美国等土地资源丰富的国家往往采取轮耕的做法，以恢复土地肥力，中国因土地稀缺，所以要以精耕细作来提高粮食产量。合理调节农作物的播种时间、种类，科学施肥，缩短了土地肥力恢复时间，相对的增加了播种面积。精耕细作在劳动力充足的条件下，既能提高粮食产量，又能改善微生态环境，促进生态农业的可持续发展，是值得提倡的做法，但在劳动力紧缺的情况下，其缺陷也是明显的，因而，不能过度强调精耕细作。

(四)科学技术与农业增产增收

社会进步是在不断重复过去，模仿、复制成功经验的基础上实现的。在模仿的过程中，遇到新情况、新问题需要解决，就发生了创新，较大的、影响深远的创新都来自科学技术，如金属工具、机械、电力、电脑等。科技进步对于农业增产增收，其价值是不言而喻的。安康市实行的玉米“三项技术”，即露地玉米营养钵矮化育苗移栽技术、玉米拱膜营养钵育苗移栽技术、玉米地膜覆盖栽培技术，使中低山玉米适时避过伏旱威胁，使高山玉米成熟期提前，避过低温“秋封”，使全市玉米增产1亿多公斤。其实这些技术不仅在安康市使用，汉中市、商洛市的浅山丘陵地带也使用，也不仅仅使用在玉米生产上，洋芋、红苕、蔬菜等也使用地膜技术。科学技术在水稻生产上的使用，主要是“三段育秧”技术。该技术的要点是：前期在温室竹篱上育秧，秧苗长到一两寸高时再移到室外；中期在田里育秧，长到四五寸时再插秧；后期把育好的秧苗插在大田。该技术的优点是水稻生长期延长，两次促进秧苗分蘖，可以提高水稻产量10%～30%。家庭沼气的使用，增加了有机肥，也是技术进步带来的益处。现今，经过几十年农业科学技术的发展，科技对农业增产增收的作用已深入人心，使用科技致富已经成为人们的自觉行为。

(五)农业投入与农田基本建设

农业投入与农田基本建设是一回事，也是两回事。说它是一回事是指农业投入用于农田基本建设，说它是两回事是指农业投入不一定用于农田基本建设。从农田基本建设的角度理解农业投入，可以这样说，农田基本建设属于农业公共设施，一般都是政府或集体投入，如果政府或集体不投入，农户自己也没有投入的积极性。事实也是如此，自从改革开放以来，家庭承包责任制的实行，农田基本建设处于停滞状态，也可以说是吃“文革”时期农田基本建设的老本。现在人们有认识到农田基本建设的重要性，但农户没有积极性。其实，农户不仅没有进行农田基本建设的积极性，也没有农业生产投入的积极性，因为，农业的比较收益不如打工的比较收益。现阶段农业投入，是历史的最低时期。从日本的经验来看，取最大的经济收益，过去那种不计劳动投入，只算粮食产量的日子一去不复返了。因此，农业生产，特别是生态农业生产的基本建设，必须加大政府的补贴、扶持力度，否则，土地的闲置、撂荒，粮食供给不足就是不可避免的。

当然，我们也看到了另一面，那些种植收益高的蔬菜，特别是大棚蔬菜、特种农产品，农户投入的积极性是很高的。与此相关的农业投入，根本不需要政府补贴，也会持续生产。结论是比较收益高，溢出效应低的农业投入政府可以不补贴；反之，比较收益低，溢出效应高的农业投入政府一定要进行补贴。

三、陕南种植业的发展模式

（一）作物间作套种模式

作物的套种模式，是指在同一块土地上同一生长时期内种植两种作物的方式。与套种相近的是间作，即在同一块田地上同一生长时期内，分行或分带种植两种或两种以上作物的种植方式。二者的区别在于：间作主要是“分”，套种主要是“合”；间作的目的是恢复土地肥力，争取农时减少病虫害，套种的目的是提高土地综合利用率，增加土地收益，尽可能减少对土地可持续性的破坏。二者的联系在于：利用不同农作物的不同特点，提高农业生产综合收益，促进土地的可持续生产。间作一般在平川使用较多，套种一般在丘陵浅山地较多。原因是：间作分行耕种，适用于大块土地；套种混合播种，与土地大小无关，适用于小块土地，甚至更适合贫瘠土地。

1. 间作的技术要点

一是明确目标。以休耕恢复土地肥力为目的的间作，作物选择一般是选一种主要作物，再选一种可以恢复土地肥力的作物。以提高综合收益为目的的间作，主要考虑作物的相生关系、生长成熟期、作物高低株型等。二是多季使用。间作不是一季使用，而是多季使用，如果一季使用往往会失去其价值。如恢复肥力的间作，第一次，一行种作物，一行恢复肥力；第二次，原来种作物的恢复肥力，恢复肥力的种作物，连续几次可使土地肥力恢复，又不减少经济收益。提高综合收益的间作，以时间差为主要增收途径，一旦时间错开，土地就得充分利用，不能浪费时间。间作的优点是：充分利用土地资源、农作物特点，增加经济收益，同时还恢复土地肥力，防治病虫害等作用。据研究，棉麦间作有利于瓢虫由麦株向棉株转移，可抑制棉蚜产生危害，从而减少农药使用量。麦棉间作再套绿肥，一般每公顷可收小麦 3 000 公斤，鲜绿肥 10 000～15 000 公斤，皮棉 750 公斤以上，总体效益较好。陕西省农科院利用棉花与油菜间作，可减轻棉田蚜虫、地老虎等对棉花的危害。

2. 套种的技术要点

一是土地选择。一般来说，肥沃土地不套种，贫瘠土地要套种。原因是肥沃土地肥力充足，不套种可以使主要作物产量更高；贫瘠土地无法保障主要作物的产量，以第二作物的产量弥补第一作物的产量不足。二是品种选择。在选择作物搭配时，主要是选择有相生关系的作物，避免选择有相克关系的作物。如玉米与小豆，小麦与豌豆等。三是时间选择。一般要求是两种作物同时收获，耕种、灌溉、除草等比较方便。套种的优点是：可提高农作物的综合经济收益；满足对不同作物的需要；充分利用土地资源等。以玉米为主的套种作物，可以是小豆、大豆（黄豆），也可以是蔬菜（如豇豆、洋葱等）。玉米的产量不受影响，还能得到多种其他作物。特别是在遭受自然灾害时，套种可以减少农业损失，起到救灾增收的作用。浅山丘陵地区，多以土豆为主，套种玉米、蔬菜等，能最大限度地满足农民的粮食需要。

（二）农林牧模式

农林牧模式是指农业和林业、牧业相结合的发展形式。这种模式主要在山区使用，因为，山区可耕种土地较少，可植树坡地较多，具有放牧的条件，同时，也有杂粮可供牛羊等牲畜食用，单纯的一种生产不能满足农民生存和经济收入需要。当然，这种模式也可以在河滩等有林草的地方使用，也可以成为农草牧模式。该模式的技术要点：一是农用土地最少能够生产一季农作物。二是土地周边有人工林木或草地。有人工林木或草地说明该地不是完全的自然林木，相对土质条件较好，坡度较缓。三是有一定数量的牛、羊或生猪等牲畜。牲畜一般是羊较好，其食量、体积等适中，容易放养和管理。牛比较适合自然林木，生猪适合草地。四是人工投入较少。山区贫瘠的土地多以种植面积获得较大收益，而不像坪坝地区靠单产，农作物的管理成本很低（不能灌溉、除草等）。林木只要移栽成活即可，不用管理。畜牧多是半放养，即早晨放出，晚上赶回，在相对固定的范围内养殖。五是农林牧兼顾，畜牧养殖数量不宜过多。农林牧兼顾，以户为主，很少是集体性质的，土地也以农户居住地为中心，方便生产生活。由于资源有限，管理成本低，畜牧养殖数量就不宜多，但种类可以适当多一点，以提高综合经济收益。该模式的优点是：因地制宜，多业兼顾，自给自足，生态效益和经济效益比较高。这种模式的缺点是生产规模较小，一般离城镇、村落较远，可推广价值低。

(三)肥力自然恢复模式

肥力自然恢复模式,是指土地肥力依靠农业小的生态循环而得到恢复的方式。这种模式包括轮耕、休耕、秸秆还田、农家肥、农作物套种等生产方式。这些方式是农民几千年生产经验的结晶,有着广泛和悠久的历史,适合于各种农田、各类地区。轮耕就是轮流耕种,把土地划分成五尺左右的行,隔行耕种,隔行休耕,与间作类似。其目的一方面是土地休耕,另一方面提高农作物的产量。休耕时间可以是半年,也可以是几个月。轮耕结束,可以发展成间作,灵活性较大。休耕就是让土地休息,以恢复肥力。这种方式多用于贫瘠土地、山区、丘陵地区。休耕时可以播种肥草,如毛苕子、苜蓿等,长成后压入地里,成为肥料。山区也有停止耕种一、两年的休耕方式。秸秆还田就是把麦秆、玉米秆、油菜秆以及其他农作物的秸秆加以粉碎,压入田地。也有一些农户为了方便,用火烧掉秸秆(这会造成环境污染,城郊严禁使用)。这种方式比较适合离农户家庭较远的土地。现在出于对农业成本的考虑,机械化收割一次性把秸秆还田。家肥就是把家禽、家畜的粪便以及易腐烂的其他生活垃圾用沤的方式变成肥料。农家肥是我国传统肥料,符合生态化要求,对农作物没有副作用,比化学肥料更有利于土地肥力的提高,是一种符合可持续发展的肥力恢复方式。套种也具有土地肥力自动恢复的性质,如前所述,适合于贫瘠土地使用。肥力自然恢复模式的优点是:肥力恢复成本低,方便实用,粮食产量不受影响,符合生态环保要求,是一种具有综合性的可持续发展的肥力恢复方式。

四、陕南种植业的发展趋势

种植业的发展趋势是现代农业与生态农业的结合,而不是传统农业和生态农业的结合。规模化、优质化等成为种植业的发展方向。

(一)规模化

种植业的规模化趋势是指种植业的种植面积越来越大,以一定的经营规模求得发展。其原因一是可以取得规模效益,种植面积越大,成本越低,经济效益越好。二是因为生存压力,没有一定的种植面积,农户没有生态农业的种植积极性,也不会进行相应的投入。三是农业科技发展的需要,科学技术的推广与应用,生态农业的落实,只有在一定规模上发展才有意义。事实上,种植大户的增加,农业分工的细化以及城市化的发展,充分证明种植业的规模化方向。

(二)优质化

种植业的优质化趋势是指种植业对产品质量的要求越来越高,以质量求生存是其发展方向。其原因一是生态农业要求减少农药、化肥的使用,产品质量优于普通农产品。二是由于减少使用农药、化肥等化学产品,增加使用农家肥、绿肥等有机物质,人工投入多,经营成本较高,质量要求也必然较高。三是无公害农产品、绿色农产品、有机农药产品有一定的国家标准、国际标准,因而农产品的质量也较普通产品高。今后,农业产品也会和工业产品一样,实行标准化生产,用标准保证产品品质。

(三)方便化

种植业的方便化趋势是指种植业适应机械化、规模化的需要,方便生产经营,降低生产经营成本,提高生产经营效益。其原因一是为了适应机械化需要。方便使用农药机械生产,这是降低成本,提高经济效益的需要。二是劳动减少。在传统农业生产时期,劳动力供给充足,不计成本提高农产品产量;在现代农业生产条件下,劳动力有更多的选择余地,在比较利益的驱动下,从事农业的人口越来越少,相应的农业投入也不断减少,因而对方便生产要求更高。三是社会进步。社会进步的标志就是把过去认为很难做、很复杂的事情变得很简单,农业的发展也不例外。方便生产与提高生产效率是息息相关的。事实也是如此,农民种地比过去简单得多,轻松得多,这是社会发展的必然。

(四)标准化

种植业的标准化趋势是指种植业对生产过程的管理规范化、标准化,目标追求明确。其原因一是保证食品安全。自英国"疯牛病"爆发以来,特别是我国"三鹿奶粉"事件以后,人们对食品安全要求越来越高,标准化就成为保证食品安全的重要方式。二是国际贸易需要。出口产品的质量保证,就是生产的标准化,如绿色产品标准、有机农产品标准等,对产品的有机物含量、农药残留等都有严格的标准。三是技术推广的要求。一项科技的推广使用,为了保证产品质量效果准确,标准化无疑是一条有效途径。其实,自工业化以来,标准化一直是生产的内在要求,虽然标准化抹杀了产品的个性,但质量稳定,方便生产,大规模生产是其最大优势。

(五)综合化

种植业的综合化趋势是指种植业以多种经营,提高综合效益为其追求。其原因一是土地的不同。不同的土地种植不同的农作物,因地适宜,才能有丰收的可能，强求统一耕种不会有好的效果。二是需求的多样性。农产品有多种多样的需求，因而耕种也要适应市场需要，把综合效益放在首位。三是生态发展需要。农业生态的正常发展，必然是高低、肥瘦、花开花落应有尽有，一花独放不是春，万紫千红春满园。四是增收的需要。田里插秧、地里种麦、河塘莲花鱼虾、草地牛羊鸡鸭，综合经营，合理利用自然资源，提高经济效益，是每一个经营者的追求。

当然，种植业的发展趋势会有国度、区域、习俗等的差异，这是正常的。但种植业的发展是生态农业与现代农业的结合是不变的，而且在很长时期是不变的。

五、陕南种植业的发展概况

由于陕南独特的自然地理和气候条件，非常适宜多种种植业和养殖业的发展。像汉中市一直以来就享有“小江南”和“鱼米之乡”的美誉。本章我们将重点介绍和分析陕南种植业的发展情况，其中会以粮食（水稻和油菜）种植、蔬菜种植、水果种植、中草药种植及经济林种植等为例分析说明。

（一）汉中市种植业发展情况

1. 以实现农业增产增收为目标，组织推广了一批农业实用技术和先进科技成果

近三十年来，汉中市依据农业增产增收目标，从实际出发，充分利用当地资源优势，引进新品种新技术，努力加快农业科技成果的转化应用，扩大先进技术覆盖面，着重抓了对增产增收影响较大的一批科技成果和关键技术项目的推广应用。据统计，重点科技项目推广面积累计达到 6 000 万亩，共增（保）产粮食 40 亿公斤，油菜籽 2 100 万公斤，蚕茧 145 万公斤，茶叶 2.8 万公斤，水果 1 170 万公斤，增（保）产值达 12 亿元。

二十世纪八十年代，汉中市农业生产以提高产量为中心，重点实施了粮油规范化高产栽培技术、中低产土壤综合改良技术、杂交稻高产栽培技术、水稻两段育秧技术、玉米三项技术（杂交良种、地膜覆盖和营养钵育苗移栽、规范化间作套种）、稻田化除技术、水稻、小麦、玉米等作物主要病虫害防治技术、配方施肥技术、低产茶园、桑园、果园改造技术等，这些技术的大面积推广应用，对于汉中市粮食单产和总产的大幅度提高发挥了重大作用，促进了全市粮食连续十年丰收。汉中市推广的“杂交稻高产栽培技术”、“水稻规范化栽培技术”，使水稻单产平均提高了 150 公斤以上，这两项技术分别获得省政府、省农村科技进步大会成果一等奖和农业部“丰收计划”一等奖。玉米三项技术的推广，使玉米亩产增长 30% 以上，有的成倍增长，平均亩增产 170 多公斤，解决了高寒山区光温不足、粮食产

量低而不稳的问题，对促进玉米乃至山区整个粮食生产技术的提高和经济的全面发展和山区群众温饱问题的解决，都产生了重要而深远的影响。

进入九十年代，我国粮食供给发生了根本性变化，人们的温饱问题逐步得到解决，农业生产目标转向产量、质量、效益（即高产、优质、高效）并重发展，汉中市及时调整了技术服务的思路和方法，按照市场需求，因地制宜地引进示范推广了一批市场前景好、质量优、效益高、投资少的优质高产新品种新技术如：杂交稻高产优质栽培技术、名优稻增产及配方施肥技术、水稻亩产 540 公斤高产栽培技术、稻麦亩产吨粮技术、优质米系列开发技术、绿色稻米基地建设与产业开发技术、平衡施肥技术、高效农业技术综合应用、浅山丘陵区高效农业示范、汉中盆地农业综合开发示范、农作物新品种引进示范、水稻旱育稀植技术、油菜综合高产技术、多效唑培育水稻油菜壮苗技术、“双千”田技术、优质水果、优质蔬菜、高产优质茶园、快速高产桑园栽培技术、茶叶综合标准技术、农作物病虫害综合防治技术等项目的推广应用，不仅促进了全市农业的连年丰收，而且使质量和效益上了一个新台阶。汉中市十年间推广应用新品种新技术项目 50 余项，其中有 45 项获得地（厅）级以上科技成果。期间在国务院《关于依靠科技进步振兴农业，加强农业科技成果推广工作的决定》和省、地“科技兴陕（汉）”政策的推动下，1989—1995 年在汉中市农委、农业局的组织下，每年抽调单位约三分之一的科技人员，深入农业生产第一线，按照“以县为主，地县联合”的原则，参与了粮油和蚕茶果生产技术集团承包，以科技项目为龙头，以基点为阵地，充分发挥集团承包政、技、物的优势，把项目推广、办点和集团承包融为一体，发挥了生产资料和科学技术综合增产效益。集团承包七年间累计承包粮油作物 850 多万亩，果树 11 万亩，茶叶 16 万亩，蚕桑近万张的技术指导，不仅大幅度提高了产量和效益，而且极大地提高了群众的科技意识和科学种田水平，同时也锻炼和培养了科技人员实干精神，提高了他们的实践经验和技术水平，培养出一批技术骨干，树立了农技推广单位和科技人员在社会中的形象和地位。

进入二十一世纪，我国农业发展步入了一个新的阶段，农产品从长期短缺发展到结构性的过剩，人们从温饱向小康过渡，大环境也发生了根本变化，世贸组织的加入、市场经济体制的建立和完善，都为新世纪的到来提出了新的挑战，同时也带来了新的发展机遇。汉中按照市委、市政府提出的“发展绿色产业，建设绿色汉中”、加快农业结构调整和大力发展以“三个六”（60 万亩茶叶、60 万亩柑橘、600 万头生猪）基地建设和“四个优”（汉米、汉菜、汉油、汉药）为主的产业发展目标，努力实现农业增产、农民增收。按照区域主导产业发展，汉中市及时调整和拓展服务领域，组织好重大科技项目的实施。按照结构调整方向和产业发展重点，及时调整内部专业设置，在巩固原有粮油专业的基础上，充实了园艺、蚕桑、茶叶专业力量，增设了蔬菜、食用菌、中药材等经济作物专业，以适应区域经济和特色产业的发展需求。同时，调整推广计划，做到有的放矢，重点突出，确保重点项目的实施。十年间，汉中市共组织推广应用绿色稻米标准化生产配套技术研究与推广、水稻旱育抛秧及增产配套技术、双低油菜新品种及配套高产栽培技术推广、马铃薯三项技术推广、茶叶无性系繁育及标准化生产技术推广、水果高产栽培技术推广、优质蚕桑种养技术推广、无公害蔬菜生产技术推广等新技术40余项。这些重点科技项目推广面积累计达到1 800多万亩，共增(保)产粮食约11亿公斤，油菜子650万公斤，蚕茧50万公斤，茶叶1.9万公斤，水果750万公斤，共增(保)产值达6.5亿元。

2.坚持开展技术培训和技术宣传，提高农民的科技素质和科学种田水平

开展技术培训宣传是农技推广工作的重要手段，要常抓不懈。汉中市按照各个时期的工作任务和重点，集中抓好重点推广技术和基层农技人员的培训，特别是对技术师资的培训。一是积极配合政府做了全民科技意识和科技素质的培训宣传，积极参与政府组织的各项大型科普宣传活动，普及农业科技知识，提高广大农民和基层干部的科技意识和科学种田水平。参与了全市"科技兴农"、"科技兴汉"、"科技之春"、"科技三下乡"、"科技进村入户工程"、"放心农资宣传周"、"农产品质量安全法"等宣传活动，结合各类作物的关键农时季节，重点对水稻、油菜、茶叶、蔬菜、柑橘等无公害栽培技术、水稻旱育抛秧、玉米地膜覆盖、营养钵育苗移栽、规格间套、麦油免耕栽培、设施栽培、测土配方施肥、病虫综合防治等农业实用技术，采取印发技术材料、办培训班、专题讲座、电视专栏、编写技术小册子、赶科技大集、制作展版、出动宣传车等多种形式开展培训宣传。二是改善培训宣传手段，增强培训效果。近年来，汉中市在培训手段上尝试采用现代化的多媒体方式，制作科技演示文稿，图文并茂、通俗易懂、形象直观，提高了培训效果。三是利用和发挥现代科技手段的作用，积极与联通公司开展了电子农务、与移动公司开展了农业及农技信息的发布以及建立农业信息网站等形式，扩大农业信息量，宣传农业实用技术及农业政策法规，提高了农民的法律意识。

3.注重新品种、新技术引进，不断探索创新和开发储备新技术

为了不断满足农业生产发展的需要，把农业新技术、新成果应用于农业生产，汉中市始终注视着全国农业科技发展的新动态，积极引进农作物新品种、新技术，开展试验研究，为农业生产持续稳定发展做好技术储备。汉中市先后引进应用了两段秧、旱育秧、抛秧、免耕、化除、测土配方施肥、规范化栽培、设施栽培、杂交稻、超级稻、双低油菜、柑橘、蚕桑、果树、蔬菜、茶树等农作物新品种、新技术，在生产中发挥了重要作用，为全区农业持续稳定发展提供了强有力的技术支撑。每年都要根据生产实际，有计划地引进各类作物新品种近百个，新技术2～3项，通过开展试验研究，逐批筛选适应性强的新品种、新技术进入生产示范和

推广应用，加速了全市主要农作物品种和技术的更新换代步伐。

4. 专项调研和面上生产技术指导紧密结合，确保农业丰收和生产安全

根据农业生产实际和政府对产业发展要求，为了使资源优势转化为经济优势，促进农业生产上台阶。汉中先后组织科技人员开展专题调查研究，完成了《汉中地区农业科技发展规划》、《汉中地区害虫天敌资源调查》、《汉中地区土壤普查》、《汉中地区种植业区划》、《汉中地区土地利用区划》、《汉中地区农业科技调查》、《秦巴山区猕猴桃资源调查、开发、利用研究》、《秦巴中山区粮食发展规划》、《汉中平坝沿江高效农业开发规划》、《汉中地区柑橘生态区划报告》、《汉中市农技推广体系调查报告》、《水稻产业化开发考察报告》、《汉中市农业科技发展规划》、《汉中冬韭地理标志认证》、《汉中市马铃薯产业发展规划》、《汉中市蚕桑产业规划》、并参与完成了《汉中市绿茶地理标志认证》、《汉中市茶叶标准体》、《汉中市 60 万亩茶叶现代农业产业化基地建设》、《汉中市 60 万亩柑橘现代农业产业化基地建设》等报告的编制。同时在各主要农时季节，汉中市组织农技人员深入农业生产第一线，巡回检查指导，狠抓关键技术的落实；并针对苗情、农情、墒情、灾情及病虫发生情况，及时开展调查研究，提出技术措施。这些及时有效的工作，为政府和农业主管部门正确决策提供全面的科学依据。汉中市还积极主动开展植物检疫、农药和化肥农资市场检查等农业执法工作，有效遏制了疫情的发生、传播和蔓延，净化了农资市场，维护了群众利益，确保了生产安全。

5. 坚持兴办科技示范基点（基地），以点带面，推动科技成果转化应用

汉中市密切联系各阶段生产实际和农业科技工作的重点，积极响应省、地（市）有关科技下乡、科技进村入户的号召，深入农村兴办了基础技术观察点（如苗情点、病虫观测点、土壤监测点等）、农业技术示范点、农业综合开发试验基点、重点推广项目样板点、新品种及新技术试验研究点、名优水果示范基地建设、蚕桑示范基地建设、绿色粮油生产示范基地建设、蔬菜示范基地建设、茶树无性系繁育示范基地建设等各种类型的基点（基地）数十个，每年都有 20％～50％的科技人员，到基层办点抓基地建设，这些基点（基地）对农业产业化发展都起到了积极的示范带动作用。一是树立了样板，以点带面，促进了面上新品种新技术的应用；二是开展了新技术的超前试验研究和示范，为大面积推广提供了科学依据；三是锻炼培养了科技人才，培养了农民科技队伍，为重大科技项目的实施创造了先决条件。

在办点方式和内容上，汉中市不断改进提高，拓展丰富内容，逐步由最初的专业联系点发展为综合开发、基地建设、订单生产、一村一品等独具特色的基点（基地），通过抓示范基点（基地）改变了传统的农技推广方式方法，变单一的技术人员跑面指导农民干，变成了技术人员真抓实干，干出样子让农民来看，引导农

民接受应用新技术,起到以点带面,辐射带动的作用。汉中市把主要精力转向科技示范基地建设,办成了一批各具特色、有影响力的科技示范基地,带动了科技进步和农业产业化的快速发展。汉中市先后兴办的城固毛岭乡农业综合开发试验基点、西乡沙河镇和洋县四郎乡低产田改良基点、略阳县干河坝乡地膜玉米高产示范点、城固县崔家山镇农业综合开发实验基地、勉县长林镇和城固县柳林镇草寺优质粮油订单生产示范基地、勉县温泉镇刘家山村蚕桑"一村一品"示范基地、南郑县牟家坝镇马仙坝村无性系茶苗繁育基地、南郑县梁山镇强国村蔬菜基地、勉县温泉镇小麦条锈病综合治理示范点、南郑县草堰镇五丰村测土配方施肥基地、城固县新华村和南郑县齐力村粮油高产创建示范基地等等,都取得了明显的增产增收效果和显著的辐射带动作用。

6. 汉中蔬菜产业的发展

蔬菜是汉中市传统优势产业。2008 年,全市蔬菜复种面积 75.59 万亩,总产 138.54 万吨,实现产值 27 亿元,农民人均蔬菜收入 380 元,成为农业细分产业中仅次于畜牧业的第二大产业;形成蔬菜加工企业 10 余家,蔬菜集贸市场 100 多个,其中汉台区过街楼、城固小河桥、洋县贯溪蔬菜批发市场年交易量已超过 10 万吨,成为农业部定点批发市场;参与蔬菜流通组织 100 多个,全年蔬菜流通量超过 60 万吨。

虽然近几年汉中市蔬菜生产发展较快,但总体上仍然总量偏小、效益较低,致使全市蔬菜已出现供需失衡,季节性菜价普涨。为满足和丰富城乡居民菜篮子,汉中市政府制订了《关于加快蔬菜产业发展的决定》和《蔬菜产业发展规划》,要求从 2009 年起,每年新建设专业菜田 3 万亩,累计新建 10 万亩以上,对现有 20 万亩菜田改造提升,到 2012 年使全市高标准专业菜田稳定在 30 万亩,其中设施大棚菜田 10 万亩、露地菜田 15 万亩、高山反季节菜田 5 万亩,蔬菜复种面积达到 80 万亩,产量达到 200 万吨,产值达到 50 亿元。汉中市政府还将从 2009 年起对该产业进行资金支持,全年安排蔬菜产业发展专项资金 500 万元。

(二)安康市种植业发展情况

中央"1 号文件"指出,确保国家粮食安全,保障重要农产品有效供给,始终是发展现代农业的首要任务。安康市 2013 年种植业工作的总体目标是:稳定粮油生产,确保粮食面积产量分别达到 400 万亩、80 万吨,油料面积产量分别达到 90 万亩、10 万吨;以百万亩设施蔬菜工程建设为抓手,确保全年完成 2 万亩设施蔬菜建设任务;以魔芋、食用菌两项产业为重点,聚力抓好山林经济。

三大工作重点:一是切实抓好粮油生产。安康市按照"稳面积、提单产、增效益"的思路,积极发展富硒粮油作为转变全市粮油生产方式的新举措,积极引导企业、合作社、大户等业主发展粮油生产作为探索全市职业农民发展粮油生产的新途径，通过应用粮油高产创建示范、农作物间套种、测土配方施肥、地膜覆盖栽培、病虫害综合防治等农业技术，保证粮油生产目标实现。二是全力做优设施蔬菜。安康市按照园区化的发展方式，坚持以市场为导向，以科技为支撑，积极推行“规模化种植、标准化生产、商品化处理、品牌化销售、产业化经营”的蔬菜产业发展模式，确保蔬菜建设任务完成。三是精心谋划山林经济。安康市按照因地制宜、合理布局、突出特色的原则，以魔芋、食用菌两项产业为重点，聚力抓好山林经济工作，全市抓示范点不少于 10 个 。

为切实把三大重点工作落到实处，安康市强化了三项措施：一是突出实用技术推广。安康市抓住全年种植业工作的关键时期，抢抓节令，适时播种，大力引进、试验、示范粮油和蔬菜新品种，开展品种区试，实施绿色防控，推广测土配方施肥、标准化高效栽培技术、秸秆水肥一体化、病虫害绿色防控四大集成技术，推行农业机械化，提高种植业生产能力。二是做亮富硒特色产业。安康市充分发挥富硒资源优势，着力抓好富硒粮油、蔬菜、瓜果、魔芋、食用菌的基地建设，聚力打造“中国硒谷，绿色安康” 农产品品牌，提高种植业的综合效益。三是提高服务管理水平。安康市充分利用网路、电视、科技三下乡活动，广泛宣传中央“1 号文件”精神以及粮食生产补贴、农机具补贴等各项强农惠农政策，确保各项补贴及时足额到户。安康市围绕重要农时季节，组织开展农资打假护农行动，确保农民用上放心农资。安康市还积极向上争取粮油作物高产创建、农作物间套种、测土配方施肥、中低产田地改造、覆膜栽培、病虫害预警、农产品质量监测等项目，通过政策性、应急性和项目性资金的支撑，切实增加农业投入，调动农民的生产积极性。

近年来，为推进医药产业又好又快地发展，安康市大力发展中药材种植业，取得成效。截至目前，该市已建成十大药材种植(养殖)基地。

这十大药材种植(养殖)基地为 50 万亩黄姜、10 万亩杜仲、5 万亩绞股蓝、1 万亩葛根、125 万窝天麻、1 万亩丹参、2 万亩金银花、100 万平方米秦巴硒菇、1 万亩黄精、2 500 只林麝基地，年中药采集量达 39 万吨。到 2010 年，该市中药材种植面积已达到 200 万亩，中药材销售收入达到 40 亿元。

安康医药企业不断发展，研发实力日益增强。该市拥有医药生产企业 30 余家，形成了以绞股蓝、黄姜、葛根三大生物药源开发为主，各种中药材得以充分利用，加工企业蓬勃发展的态势，主要医药产品中有国家级新药品种 10 个，拥有自主知识产权两项。2008 年该市生物医药企业实现工业产值达 8.8 亿元，中药材种植实现农业产值 9 亿元。

(三)商洛市种植业发展情况

“十一五”以来，商洛市以保障粮食等主要农产品有效供给为目标，调整内部结构，优化区域布局，加快科技推广，转变发展方式，种植业生产水平得到显著提升，为保障市场供给、管理通胀预期、保持经济平稳较快发展提供了基础支撑。

1.粮食生产实现稳定增长

2006年以来，商洛市按照“优化布局保面积、调整品种提质量、依靠科技提单产、防灾减灾保总产”的思路，稳定粮食作物面积，加快重点技术推广，着力提高单产水平和综合生产能力。2008年至2011年粮食生产实现“四连丰”，总产均稳定保持在55万吨以上。尤其是2011年播种面积达到332.8万亩、总产71万吨、平均单产213.3公斤，分别较2006年增长8.6%、26%、16%，均创“十一五”以来历史新高；2011年夏粮总产25万吨，同比增长9.3%，再获丰收。

2.蔬菜自给能力稳步提升

按照“区域化布局、板块式推进”发展思路，2008年商洛市全面启动设施蔬菜工程，四年累计新增设施2.05万亩，2011年年底全市设施总量达到3.4万亩，是2007年的3倍，产能超过11万吨，反季蔬菜自给率提高到45%，设施蔬菜实现了跨越式发展。同时，带动全市蔬菜播种面积达到42.6万亩，总产60万吨，分别较2007年增长18 %和33%，均创历史新高，大路菜基本实现了自给有余。

3.科技应用水平显著提升

商洛市大力实施种子工程，落实良种补贴政策，加快新优品种的引进推广步伐，玉米、小麦、薯类良种普及率分别达到98%、89%和83%；大力推广测土配方施肥技术，年推广配方肥面积260万亩次以上，粮食、经济作物亩均分别增收节支40元和100元以上，增收节能减排效果显著；集成应用地膜覆盖、规范间套、测土配方、垄沟种植、病虫综合防治、机械化作业等关键技术，提高技术规范化程度，增强科技创新和应用能力；推广重大有害生物综合防治技术，大力开展专业化统防统治，提高农作物病虫灾害监测防控水平，病虫为害损失率稳定控制在3%以下；马铃薯高产创建活动深入推进，全面推广“六统一”技术，2011年在全省首次实现整市推进，带动全市马铃薯生产水平大幅提高，单产连续四年居陕南三市之首。

4.结构布局持续优化

商洛市加快种植业内部结构调整，大力实施“压麦扩薯”战略，压缩低产低效作物种植面积、扩大高产高效作物种植面积，提升种植业效益。2012年小麦种植面积102.6万亩，较2006年调减16.2万亩，薯类种植面积超过60万亩，较2006年增加16万亩，其中马铃薯产量达到9.3万吨，占夏粮37%，成为夏粮增产的主要支撑，实现产值5.6亿元；商洛市制定《商洛市“十二五”主要农产品区域布局规划》，加快种植业布局优化，积极推动粮食作物向主产区集中，全力打造粮食作物核心生产区，百万亩马铃薯产业大市加快推进；加快经济作物向优势区集中，初步形成茶叶、蔬菜、烤烟、蚕桑、食用菌、水杂果等优势产业带和产业板块，成为全市农业和农村经济发展新的增长点。

5.发展方式加快转变

商洛市把发展现代种植业做为加快农业发展方式转变的主要支撑，积极培育壮大农业龙头企业、农民专业合作社、生产大户等新型农业经济主体，引导资本加速介入农业，省级重点龙头企业、农民专业合作社、专业大户数量分别达到22个、759个、2 548个，成为发展现代种植业的生力军；大力推进现代农业园区建设，加快推动农业转型升级，省级园区数量达到8个，引进投入资金3.78亿元，实现产值11.2亿元，成为引领和推进局部种植业现代化的产业形态，有效地带动土地流转，加快催生职业农民；坚持生态循环理念，发挥种植业基础作用，积极探索粮—畜、菜—畜、果—畜等种养结合型循环模式，坚定走以种养平衡为路径的产业发展之路，深挖农业内部潜力，实现农业可持续健康发展。

按照制定出台的《商洛市核桃产业五年(2009—2013)发展实施方案》，5年内商洛全市建成75万亩优质高效核桃基地，其中新建优质高效良种示范园10万亩，改造核桃低效林50万亩，“四旁”核桃林带网栽植15万亩；标准化管理良种示范园25万亩。全市核桃总面积发展到170万亩，其中良种基地面积达到87万亩，占总面积的50%。

核桃是经济价值很高的木本油料树种，市场开发前景十分广阔。国家科技部、林业局批准的良种繁育和基地建设项目先后落户商洛市，核桃产业被省发改委列入巩固退耕还林后续产业重点扶持，省林业厅就支持商洛核桃产业突破发展制定出台了十项扶持措施，西北农林科技大学在商洛市建立了核桃试验示范站，为商洛市核桃产业发展创造了有利条件。

商洛市将按照“因地制宜、实地适树、统筹兼顾、科学规划、合理布局、规模发展、优质高效”的原则发展核桃。重点发展洛南、商州、山阳、丹凤四县区，同时抓好柞水、镇安、商南三县核桃发展，在全市形成洛河流域川塬丘陵区，丹江流域川道坡塬区，金钱河、银花河流域浅山区，乾祐河、旬河流域河谷区四大核桃发展板块。大面积推广良种嫁接苗栽植，采取规模连片种植为主和零星分散种植(含四旁植树)相结合，规模建园以辽核、香玲、中林三大早实品系为主，“四旁”栽植以西洛1号、西洛3号晚实品种为主，实行区域化、规模化栽植，一个行政区或自然流域重点发展1～2个品种。对良种园实施标准化生产管理，对实生苗栽植的进行大规模的嫁接改造。按照标准化、规范化、规模化、区域化的要求，每县区每年抓好3 000～5 000亩标准化示范园建设，努力建成一批核桃村、核桃沟、核桃坡、核桃路和核桃科技示范园、核桃旅游观光园、核桃产业示范大户，使核桃真正成为全市农村经济发展和农民增收的主导产业。

(四)陕南魔芋种植业

1. 概况

陕南位于陕西南部,位于北纬 31°42′～34°25′和东经 105°30′～111°12′之间,包括安康、汉中和商洛三市 28 个县区,有国土面积 75 847 平方公里,农耕地 804 万亩,农业人口 772 万人。三市适宜种植魔芋的区域在海拔 700～1 200 米之间,农业人口 130 万人左右,农耕地 300 万亩左右,年平均气温 11.5～13.9℃;10℃积温 3 050～4 280℃,年降水 900～1 340 毫米,年日照时数 1 670～1 740小时,日照百分率 36%～38%。这一区域山势陡峻,千山万谷,农业生产立体气候明显,北靠秦岭,南依巴山,号称陕南秦巴山区。据金州县志记载,陕南魔芋种植已有 1 300 余年的历史,但过去全为房前屋后半野生零星粗放种植,自食自用,自生自灭。20 世纪 80 年代中后期以来,随着市场经济的发展和人们对魔芋的作用与用途的认识和开发不断深入,刺激了陕南乃至全国魔芋种植业的发展。目前,魔芋已成为陕南秦巴山区唯一的产业化链条较为牢固的新兴产业和朝阳产业,也必将成为发展绿色产业和现代农业的突破口。

2005 年,自全国魔芋种植基地建设经验交流会在安康市召开后,同处陕南的汉中、商洛两市及有关县区和乡镇,多次组织人员赴安康市参观学习,引进魔芋病害综合防治与丰产栽培技术和种芋,组织开展示范应用,安康市魔芋技术人员也多次到汉中、商洛两市魔芋产区进行技术培训和指导,使陕南的魔芋种植稳定发展。与此同时,安康市推行的公司+基地+农户的产业化运行模式,使全市的魔芋种植也呈现较好的发展态势。特别是采取加快种芋基地建设,确保了本地生产需要,种芋还销售到本省的汉中、商洛及四川、重庆、湖北、湖南和河南等省市。到 2005 年陕南三市魔芋种植总面积将达 16 万亩,其中安康市 12 万亩,汉中市 3 万亩,商洛市 1 万亩。

2. 陕南魔芋种植的主要经验

(1)实行科技攻关,增强自我创新能力。1996 年以来,在陕西省有关部门的立项支持下,陕南开展了"魔芋软腐病和白绢病侵染危害规律与综合防治技术研究"、"魔芋健身丰产栽培技术研究"、"魔芋抗病高产新品种选育"和"优质魔芋基地建设"等科研推广课题,陕南三市的植保农技人员,实行多单位、多系统联合攻关,取得了一系列创新成果。2001 年陕西省农业厅把魔芋病害综合防治与丰产栽培技术列为农业技术重点推广项目后,组织开展大面积推广与应用,取得了显著增产效果和社会经济效益。

(2)坚持抓点示范,扩大技术应用面积。为有效地指导生产,从 1998 年以来,科技人员选择魔芋生产发展较早、种植面积最大、病害发生最重的岚皋县,连续几年在4乡8村抓点示范，在采取各种农业防治措施的基础上，针对单家独户防治效果差的问题，组建了机防队，开展魔芋病害统防统治，即统一测报、统一药剂、统一时间、统一收费标准、统一连片防治，收到了较好的防病增产效果。尤其是2000年抓的溢河乡宏大和高桥两村的千亩魔芋病害综合防治示范样板，共增产魔芋32.57万公斤，户均增收达千元，加快了当地群众脱贫致富奔小康的步伐，示范点接受了省、市、县各级领导和业务部门的检查和指导，得到了较高的评价。几年来，每年抓点示范面积在5 000亩以上，推动了魔芋病害综合防治与丰产栽培技术在陕南的应用面积逐年增加。

(3)规范种植技术，提高技术经济效益。科技人员在认真研究魔芋种植技术的基础上，总结出了魔芋病害综合防治与健身丰产栽培技术要点，确定适宜种植区域，实行轮作倒茬，推广间作套种，提高播种质量，垄作栽培，施足有机肥，增施钾肥，推行覆盖栽培，选用高效低毒和生物农药品种，实行种芋处理，土壤消毒，大田拔除病株，组建机防队，开展统防统治，提高防治效果等。以此指导生产实践，取得了较好的防病和增产效果。

(4)开展培训宣传，提高芋农科技意识。针对长期以来魔芋自产自销、生产自生自灭、基层干部和群众无病害防治意识和习惯的问题，政府通过召开培训会、现场会和技术咨询等形式培训基层农技人员和魔芋种植大户，充分利用报纸、刊物和广播电视等形式，广泛宣传魔芋病害综合防治与丰产栽培技术，提高芋农的丰产栽培与防病意识和自觉性。科技人员编印《魔芋栽培及防病技术》小册子，出版《魔芋病害综合防治与丰产栽培》书籍，拍摄《魔芋防病与丰产栽培》专题录像片，印刷技术要点下发到农户。并在全国、省、市20种科技期刊发表魔芋病害防治与丰产栽培技术文章60余篇。

(5)加强病虫测报，组织开展统防统治。魔芋病虫害测报是防治工作的基础，对及时开展统防统治起着至关重要的作用。为此，陕南魔芋主产县区固定专职测报人员从事魔芋病虫害测报工作，并在乡镇农技站或村组建立测报联系点，指导当地魔芋病虫害大田防治和统防统治。为了提高防治效果，魔芋主产县区及乡镇农技部门根据病虫情报资料，有组织、有计划、统一安排部署，开展统防统治工作，重点抓了魔芋种芋消毒与防病药袋的使用技术，齐苗后的统一进行药剂灌根，散盘后每隔7～10天预防一次，连防2～3次，控制病害发生，提高魔芋产量和品质。

(6)加强产业领导，确保生产稳定发展。陕南的市县区政府都十分重视魔芋种植技术推广工作，市县农业局每年组织开展项目检查验收，深入实地、深入农户检查项目进展情况。岚皋县将魔芋技术推广作为发展魔芋产业的重要技术措施，县委、县政府连续几年组织百人工作团，重点开展包乡包村抓技术推广。安康市汉滨区由区委书记任魔芋产业领导小组组长，确定一名人大副主任专抓魔芋产业，重点抓魔芋栽培技术推广。2004年和2005年岚皋和汉滨两县区分别被中国魔芋协会评选为“全国魔芋重点种植基地县”。其他县农业局都把魔芋种植技术推广作为发展魔芋产业的一条重要措施，狠抓落实，确保了魔芋病害综合防治与丰产栽培技术推广的顺利开展。

3.陕南魔芋种植的主要问题

(1)技术问题。一是品种问题。陕南魔芋品种资源普遍混杂，品质下降，产量较低。陕南与全国一样，生产上使用的全为当地花魔芋农家种，品种自生的问题严重地影响着魔芋种植面积的扩大和产量的提高。二是病害问题。尽管陕南植保部门在国内率先破解了魔芋病害综合防治等技术难题，并开发出魔芋防病药袋，得到了中国魔芋协会的推介和各魔芋产区的引进，但因体制和人员等问题导致推广效果不够理想。

(2)生产问题。一是投入不足。陕南魔芋适宜种植区为海拔700～1 200米的中高山区，这一地域是陕南最贫困的区域。而种植魔芋的生产投入较大，多数农户尤其是新区的农户无钱购买种芋，更无力按技术要求进行必要的物资和技术投入，造成生产水平低下。二是农户科技水平低。魔芋在陕南房前屋后零星粗放种植已千余年，群众对魔芋种植技术认识不够，大田人工种植后仍进行粗放经营，不按技术规范操作，生产上技术含量低。

(3)体制问题。目前，陕南的多数县既无魔芋产业开发管理机构或部门，也无生产管理和技术推广单位，造成魔芋生产管理混乱，种植盲目发展，原料生产与企业加工各自为战，不相配套。由于没有统一的规划、管理和信息服务等，致使农户不了解市场情况，受年份和市场影响，鲜芋收购价波动较大。加之魔芋加工企业多系小规模生产，无系统发展思想，产品质量较差，深加工产品很少，经济效益不高，农户＋基地＋企业的这种市场一体化的产业格局不够稳定。

六、小结

陕南种植业发展的大趋势应该是发展有机农业，当然这不是未来几年就能完成得了的，可能要十几年甚至几十年时间，但从趋势上看，势在必行。陕南除粮、菜、茶、果外，发展林业前景很好。当然要选择可适生的优良品种，同时做到适地适树。陕南适宜发展用材林(油松、马尾松、华山松、杉木、香椿、臭椿、皂角等)、经济林(核桃、板栗、银杏、漆树、山茱萸、杜仲、南抗杨等)、绿化类(七叶树、香樟、女贞、棕榈、柳树、栀子等)等林业产业。

第七章　陕南生态农业——养殖业

养殖业在农业生产中一直是从属于种植业的第二大生产门类，它与种植业是不可分割的两个方面。种植业为养殖业提供饲料及其他生产条件，养殖业为种植业提供肥料等，二者的相互作用、相互利用，构成了农业生态的微循环。

一、陕南养殖业的发展历程

养殖业发展历史悠久，可以说有了种植业就有了养殖业。在漫长的发展过程中，养殖业技术与种类等都不断进步着，特别是20世纪以来，在市场经济的推动下，发展迅速。

20世纪以来，陕南养殖业的发展经历了以下四个阶段。

第一阶段：户外放养。户外放养是传统养殖的基本方式。在坪坝人口较密集的村落，生猪是圈养的，鸡、鸭等是放养的。在山区丘陵地区，基本上是放养与半放养状态。鸡、鸭、羊、牛基本是放养，猪是半放养。这与单家独户的居住位置与土地地形地貌有关。该阶段养殖的种类较多，但数量较少，除猪、羊以外，基本上是以自产自销的自然经济为主。养殖技术是传统的方法，没有使用新科技的动力。

第二阶段：专业养殖。“文革”后期生猪与粮食均有生产任务，于是生产队出现了专门的“猪场”。由于计划经济的体制原因，“猪场”也就是把一般的圈养，扩大了规模，没有技术上的变革。同时，由于粮食短缺，猪饲料比较少，农业废料、干叶成为猪的主要食物，因此，生猪的生长期长，体重较轻，经济效益不高。最后，“猪场”被迫关闭。20世纪80年代，改革开放政策使农户生产积极性空前高涨，农户养殖数量不断增加。原本习惯养一头猪，增加到2～5头，家庭养殖投入增加，经济效益提高。养鸡、养鸭规模更大，但仍属于兼业养殖，不是专业养殖。真正意义上的专业养殖出现在80年代中后期，由于养殖经验不断积累，竞争也日趋激烈，一般兼业养殖经济效益下滑，于是，有一些农户进一步扩大经营规模，把主要精力投入到养殖上来，成为专业养殖户。专业养殖最多的是两类，一是养猪，主要在浅山丘陵地区，城镇周边也有一定数量的“猪场”。二是养鱼，主要分布在江河湖坝，这与陕南水资源丰富是分不开的。之所以养猪、养鱼的主业户多，是由市场需要决定的。到现在为止，陕南仍是全国生猪生产基地，全省主要产鱼区。

第三阶段：规模养殖。专业养殖时期就有一定的规模，但属于小规模。20

世纪 90 年代以后，养殖进入工厂化时代，养几十头猪已经不算有规模，养几百头猪才算有规模。这一是因为市场竞争的需要；二是由于技术进步的需要。例如，为了防止鸡瘟等疾病的发生，要定期给鸡打疫苗或给食品中添加药物，国家对此有制度要求，这就需要学习专门的知识，或配备专门的人才，标准需要的投入越来越多，小规模养殖已经无利可图，也无法生产，于是，大规模的工厂化生产就成为必然。这时，那些技术要求较低的小规模、专业化养殖依然存在，农户放养虽然减少，但并没有消失。根据丹凤县的监测，2012 年 6 月份，全县 10 个生猪生产监测村养猪户数 1 695 户，占总户数的 28.46%，环比下降 12.54%。散养户逐步退出，规模养殖场正在崛起，随着县城扩建、陕南移民搬迁工程、城区改造以及乡镇禁养区、限养区的设立，生猪规模化养殖(年出栏 100 头以上)场建设逐步由川道转向山区。

第四阶段：多种养殖。进入 21 世纪以来，在市场需求的推动下，农户多种养殖，或特种养殖成为新趋势。随着人们生活水平的日益提高，大鱼大肉吃的多了，就产生了“换口味”的需求，如“大鲵”(娃娃鱼)、鳖、山鸡、野猪等，于是，陕南养殖业进入多种养殖阶段。传统的养殖依然进行生产，新增的养殖转入“新行业”。在汉中市、安康市养大鲵已经形成规模，以汉中市为例，几乎从秦岭流入汉江的每一条河都有养大鲵的，从略阳、勉县、留坝、城固、洋县一个不少。大鲵养殖以独家或几户联合养殖为主，以劳动力投入为主要形式。虽然资金也很重要，但大鲵养殖主要是防止有人偷窃，看护责任比养殖责任更大，因此，劳动力投入多。换句话说，没有劳动力就不能养大鲵。多种养殖中养鳖、养山鸡等不一而足，只要有市场需要，就有人养殖。特种养殖需要规模，但不一定要很大规模，因为市场容量有限，商品附加值高，较小规模也有较好的收益。

二、陕南养殖业的发展路径

陕南养殖业一直发展较好，商洛市 2012 年第一季度，全市猪、牛、羊、禽存栏分别达到 117.46 万头、11.94 万头、36.48 万只和 1 205.55 万羽，同比增长 11.8%、6.44%、28.88%和 78.06%。安康市 2013 年第一季度，全市生猪、牛、羊、禽饲养量分别达到 336.1 万头、25.2 万头、105.3 万只和 1 184 万羽，比上年同期增长 10.2%、10.5%、4.7%和 8.1%。同时，陕南养殖业在全国也有一定的地位，如国家生猪生产基地。汉中市西乡县是全省三百万头生猪大县之一，2010 年年底，全县生猪存栏 45.1 万头，出栏 57.7 万头，生猪总量达到 102.8 万头。西乡县 2011 年获财政部下发《2011 年第二批生猪调出大县奖励资金》，下达奖金 403 万元，成为全国新增 79 个生猪大县之一，成为全省获此殊荣的唯一县区。保持和发展陕南养殖业的优势，还有许多工作要做，不能马虎大意。

（一）充分发挥江河、山地资源优势

陕南与关中地区的主要不同是土地差异较大。关中盆地县与县之间差异不大，特色不鲜明；陕南村与村之间有很大差异，特色十分明显。因此，陕南养殖业的发展路径，必须走特色化、差异化之路，不能一个模式走到底。江河流域水资源比较丰富，可以养鱼、养鸭、养鳖、养虾等，发挥水资源优势。浅山地区把养猪、养羊、养兔、养鸡等放在重要位置。深山地区重点养牛、养羊、养猪等。丘陵地区根据自身特点，养猪、养羊、养鸡、养鸭均可，以发挥资源优势、特点为目的，不强求一律。以汉中市大鲵养殖为例，有水资源的各县区，无不进行养殖，养殖主体从农户、合伙经营到公司化经营，取得了较好的经济效益。

（二）发展多种养殖资源

传统养殖业主要是养猪、养羊、养牛、养禽等，但改革开放以来，由于市场需求的多元化、高档化，使养殖业出现了新变化。最明显的养殖大鲵，这是人们过去不能想象的。其次，如养鳖、养兔、养天鹅、养虫等不一而足。现在，凡是有市场需求的农户基本都在养殖，养殖规模也不断扩大。今后养殖业要进一步发展，除在质量、规模、品牌等方面下工夫外，持续发展和开发多种养殖仍是必由之路。因为，传统的、大众化的养殖已经利润很低，市场容量也有限，前景不大；新开发的新养殖品种，市场饱和度很低，超额利润较高，有广阔的前景，是养殖业的发展方向。

（三）培训科技骨干、加大科技投入

农户养殖一般是从传统到现代、从小批量到大批量、从效益低到效益高的发展过程。在这个发展过程中，技术水平也从业余发展到专业，但是，这仍不能满足养殖业的发展需要。因为，养殖业的国家技术标准越来越严格，要求越来越高，养殖中出现的问题越来越复杂，没有较高的技术水平是无法胜任的。同时，养殖规模越来越大，专业化程度也越来越高，专门的技术人员成为行业发展的必然。技术骨干的培训，一是农户自己出钱外出学习，二是政府提供技术扶持，农户在实践中学习积累。出于成本的考虑，后一种形式是农户掌握技术的主要方式。由于养殖场地较分散，起步时期效益较低，经营者文化程度不高等因素，我们认为，从短期看，政府提供技术扶持，或建立半公益性质的技术咨询服务机构（如畜牧医院）是很重要的；但从长远考虑，扶持发展养殖企业是发展养殖业的路径，养殖企业出自自身规模、效益、安全的要求，会主动投入高技术，聘请专门技术人员进行研究和管理。商洛市在科技推广方面的做法是：共青团、科技局、农业局联合开展“送科技进百村入千户促发展”活动，采取结对帮扶、驻点指导等形

式重点开展了以生猪标准化养殖、猪的人工授精等畜牧实用技术的推广和培训，努力提高畜牧科技含量和养殖效益。

(四)标准化、规范化生产

养殖业生产的标准化，是安全生产、合格生产、效益生产、稳定生产的保障。生产安全不仅仅是责任心的问题，要用制度来保障；合格生产，来自于正确、规范的工艺流程，标准化首先是流程的标准；生产效益不是自动产生的，在竞争日益激烈的市场经济面前，科学生产、科学管理就体现在标准化上，工业化初期已经做到了这一点；稳定生产，也就是长期持续生产，也要用制度、标准来保证，这是历史经验所证明了的。因此，标准化、规范化生产，无论对生产者而言，还是对管理者而言，都是行之有效的方式，这也是标准化、规范化存在、发展的原因。目前，一些经营者没有做到标准化、规范化生产，仍依靠经验生产，其原因一是生产规模小，经营者亲自操作，失误较少；二是产品质量要求低，不需要很多标准；三是经营者的短期经营，投机经营，或者没有能力标准化、规范化。因此，政府要明确并严格执行产品质量检查制度，促进养殖业的规范生产；提高经营者的管理水平，把标准生产、规范生产作为着力点；宣传标准生产、规范生产，转变经营观念。

(五)提高基础设施、服务水平

养殖业生产目前暴露出的最大问题是清洁生产，禽畜粪便成为重要的污染源。根据商洛市的调查，目前规模较大的养殖场均存在不同程度的粪污处理设施不配套、排污蓄污设施不完善、种养循环面积不够等矛盾和问题，面源污染隐患还比较突出，部分规模养殖场已经出现污染。这些问题的产生，与基础设施不到位有重要关系，根源在经济效益。在工业生产等领域，也曾出现过类似现象，为了一己私利，不顾社会公众的“大利”、“大意”，造成严重后果。因此，养殖业要依托畜禽养殖粪污综合利用示范、农业清洁生产示范等部省项目，进一步完善规模养殖场粪污处理设施，有计划地建设一批种养结合循环经济园区，加快发展利用粪便生产有机肥的新兴产业，促进现代畜牧业的健康发展。同时，与畜牧业健康发展有关的服务组织也应当得到有序发展，政府农业部门以及技术等服务部门的服务水平也要不断提高，使养殖业与种植业有机结合，实现养殖业的现代转型。

三、陕南养殖业的发展模式

(一)稻鸭鱼模式

稻鸭鱼模式是指水稻与鱼、鸭的共生模式。该模式在陕南江河的河坝、塘坝存在历史悠久，一般以农户为单位，规模较小。该模式以稻田和水渠、水塘为依托，农户家庭经营，较少投入，利用溢出效应，获得较大的综合收益。其技术要点是：该地秋季以水稻为主，有较长的种植历史和种植面积；水稻生长必需的水渠、水塘；相对独立的养殖范围，不会与他人产生利益冲突；将鱼放养在水渠、水塘、稻田中，数量不宜过多，因为水稻生长的一定时期水较浅且少；鸭放养在稻田，晚上回农户鸭舍，放养数量亦不宜多，不需专人管理；鱼放养时间较短，不会很大，与水稻一起收获；鸭可以生长较长时间，入冬可以收获。该模式的优点是充分利用渠塘、稻田资源的溢出效应，增加农户收入；鱼鸭的存在及活动，可以促进水稻的根系生长，减少有害生物种群，提高了生态环境效益。

(二)塘鱼农模式

塘鱼农模式是指水塘、鱼和农作物的协调存在的生产方式。该模式是稻鱼鸭模式的发展形式，适应性较广，无论是山地还是坪坝，只要有水源，都可以使用这一模式，因此，它的发展具有广泛性和悠久性。在陕南，该模式主要适应浅山丘陵地区农业特点，因地制宜，提高塘、地的综合利用率，提高农户的综合收益。其技术要点是：该微环境有较为充足的水源、水塘或水库；水塘的主要用途是灌溉农田，水土保持；水塘可以放养适量的鱼(也可放养鸭等)，充分利用水塘资源；可以发展成为观光农业。该模式的优点是经营主体要求不高，可以是农户，也可以是集体企业；距离农户可以较远，规模可以更大；水土保持，生态保护，微环境生态平衡意义很大；实施条件较低，资金投入较少，符合当前农业经营特点和需要。

(三)猪沼农模式

猪沼农模式是指养猪、沼气、农作物组成的复合生态农业模式。该模式也可以是“猪沼果模式”或“猪沼菜模式”。其核心是以沼气为中心，以猪粪为原料使沼气得以产生，沼气成为养猪场的基本能源，沼渣、沼液成为肥料，可以用于农作物、果树、蔬菜等的种植。这种模式可以用于农户，也可以用于养殖场。农户使用这一模式以较大家庭、以农业生产为主的家庭较为普遍，小农户(三口之家)或不以农业为主的家庭，沼气经常处于半使用状态，不能保证使用效果。养殖场使用沼气能够保证沼气的使用效率，但可能因为猪粪便的量过大或沼渣、沼液过多，相互不配套产生剩余粪便或沼渣。沼气技术已成为普通技术，沼气使用已经很普及，因而，这是一种基本的生态农业模式。其优点是资源利用效率高、生产成本低，是复合生态农业、有机农业的要求。

(四)林牧一体模式

林牧一体模式是指林业和牧业相互促进、相互作用的模式。该模式在山区、丘陵地区较为普及,属于传统生态农业模式。该模式以林业为主,基础森林是畜牧业生存的基础;在林地放牧属于资源的有效利用,禽畜的粪便成为林木的肥料,有利于林木的健康生长。这种模式在河滩、河坝也可能是"林草牧模式"或"草牧一体模式"。该模式一方面提高了农户的经营效益,另一方面也防止了水土流失,是一举多得的生产经营模式。其不足之处是放牧规模不能过大,要有专人看管禽畜。因此,其宜存在于农户住宅周边,不宜过远。

四、陕南养殖业的发展趋势

(一)边远化

养殖业的边远化趋势是指养殖业的地理位置远离中心城市,向山区、丘陵地带转移。其原因一是城郊粪便处理成本高,养殖资源少,农户有更好的经济来源,不愿意从事养殖工作;二是疾病防治的需要,如 H1N1 禽流感、H7N9 禽流感、猪瘟等疾病,给养殖业带来很大的冲击,经济损失极其严重,为了防止疾病传播,把养殖场放在远离传播源的地方,就是十分必要的;三是资源利用的便利,边远地区有养殖业发展需要的粮、草及独立的空间,更重要的是具有愿意从事养殖业的人员,粪便等污染处理也比较方便。事实上,陕南养殖业边远化正逐步成为事实,如前文介绍的商洛市丹凤县,乡镇设有"禁养区"、"限养区",利用政策引导养殖户向边远地区转移。

(二)规模化

规模化是指养殖业向大规模化发展。其原因一是农户养殖逐步退出。过去农户家庭养殖是出于资源利用的最大化,如剩粮、剩饭、剩菜、农作物杆叶等可用来饲养畜禽,同时农户有剩余劳动时间,可以从事养殖活动。现在资源依然存在,但农户没有剩余劳动时间进行养殖,因为养殖业比较收益下降,养一头猪不如打几天工,农户宁愿从事其他生产活动,也不愿进行养殖工作。二是养殖业要有较高的经济效益,就必须有较大的规模,让劳动力满负荷工作,才能保证养殖利益。因此,利益推动养殖业规模不断扩大,这与工业生产规模扩大是一致的。

(三)标准化

养殖业发展的标准化是指养殖设施、活动都经过科学设计、论证,符合行业规范。标准化主要针对不标准而言的，不标准的坏处众所周知，如生猪注水、添加剂过量、营养成分不足、疾病等，这不但危害消费者利益，最后也损害养殖者利益。为了保护生产与消费双方利益，行业规范、技术标准就显得十分重要。规范化、标准化在西方发达国家已成为习惯，在中国刚刚起步，因此，这一趋势是十分明确的。

（四）综合化

综合化是指生产的综合化、收益的综合化。养殖业与其他行业一样，都要降低成本，提高经济效益。大规模的养殖，必然需要大的成本投入，产生大量的附加物质，这就使降低成本、增加收益成为可能。以养猪场为例，一个 200 头猪的养殖场，一天消耗饲料 300～500 斤，一月上万斤，如果全部市价购买，支出无疑是很大的；另外，每天需要处理的猪粪便也是一个很大的数量，如此等等因素，都会影响养殖收益的提高。于是养殖农户把养猪与沼气、农作物种植、蔬菜种植等结合起来，就能降低成本，提高经济效益。如早期养殖户把养猪与做豆腐、酿酒结合起来，降低猪饲料成本；后来使用沼气，降低了能源成本；现在与农业生产结合起来，延长循环链，如农业产业园区，已经取得较好的经济效益。其实，从历史发展来看，任何大规模、大区域的事业，都需要综合化，专业化永远是与小规模联系在一起的。由此可见，养殖业的综合化是大趋势。

陕南养殖业包括：养猪、养牛、养羊、养鱼（大鲵、鳝鱼、穿山甲）、养鸡、养蜂等。我们重点介绍陕南三市的养猪业、养羊业、养鸡业和养鱼业。

五、汉中市养殖业的发展情况

（一）汉中市渔业的发展

汉中市渔业资源丰富，全市水域面积不低于 10 万亩，有 1 万多座小型塘库，年产量在 2 万多吨，种群数量 110 余种，是全省第一渔业大市。尤其近年来大鲵养殖规模和种群数量居全国首位，被农业部授予“中国大鲵之乡”的称号。然而，汉中渔业蓬勃发展的背后也隐藏着一些不容忽视的难题：政府对渔业发展的政策扶持力度仍有待加强；渔政监管、技术推广、市场服务体系建设亟待完善；水产品质量安全和种质资源、水环境保护不容乐观。

2011 年 10 月，该市人大常委会组织人大代表对市水产养殖业发展情况进行视察，常委会领导带队深入到西乡、城固、略阳、汉台等县区实地查看大鲵科技示范园区、虹鳟鱼养殖场、龙泉鲟鱼养殖发展中心、凤家沟水库养殖场等，现场了解企业和个体户生产经营情况和具体问题，掌握了汉中市水产养殖的第一手资料。调查认为渔业是大农业中增产增效最快的一个产业，对繁荣农村经济、增加农民收入、丰富城乡居民“菜篮子”具有重要作用，同时也对渔业今后发展在产业规划制订、项目包装申报、生态养殖模式、水产品质量安全监管等多个方面，提出了一系列宝贵意见和建议。

经过前期的调研视察，在汉中市四届人大常委会第三次会议上，常委会组成人员对渔业发展议题进行了认真审议，两名从事水产养殖的基层市人大代表在会上作了集中审议发言。会上建议市政府应赋予渔业与猪、药、茶、菜同等的产业地位，按照省政府出台的《关于进一步加快渔业发展的意见》，坚持“生态、品牌、高效”的发展理念，转变渔业发展方式，不断提高渔业综合生产和资源养护能力。经征求各方面意见，常委会提出五条审议意见：一是要把渔业发展作为拓宽农民增收渠道，促进农村经济发展的重要工作来抓；二是制定产业发展规划，明确产业定位，力争用 5～10 年时间建成西部最大的淡水鱼产销基地；三是完善机构，强化措施，提高产业监管和服务水平；四是积极引导，规范繁养，努力打造以大鲵为龙头的品牌渔业；五是优化种群，保护种质资源，严惩破坏渔业生产、危害食品安全、破坏环境资源的违法犯罪行为。

(二)全国生猪调出大县——西乡县

西乡县在生猪养殖中采取“龙头拉动、规模示范、大户带动、群体发展”的发展模式，推动生猪产业成为富民强县的一大支柱产业。该县生猪养殖规模位居汉中市首位，主要发展指标排名全省前列。生猪饲养量以每年 15.2%的速度递增，生猪产业成为该县农民增收的主要途径之一。2012 年，全县生猪饲养量达101.5万头，其中能繁母猪 3.8 万头，以生猪为主的畜牧产值近 8 亿元，占农业总产值 40%以上。

该县自 2003 年将生猪产业确定为农业增效、农民增收、农村经济发展的主导产业以来，相继出台了加快生猪产业发展的决定和生猪产业突破发展的实施意见，不断从政策、土地、资金、技术等各方面为生猪产业发展提供保障和支持。

该县引进杜洛克、长白、大约克等优良种猪 5 000 多头，建立了 18 个品种改良站和 200 个品种改良点，品种改良率达 99%。县上还向养猪专业村和规模养殖场派驻疫病观测员，全面实行“五强制、两强化”和生猪免疫标识管理制度，有效保证了生猪养殖业健康快速发展。柳树镇白杨村农民但启军在多级政府和有关部门扶持下，从起初投资 30 余万元养殖生猪，坚持规模化、标准化循环养殖发展模式，经过近十年的滚动发展，现已建起了年出栏种猪、商品猪 2 万头的规模养殖场，为周边农户提供优良种猪和育肥仔猪 5 万余头，同时建起千亩设施大棚蔬菜生产基地和大型现代休闲示范园区，固定资产投资累计近 4 千万元，辐射带动柳树、峡口等十多个镇、村发展养猪致富。城关镇五丰村为王恩杰、姚德永等

10 户协调贷款 180 万元，新建 10 个标准化养殖场，带动全村户户养猪，涌现出 1 000头以上大户 28 户，100 头以上大户 75 户，仅此一项户均增收 6 000 多元。

目前该县累计培育出栏 1 000 头以上的规模养殖场 148 个，其中万头生猪场 5 个；年出栏 100 头以上的规模的养殖大户 816 户；适度规模养殖户 5 600 多户，生猪养殖专业村达 45 个。

该县还通过招商引资、资产重组，培育出长林、宝联两家肉类加工企业后，又成功引进汉中福润 200 万头生猪屠宰加工项目，全县生猪屠宰加工能力达到 300 万头。同时该县还帮助长林公司通过国家出入境检疫局的外销出口注册和省市龙头企业认证，开拓陕西生猪对外贸易，西乡猪肉已远销俄罗斯、乌克兰等国家，成为双汇、雨润等集团的原料供应基地。2011 年，该县被国家财政部确定为陕西省两个生猪调出大县之一。

2012 年 5 月，全市大中型沼气项目建设工作现场会在西乡县召开，与会人员参观了兴富养殖公司和军鑫农业有限公司大型沼气项目及设施蔬菜基地，蓬勃发展的生态农业、高效农业给人留下了深刻印象。

该县积极探索生猪养殖、沼气能源、种植业相结合的循环农业新模式。针对规模养殖粪污对生活环境造成的不利影响，县财政拿出专款引进国内先进的粪污处理设施固液分离机 6 台，在 6 个规模养殖场示范推广应用，利用发酵后的粪污生产有机肥料，变废为宝。经项目和县产业化专项资金以奖代补扶持，现已推广应用到 20 多个规模养殖场，环保型养殖理念进一步树立。西乡县还积极争取户用沼气和规模养殖场大型沼气项目在该县的实施，“十一五”期间，该县累计新建农村户用沼气 13 343 口，项目总投资 7 178 万元，被省厅评为户用沼气项目建设先进县。依托规模养殖场大型沼气项目和户用沼气项目建设生产的大量有机肥料，西乡县在 3 个规模养殖场和 1 个项目点实施完成了 1 000 亩设施蔬菜项目建设，走出了一条“猪—沼—菜、猪—沼—茶、猪—沼—果、猪—沼—粮”循环农业生产发展路子，初步实现了传统养殖由单一数量扩张型向质量效益型的转变，促进生猪产业的升级，彰显出了现代循环农业发展的巨大空间和广阔前景。

(三)镇巴县山羊养殖和乌鸡养殖

镇巴县是陕南白山羊中心养殖区。近年来镇巴县把白山羊养殖作为继生猪养殖之后的又一特色产业，不断出台优惠扶持政策，投资建设了白山羊基地和中心繁殖场，引进莎能山羊、布尔山羊等优良品种与镇巴白山羊二元、三元杂交，提高品种质量和产肉率。同时，县乡畜牧兽医站不断健全服务体系，为养殖户全方位提供技术支持和畜防服务。2010 年，全县 15 个乡镇有 5 000 余农户从事白山羊养殖，全县年出栏商品羊 10 万只，实现收入 4 000 万元以上。

乌鸡又称乌骨鸡，不仅喙、眼、脚是乌黑的，而且皮肤、肌肉、骨头和大部分内脏也都是乌黑的。乌鸡含有人体不可缺少的10种氨基酸，其蛋白质、维生素B_2、烟酸、维生素E、磷、铁、钾的含量更高，而胆固醇和脂肪含量则很少，有相当高的滋补药用价值，特别是富含极高滋补药用价值的黑色素，有滋阴、补肾、养血、添精、益肝、退热、补虚作用，能调节人体免疫功能和抗衰老，有"药鸡"之称。食用乌鸡可以提高生理机能、延缓衰老、强筋健骨，对防治骨质疏松、佝偻病、妇女缺铁性贫血症等有明显功效。《本草纲目》认为乌骨鸡有补虚劳羸弱，制消渴，益产妇，治妇人崩中带下及一些虚损诸病的功用。著名的乌鸡白凤丸，就是滋养肝肾、养血益精、健脾固冲的良药。

镇巴扶持拉溪塘村和红石村发展山地黑鸡、乌鸡养殖，是县扶贫办2008年以来经过多方调查论证并充分征求村民意见后确定的扶贫工作目标。其目的是通过产业扶贫的方式帮助贫困户发展特色养殖业，形成具有地方特色的支柱产业，有效增加贫困户经济收入并摆脱贫困。在此项工作前期准备过程中，镇巴县扶贫办一是通过开展乌鸡、黑鸡养殖技术培训，使参加养殖的村民尽快掌握养殖技术；二是督促村民建好适合自己发展规模的鸡舍和放养区，达到养殖的基本条件；三是聘请畜牧技术人员专职负责黑鸡乌鸡的防疫工作，确保鸡苗稳定度过适应期。据统计，此次共为两村分别调运了2 100只乌鸡和1 200只黑鸡鸡苗，先期在育雏室集中饲喂，在鸡苗适应环境后发放到养殖户。

(四)城固县农民发展生态养殖业

早在2003年，陕西省汉中市城固县龙头镇夜珠堂村农民喻汉文，就依托承包的400亩水面，发展养鱼和喂猪的无公害立体养殖，成为带动当地绿色产业发展的领路人。

位于龙头镇夜珠堂村的大湾沟水库，水域面积400多亩，四周山坡上白杨树成林，生态环境十分优越。经多方考察，喻汉文决定发展鱼和生猪的立体配套养殖，降低成本，分散风险。2002年8月，在镇上和有关部门的大力支持下，他贷款38万元，在沿水库一面山坡的白杨树林下修建了百间猪舍，引进良种猪场的优质种猪，进行杜洛克、大长等优良商品猪的三元杂交繁育、饲养。猪粪通过专门架设的PVC管道排入水库，作为养鱼的饵料，不仅每年可减少7万多元的鱼饲料投资，而且由于农家肥饲养的鱼肉质鲜美、耐长途贩运，成了市场上的抢手货。养殖场建成仅4个月就出栏生猪378头，5多万公斤鲜鱼也被四川客商抢购一空，远销成都等地。尝到绿色养殖甜头的喻汉文近期又投资10余万元，扩建圈舍，引进种猪，计划建成一个年出栏3 000头生猪、收获10万公斤鲜鱼的立体生态养殖场。

(五)留坝县大鲵养殖

为实现好陕西汉中大鲵“在发展中保护，在保护中发展”战略，有效解决大鲵产业发展中的问题，使产业进一步做大做强，陕西省汉中市在加大监管力度的同时，按照“政府监管、行业自律、科研开路”的思路建立大鲵协会组织。

经过精心筹备，留坝县大鲵保护与发展协会于2012年5月正式成立。通过进一步规范大鲵养殖管理秩序，保护广大养殖户的利益，促进全县大鲵产业步入健康、稳定、长远发展轨道。到2011年年底，留坝县大鲵养殖场达1 008处，家庭养殖超过2 000户，驯养种鲵约1.68万尾，投资总额超过3亿元，幼鲵产量超过40万尾，成为汉中市的大鲵驯养繁育基地和幼苗供应基地，“留坝大鲵”也成为一张名片，享誉全国。

六、商洛市养殖业的发展情况

(一)商洛市大力发展养殖业

2012年10月底，陕西省商洛市首次出台促进渔业发展相关文件，欲利用当地丰富的水资源大力发展养殖业，力争到2020年使全市水产养殖面积达到1.5万亩，水产品产量达到7 000吨，渔业经济总产值6亿元。

商洛市地处黄河流域和长江流域交汇处，全市流域面积10平方公里以上的河流有近500条，多年平均水资源总量为57亿立方米，居陕西省第三位，同时因其处于河源区污染较少，具备渔业发展的良好生态环境和优质水资源。截至2011年年底，全市养殖面积达到9 000亩，水产品产量达到1 900吨，渔业经济总产值3 500万元，但渔业仍存在规模小、效益低、农户增收不明显等问题。

根据此次出台的相关文件，商洛将按照政府推动、市场拉动、龙头带动的思路，突出抓好渔业保护和养护、苗种繁育基地、特色渔业、休闲渔业和观光旅游渔业、大水面综合养殖和健康水产养殖等六方面工作，利用3～8年时间，建成水生动物种质资源保护、名特优水产品生产、休闲渔业和科技示范四大基地。预计到2015年，全市水产养殖面积将达到1.2万亩，年产水产品3 500吨，渔业经济总产值3亿元；到2020年，水产养殖面积将达到1.5万亩，水产品产量达到7 000吨，渔业经济总产值6亿元。

(二)柞水县水产养殖业

近年来，柞水县坚持“因地制宜、突出特色、积极宣传、示范引导”的原则，不断培育壮大水产养殖业，促进了农民增收，取得了喜人的成绩。

柞水县地处亚热带和温暖带两个气候带的过渡地带，四季分明，温暖湿润，夏无酷暑，冬无严寒，县域境内水域平坦、无大风大浪，水质优良无污染、有机质含量高。独特的自然环境给予了品种繁多的鱼类资源以得天独厚的生存环境，素有“天然氧吧”之美誉，非常适合鱼类、禽类的生长。

该县经过几年的培育，不断优化养殖品种，积极学习借鉴先进的养殖方式和管理经验，扶持发展以大鲵、虹鳟鱼、黄辣丁、食用鱼等品种为主的特色水产养殖。2012 年年底，全县发展水产养殖大户 15 户，使冷水鱼养殖面积达到 35 000 平方米，其中大鲵养殖场 8 家，发展大鲵 6 000 余尾；食用鱼养殖场 3 家，实现存鱼 30 000 余尾；黄辣丁养殖场 3 家，养殖黄辣丁 4 000 余尾。截至 2012 年 11 月底，全县完成水产品养殖 170 吨，实现渔业产值 114 万元，从业人员人均增收 3 500元，有效带动了该县群众转产就业和增收致富。

(三)洛南县畜牧养殖业

畜牧业是先于种植业的古老产业，又是现代农业的一大支柱产业。畜牧业发展水平的高低，在某种程度上代表着一个国家或地区农业现代化的水平。众所周知，畜牧业是国民经济的基础产业，现代农业必须靠发达的畜牧业来支撑，当今世界凡是发达国家都是畜牧业发达的国家，畜牧业的发达程度是衡量一个国家富裕和民族强弱的标准之一。目前西方经济发达国家畜牧业产值一般占农业总产值的比重都在 50%以上，有的高达 80%左右。国内山东、河南、河北等省也都在 60%左右。

1. 发展畜牧业是促进农民持续增收的有效途径

目前我国正处于全面建设小康社会的新的发展阶段，由于我国土地资源非常缺乏，农业基本上还处于家庭小规模经营的小农经济状态，农业属于弱质产业，故全面建设小康社会的重点在农村，难点也在农村，农业是国民经济的基础，“三农”问题事关全面建设小康社会和现代化建设全局，只要“三农”问题一天不解决，中国的现代化就不可能真正实现。“三农”问题的核心是农民持续增收问题。然而选择农民增收的突破口畜牧业当属首选项目，因为畜牧业前连种植业，后连加工业，产业链不仅涉及第一产业，而且涉及三大产业的各个方面。据测算，畜牧业产值占农业总产值比重多增加一个百分点，就可以带动农民收入增加 50 元。有专家经过入世之后十年观察发现，种植业效益明显不高，而养殖业效益依然看好，因此说大力发展畜牧业是优化农村经济结构，提高农业效益，增加农民收入的现实选择。

2. 洛南县畜牧产业发展的重点选择与确定

该县于 1954 年就开始引进秦川种牛对当地黄牛进行改良，80 年代初引进国外良种肉牛通过推广冷冻精液人工授精技术对当地黄牛进行改良，改良牛一度曾销往港澳地区；与此同时，当地永丰、兑山区还大力发展奶山羊养殖，祖师、永丰还修建了奶粉厂；永丰区还大量从外地引进奶牛，由于前期准备不足群众将其圈养在住房；外贸部门在70年代还引进青山羊，引起布病流行；90年代末商洛市大搞四大产业开发（肉牛、核桃、食用菌、板栗）时，又从关中大量引进秦川母牛；新世纪初期，又兴起了布尔山羊热。另外，洛南县还相继引进尝试养殖过兔、貂、貉子等特养动物，均没有形成产业规模。总体来看，全县目前已形成了猪、牛、羊、禽四大养殖业，产业布局上川塬丘陵地区猪鸡生产规模大，山区牛羊养殖多。但就全县总体而言，由于该县在商洛市内土地面积大，粮食较多，故养猪产业适合于大多数农户，加之历史上该县群众就有喜好养猪的传统习惯，因而，养猪产业已在全县畜牧业中形成了“一业独大”的绝对优势地位。

3.洛南县养猪业发展的现状

“十一五”期间生猪产业被洛南县委、县政府确定为五大“洛牌”产业之一，在各级政府和有关部门的高度重视和大力支持下，特别是2007年洛南县被省财政列入财政支农整合资金支持生猪产业示范县，2008—2010年被中省财政列入财政支持现代农业生产发展生猪产业项目县以来，累计争取中省财政专项资金2 000多万元，整合各类财政支农资金4 000万余元，县财政配套支持1 000万余元，吸引社会资金投入1亿多元，集中用于支持生猪产业，促进了全县生猪产业强势发展，且良种化、规模化、标准化程度显著提高，在推动农民增收中的地位明显增强，已真正成为全县农村经济发展的支柱产业和农民增收的重要途径。到2010年年末，全县生猪饲养量、存栏、出栏分别达到100.32万头、45.1万头和55.2万头，分别比2005年增加48.13万头、21.52万头和26.61万头，分别增长92.22%、91.26%和93.01%；实现猪肉产量4.42万吨，比2005年增加2.14万吨，增长93.86%；生猪产值达6.31亿元，比2005年增加4.66亿元，增长282.4%；生猪产值占畜牧业总产值71.1%，比2005年提高13.3个百分点。2010年全县农民人均养猪纯收入达710元，比项目实施前的340元增长了108.82%，其中项目区农民人均养猪纯收入达900元，比全县平均数高出200元。2011年，该县生猪产业继续保持健康发展势头，年末，全县猪饲养量110万头，其中出栏60万头，存栏50万头。同时，该县生猪产业标准化和规模化程度提高，优良繁殖体系及网络基本形成，品牌体系建设取得初步成效。

尽管“十一五”期间，洛南县生猪产业发展取得了一定成效，但还存在一定问题，影响和制约着全县养猪产业的持续快速发展。

一是生猪产业资金投入不足。生猪产业发展融资配套机制没有建立，广大农户原始资本积累不足，自有资金缺乏，仅靠国家项目扶持资金根本无法满足生产需求，而金融部门对养殖户的贷款额度小、周期短、门槛高，难以适应快速发展的规模养殖需要。二是产业发展保障机制不健全。生猪生产、销售、加工、流通等环节的利益分配不公，流通环节盈利，生产环节亏损的现象明显，养殖户利益得不到保障。周期性波动的恶性循环影响到生猪产业健康发展。三是疫病防控体系基础薄弱。县、乡、村动物防疫网络虽基本建立，但基础设施差，防控手段落后，与疫病防控形势需求差距甚大。四是层次人才短缺。近年来，新建的规模养殖场80%以上都由外行创办，缺乏懂技术、善经营的管理人才和专业技术人才；同时畜牧兽医系统高技术、专家型人才缺乏，基层一线服务人员老化严重，知识更新缓慢，难以满足现代生猪业发展的技术需求。

4.对洛南县发展养猪产业的建议

为确保全县《生猪产业十二五规划》和《农业三年强优计划》顺利实施，必须抓好以下工作：

(1)落实惠农政策。按照《国务院关于促进畜牧业持续健康发展的意见》和《国务院关于促进生猪生产发展稳定市场供应的意见》精神，认真落实能繁母猪保险、能繁母猪补贴、生猪良种补贴等惠农政策，积极争取百万头生猪大县建设、财政现代农业、生猪一县一业、中央标准化小区建设、巩固退耕还林后续产业、大型沼气工程建设等生猪产业项目，力争每年有较大额度中省财政专项资金投入生猪产业发展，用项目来支撑和壮大生猪产业。与此同时，继续加大招商引资力度，县财政每年也应安排一定财力，扶持生猪产业，主要用于良种引进、标准化圈舍补贴、规模养殖奖励、疫情防控等。各涉农金融机构要改善服务，提高效率，创新信贷担保模式和担保手段，扩大贷款额度，延长贷款期限，对符合信贷原则和贷款条件的生猪养殖企业和场户提供信贷支持。

(2)加强疫病防控。切实做好高致病性猪蓝耳病、猪瘟、口蹄疫等重大生猪疫病防控工作，提高重大动物疫病防控能力和应急反应能力，有效控制重大动物疫病发生和流行，加强疫情监测和报告，加快推进动物疫病标识追溯体系建设，强化检疫监管，加强产地检疫和屠宰检疫。

(3)提升服务水平。配套设施设备，组建集数据采集、定点监测、预警分析、信息发布、技术指导、远程培训等为一体的洛南畜牧兽医网，建立各级共享的资源数据库。与西北农林科技大学、商洛学院和洛南职教中心等单位合作，建立畜牧人才培训基地，分别从推广服务、猪场管理、饲养技术三个层面，采取挂职锻炼、进修深造、短期培训等多种形式，实施不同类型的培训任务，不断提高养猪从业人员工作水平。

(4)狠抓标准化创建。标准化畜禽规模场创建是农业部为提升畜禽标准化水平而采取的有效措施，要按照部省实施方案，逐年有计划创建一批国省示范场，示范带动全县生猪产业扩量提质上水平，为做大做强生猪产业奠定基础。

(5)重点探索如何建立良性健康的生猪产业体制机制问题。即克服生猪产业链上唯有养殖环节承担风险的困难，通过加快龙头企业发展，组建养猪专业合作组织等有效措施，合理解决养猪各环节利润分配问题，否则，养猪业的周期性波动问题根本无法彻底解决。

(四)山阳县畜牧养殖业

2008 年 12 月，山阳县将 33 万元的能繁育母猪财政补贴全部兑现到养殖户手中，这是该县加快养殖业发展步伐，支持养殖产业强力发展的又一举措。

该县通过政策扶持，示范带动，产业化经营的机制体制，逐步形成了山区牛羊、川道鸡猪的商品基地格局。目前共兑现“以奖代补”资金 10 万元，二元母猪财政补贴资金 16.4 万元，实施能繁母猪保险 3 217 头。在养殖模式上，山阳县坚持“引进、推广、选育”三管齐下，开展牲畜杂交改良，加快畜禽品种改良步伐。累计引进良种猪 1.3 万头，改良 20 万头；引进和选育布尔山羊 150 只，改良羊 6.8 万只；引进良种鸡 60 万只；建立了 158 个配种站点，对劣质种畜(禽)进行淘汰，畜禽良种覆盖率达到 80%以上。在提高品种的基础上，该县还不断提升产业化经营水平，先后建起高坝石头梁村等 5 个养猪小区、城关三里店等 4 个养鸡小区、板岩镇广梅沟村佳泰良种猪繁育厂、色河屈湾养猪、黄龙养羊等养殖专业村。山阳县共建成畜牧小区 20 个、养殖专业村 25 个、大场大户总量突破 2 000 户，其中百头以上养猪大户 16 个、1 000 只以上养鸡大户 388 个，30 只以上养羊大户 326 个，畜牧产值预计达 2.2 亿元。为使养殖业能产生规模技术效益，该县的养殖专业合作组织不断健全，并大力发挥专业合作社在技术服务、管理、销售等领域中的作用。到 2009 年该县已发展养殖专业合作组织 8 个，有 2 个养鸡基地和 1 个鸡蛋产品分别被省农业厅认定和认证。

七、安康市养殖业的发展情况

近年来，安康市依托西北农林科技大学安康水产试验基地，在水产科研、教学培训和技术推广等方面积极探索，为全市水产养殖技术支撑和保障体系的完善奠定了坚实基础。除传统的鱼类品种外，安康市引进了南美洲匙吻鲟、长江胭脂鱼、淡水小龙虾、中华绒螯蟹等名优品种，积极实施池塘无公害养殖、工程化稻田养殖、库区网箱养殖、秦巴山区冷流水养殖技术推广项目，成立渔业病害防治中心及县级监测点，特别是大鲵驯养繁殖技术的推广，促使 2009 年大鲵繁殖总量达到了 3 万余尾，为全市渔业增效奠定了重要基础。

2012 年，《安康市现代渔业发展实施方案》已经市政府批准通过，正式开始运行，安康市现代渔业发展总体是以市场为主导，以科技为支撑，走政府主导、规划引领、园区承载、集约生产、复合经营的路子。按照规划，到 2015 年，该市水产养殖面积达到31万亩，水产品总量达到6.6万吨，实现年产值35亿元。发展的重点从加快建设种苗基地、集中打造养殖基地、发展休闲渔业和构建后续的加工、流通、服务、质量检测体系入手着力打造"安康河鲜"品牌。

除水产养殖外，安康市畜禽养殖也有很大发展。2012年，安康市已发展肉品加工企业14家，加工能力达到380万头，发展养殖专业合作社140多个。全市出栏100头以上的规模猪场达到6 833个，其中，千头场526个；5 000头以上场70个，万头场57个；存栏5万羽以上鸡场12个；存栏400只以上羊场11个。同时，大力发展山林经济，狠抓了林下养殖示范点建设，年初规划确定林下畜禽养殖示范点10个，其中养鸡示范点8个、养羊示范点2个。目前10个示范点已全面开工建设，进展顺利。据统计：目前林下养殖示范点已存栏羊460只，出栏134只，鸡出栏18万羽，存栏14万羽 。

(一)石泉县曾溪镇水产养殖业

陕西安康市石泉县曾溪镇属库区乡镇，汉江在该镇境内流程长18公里，渔业水域面积达到1.2万亩，沿江涉及高坎、印石、兴隆、瓦窑4个村。近年来，该镇充分发挥一江两岸优势，积极调整产业结构，大力引导农民发展水产养殖和渔家乐。

截止到2012年，该镇渔业养殖户达120余户，发展滤食网箱1 800箱，其中投饵料网箱110箱。主要养殖鲶鱼、鲤鱼、鲫鱼、鲢鱼、草鱼、鳗鱼、黄尾鲴等10余品种，发展渔家乐4家，为充分发挥优势，形成品牌，该镇主要采取以下三点措施：一是优化产业结构。精心实施品牌战略。按照"人无我有，人有我优"的产业发展思路，坚持以名、优、特产品取胜，做大做强渔业产业品牌，初步形成六台山等一批具有地方特色的渔家乐，鲶鱼炖豆腐、西红柿鱼等特色鱼品；二是依托渔业合作社壮大特色产业。成立了石泉县首个大型渔业专业合作社——曾溪镇兴隆渔业专业合作，有社员40余人，形成养殖户、渔业企业自下而上自我管理，有组织有计划的从事渔业生产，在养殖初期，可以传递市场信息、组织技术培训、协调资金安全、调控养殖结构，避免盲目发展；在养殖过程中，可以有组织的防汛、抢险救灾、疫病防治，保障财产安全；在销售过程中，可以有组织的拓展销售渠道，组织产品有序入市，有效控制产品销售价格，保障既得利益。三是加强渔业技术服务。培养水产工作技术人员，为养殖户提供服务指导，让全镇的渔业产业得到健康发展。

(二)宁陕县大鲵养殖

大鲵俗称"娃娃鱼"，属国家二级保护动物，具有较高的生物学、经济和科研价值。地处秦岭腹地的宁陕县水资源极为丰富，河水多年平均水温11.9℃，泉水平均水温12℃，全年适宜鱼类生长期6个月，是绝佳的大鲵适生区域。从2007年起，宁陕县立足良好的生态环境和丰富的水资源优势，按照“保护中求发展、发展中求保护”的原则，把大鲵养殖作为全民创业和“一村一品”的重点产业来发展，促进农民增收致富。在发展大鲵养殖产业过程中，该县充分发挥龙头企业带动作用，采取“公司＋科研＋基地＋农户”的商品化养殖模式，促进大鲵养殖产业逐渐形成规模。作为大鲵养殖产业的龙头企业，龙泉大鲵养殖有限公司在龙泉大鲵繁育基地内建立了省、市科技专家大院，先后攻克了大鲵养殖的参繁率低、受精率低、孵化率低、幼苗成活率低和“苗、饵、疾”方面的关键技术难题，建立大鲵种质资源库，基本建成了全国首家大鲵原种基地。以龙泉养殖场为中心，宁陕县在东河流域建立了大鲵养殖产业园区，采用每养殖一尾大鲵种苗政府补助200元，繁育企业补助200元，农户自筹200元的方式，实行“基地＋企业＋农户”的新型养殖模式，由企业负责养殖技术指导、病害防治、保底价收购。从而大大降低了农户的风险，群众从事大鲵商品化养殖的积极性自然就提高了。目前，园区内现有仿生态大鲵繁殖场38家，大鲵养殖专业合作社1个，从事商品大鲵养殖农户682户，繁育种鲵4 500尾，后备种鲵12 000尾，年繁育种苗6万尾。

随着大鲵人工繁殖技术的逐步成熟，宁陕县形成了全人工(散养)、原生态和仿生态等3种大鲵繁育技术模式。以大鲵为主的特色水产养殖已经成为宁陕农民增收的新兴产业。截至目前，全县仿生态大鲵繁育场已达93家，具有繁育能力的规模化大鲵养殖场达到80家，商品大鲵养殖户达1 500余户，养殖规模11.5万尾，全县大鲵养殖存量达到13万尾。2011年，全县实现大鲵产量371.6吨，实现渔业产值1.2亿元，全县农民仅大鲵养殖业一项人均增收1 000元以上。

(三)旬阳县以生猪养殖为重点的畜牧业

旬阳县把畜牧作为农民增收的强势产业，实施百万头商品猪基地建设工程，着力提升畜牧产业规模效益。截至2012年11月，全县生猪出栏量为53.6万头、存栏量60.8万头，同比增长18.3%和12%；牛、羊、禽出栏、存栏量稳中有增；肉类总产量4.83万吨、同比增长17.8%，禽蛋产量3 100吨，同比增长21%，有力促进了农民增收和农业经济增长。

旬阳县着力从五个方面促进养殖业发展。一是壮大养殖规模。按照“基地区域化、生产规模化、经营产业化、营销市场化”的基本思路，培育一批设施完备、技术先进、质量一流、环境良好的现代养殖场。突出千头以上规模场建设和标准化养殖场创建，扎实推进畜牧设施化、规模化、标准化、产业化发展。不断加强8个畜牧强镇、30个畜牧强村、12个养殖小区、4 000余个规模养殖场和年出栏生猪百头以上养殖大户的扶持培育力度，向规模生产“要”效益。按照设施蔬菜入川、养殖场进山，水、电、路等同步设计规划的原则，对全县重点区域拟建设千头以上规模养殖场逐一进行规划。2012 年已新发展千头场 18 个，全县以生猪为重点的畜牧产业呈现稳定发展态势。二是狠抓生猪良繁体系建设。着力健全县、镇、村、户四级良繁网络体系，全县 22 个镇建设生猪人工授精站 38 个、输精点 215 个，建成 50 头以上良繁基地 80 个。全县存栏能繁母猪 7.07 万头，存栏种公猪 2 560 头。养殖大户自繁自育率达到 80%，良种率达到 100%。三是强化动物疫病防控。建立健全了四级防疫网络，全县设立动物疫情监测点 318 个，设立动物产地检疫报检点 83 处，制作报检点规章制度公示牌等 83 套。严格规范开展疫情监测、生猪产地检疫和屠宰检疫，严格查处销毁不合格肉品和假冒伪劣兽药，为净化畜禽市场、规范市场经营行为奠定了坚实基础。2012 年春防，全县猪瘟、猪高致病性蓝耳病、口蹄疫、禽流感及鸡新城疫的免疫接种率、免疫标识挂标率均达到 100%，县、镇、村、免疫户建立了完整的免疫档案。四是加大畜牧产业扶持力度。积极落实畜牧产业建设各项扶持政策和财政、信贷资金，规范农业产业及新农村建设等有关促进畜牧生产用地管理和招商引资优惠政策。五是加快畜牧合作社建设步伐。积极培育营销大户，鼓励农村能人从事畜产品经营，加快畜牧产业化发展步伐，不断延长产业链条，目前 30 万吨饲料加工企业一期工程建设已经竣工投产，将带动旬阳生猪产业健康稳步发展。

(四)白河县山羊养殖

白河山羊以其优良的品质远销沿海城市，近年来由于市场需求量的扩大致使价格一路上升，市场前景一直看好。一大批返乡创业人士看准这一项目，纷纷投资建场从事白山羊养殖，通过流转林地，利用次生林改造和撂荒地种草，建设标准化圈舍从事专业化、标准化养殖，引进、串换种公羊对本地山羊进行杂交改良，有的通过成立合作社的形式带动周边农户形成规模化养殖。到 2013 年 9 月，全县有山羊养殖户 3 100 户，其中存栏 100 只以上山羊养殖大户 46 户存栏山羊 9.7 万只，建标准化圈舍 50 000 多平方米，流转和改造次生林 5.2 万亩，探索出了一条适合该县的山林经济发展新模式，有效地带动了当地农民致富增收。

(五)岚皋县石门镇畜牧养殖

近年来，岚皋县石门镇紧密围绕增加农民收入这个中心，改修圈舍、种草养畜，坚持走出一条科技兴牧之路。至 2013 年 8 月底，全镇初步形成了小沟、庄房、月星等 10 个畜牧养殖专业村和 18 个养殖场，本地白山羊存栏达到 1.76 万只，牛存栏达到 0.48 万只，畜牧业已成为石门镇继烤烟、魔芋、茶叶之后的又一支柱产业。

石门镇宜牧荒山荒坡面积广阔，现有各类草场 20 余万亩，经专家分析论证，该镇草场理论载畜量为 20 万个羊单位，技术基础条件成熟。该镇党委、镇政府在充分论证的基础上，对外加大招商引资力度，积极为外来养殖老板和本镇养殖大户提供市场信息服务和资金扶持，对新建养殖场引进新品种原种提供小额贷款帮助，对种植牧草的，所用土地由政府负责流转承包，在政策允许范围给予资金支持；对新建养殖场、专业村、专业户达到一定规模者，分别奖励 5 000 元、2 000元、500 元。2013 年 3 月初，石门镇政府引进的山羊养殖项目，由浙江老板何乃忠投资 30 多万元在庄房村建起了养殖场，养羊规模现已发展到 300 多只。

第八章　陕南生态农业——观光农业

观光农业成为陕南地区近年来生态农业发展过程中的一大亮点。不仅促进了陕南地区农民增收，而且逐渐发展为陕南三市的支柱产业。陕南观光农业方面的典型代表是：汉中油菜花节、樱桃节、橘子节、茶叶节，安康茶叶节，商洛核桃节。

一、汉中油菜花节

地处秦巴山区的陕西省汉中市，有 112 万亩油菜花，年产油料 14.4 万吨。每年春天，盛开的油菜花与镶嵌其间的麦苗及青山绿水相互掩映，构成汉中盆地一道亮丽的风景线。

汉中市地处北暖温带和亚热带气候的过渡带，北依秦岭，南屏巴山，汉水横贯全境，形成汉中盆地。盆地内夏无酷暑，冬无严寒，雨量充沛，气体湿润，年降水量 800～1 000 毫米，年均气温 14℃，生态环境良好，为油菜花生长提供了得天独厚的条件。汉中市是传统的油菜种植生产基地，每年的 3、4 月份，漫山遍野的油菜花同时开放，置身于其中，会感受到色彩给人的震撼和陶醉。随着近几年交通的改善以及信息传播的方便，春天踏青到陕南去看油菜花，已经成了关中地区及外省游人旅游的一条热线。

自 2010 年至今，每年 3 月汉中市都要组织举行盛大的“金色花海，魅力汉中”油菜花节，以油菜花片区旅游为依托，举办采茶、制茶、赛歌会、乡村游启动仪式、招商项目洽谈、旅游精品线路推介、地方名优商品展销以及文艺演出、书画展等活动，全方位展示汉中“城市魅力、山水魅力、旅游魅力、文化魅力”，精心打造“文化搭台子、旅游聚人气、经贸唱大戏”的发展平台，树立对外开放的崭新形象。

二、汉中樱桃节

地处汉中的西乡县“一红一绿”两大农业生态旅游资源明显。西乡绿茶以其味浓、形美、耐冲泡等特点享誉全国。该县茶园面积已达 23.75 万亩，年产茶叶 5 903 吨。每年清明节前后，西乡茶园全面开园采摘。樱桃作为西乡一大特色水果，以个大、肉厚、皮薄、汁多、味甜、色红享誉省内外。该县樱桃面积达 2 万余亩，年产樱桃 5 000 余吨，是西北最大的樱桃基地。每年 4 月底到 5 月中旬这段时间，来自全国各地的游客和客商在这里旅游、采摘和洽谈生意。

万亩茶园春色好，樱桃红透满眼春。2012 西乡茶文化节暨樱桃旅游节开幕式于 4 月 27 日举行。活动以“品樱桃绿茶、观油菜花海、览秦巴水城、展西乡美景”为主题，是集文化研讨、招商洽谈、文体活动、民俗展示、休闲旅游于一体的盛会。

三、陕南茶叶节

茶叶产业是陕南地区的优势特色产业之一，在发展县域经济、促进农民增收方面具有重要作用。为促进陕南茶叶发展，陕西省政府决定从 2010 年开始举办茶叶节活动，由陕西省人民政府与国家有关机构共同举办，陕西省的汉中、安康、商洛三个产茶市轮流承办。

陕南地区茶叶生产始于西周、盛于唐宋，秦巴山区曾为唐代“八大茶区之一”，所产“山南茶”上贡朝廷、远销西域。宋明时期，“山南茶”成为以茶易马、固边安军的重要战略物资。改革开放以来，陕西省把发展茶叶产业作为陕南地区调整优化农村产业结构的重点来抓，茶园面积和茶叶产量不断提高，先后打造了“汉中仙毫”、“紫阳毛尖”、“商南泉茗”等知名茶叶品牌。其中“汉中仙毫”被列入国家地理标志产品，获得多项国际大奖。截至 2009 年年底，陕南茶园面积已发展到 120 万亩，茶叶总产量达到 2.1 万吨，实现产值 21 亿元。其中汉中茶业产业面积、总产量和产值在陕南茶业产业中均占据了半壁江山，成为广大农民增收致富的一项支柱产业。2010 年陕西首届茶叶节由中华全国供销合作总社、陕西省人民政府、中国茶叶流通协会、中国国际茶文化研究会主办，汉中市人民政府、中华合作时报社承办，陕西省农业厅、陕西省供销合作总社、陕西省茶文化研究会、陕西省茶业协会、安康市人民政府、商洛市人民政府协办。

2010 年 4 月 30 日，为期三天的 2010 陕西（汉中）茶叶节圆满闭幕。茶叶节是一次规模大、档次高、内容丰富、影响深远的盛会，充分展示了陕西省丰厚的茶叶和旅游资源，提高了陕西省茶叶的知名度，特别是宣传了汉中乃至陕南的生态和人文景观，推动了陕南茶叶和旅游产业的突破发展。陕西省首届茶叶节共接待各类客商及参观者 20 多万人次，销售茶叶 3.2 万公斤，总成交额达 1 200 多万元；推介招商项目 202 个，签约 21 个，投资 16.4 亿元。接待游客 9 万多人次，旅游总收入约 2 300 多万元。

四、秦岭生态旅游节

商南茶经过 40 多年的发展，目前已培育出泉茗、仙茗、乌龙、炒青四大品牌二十多种产品，"双山"、"秦露"牌商标被认定为陕西省著名商标。"商南泉茗"、"商南乌龙茶"两大系列产品被认定为"陕西省名牌产品"，"金丝翠芽"、"金丝泉"获中国（西安）茶叶博览会金奖，商南县被国家林业局、中国林学会授予"中国茶叶之乡"的美誉，被中国国际茶文化研究会列入"全国名茶百强县"。

第三届中国秦岭生态旅游节及2012中国陕西（商洛）茶叶节于4月28日上午在商南盛大开幕。本届活动以"中国名茶出秦岭·秦岭最美是商洛，健康品茗茶·欢乐游奇峡"为主题，是省委、省政府，商洛市委、市政府为深化"秦岭最美是商洛"和"秦岭泉茗"品牌效应，促进商洛旅游和茶产业发展而举办的重要节会。此次盛会共有25项活动，其中有15项活动在商南县举行，包括秦岭金丝峡兰花节、金丝峡国家水利风景名胜区揭牌、名茶评选、"陕茶飘香·生态商洛——茶乡游"、茶王拍卖、千人威风锣鼓表演、"茗香商山丹水"茶艺表演比赛、项目招商及签约仪式、茶叶产业发展高层论坛、"秦岭最美是商洛——欢乐游奇峡"、中国西部场地汽车越野赛等。

商洛茶乡旅游和生态旅游近年来迅速发展，目前，商南县已初步形成了以金丝峡为重点的生态游、以任家沟为重点的乡村游、以生龙寨为重点的人文游、以赵川革命老区为重点的红色游、以丹江流域为重点的山水游、以县城为重点的不夜城游、以白浪为重点的边贸风情游的七大特色旅游线路。全县以县城为旅游接待服务中心，辐射金丝峡、312国道、丹江沿线、滔河、莽岭五大旅游产业区的"一心五区"。金丝峡先后荣获"国家森林公园"、"国家4A级旅游景区"、"国家地质公园"、"国家水利风景区"、"中国王牌旅游景区"等20多项殊荣，玉皇山创建为省级森林公园，任家沟被命名为"全国乡村游示范点"，商南县荣获"陕西省旅游强县"、"旅游收入快速增长县"、"旅游产业发展先进县"、"陕西省旅游示范县"等称号。

五、安康汉江龙舟文化节

安康市位于陕西省最南部，北靠秦岭，南倚巴山，地处北亚热带气候区，冬无严寒，夏季湿润，水热资源充沛，森林覆盖率高，是陕西茶叶主产市之一，是有机茶叶生产的理想之地。

安康茶叶生产始于西周，具有悠久的产销历史。《华阳国志·巴志》有"园有芳蒻香茗"的记载，唐代安康茶叶就作为宫廷贡品，清代"紫阳毛尖"茶曾被列为全国十大名茶之一。历史上以安康茶叶为主的"陕青茶"，长期占据西北茶叶销售市场。新中国成立初期，安康种茶总面积3万亩，产茶640吨，占陕西茶叶总量的82.3%。截至2010年，全市茶园面积发展到43万亩，茶叶产量达到8 800吨，产值超过10亿元，茶叶产量、产值均快速增长。安康市辖9县1区，其中9

县区产茶，紫阳、平利、汉滨、岚皋、汉阴、石泉6县区为茶叶主产县(区)，有106个乡镇、812个行政村、11万农户从事茶叶生产活动。全市先后引进名优茶加工机械997套，建立茶叶加工厂331家，70%以上的茶叶实现了机械化加工，先后开发出13种名茶，分别获得国际国内20多项质量大奖。

悠久的产茶历史，独特的生态环境和优良的茶树品种，特别是稀有的富硒资源，决定了安康茶内在品质的优异。安康不仅是我国罕见的高香茶区，而且是洁净、卫生的全天然有机茶产区，全市所产茶叶均属无公害茶叶，90%以上达到和超过绿色食品A级和AA级标准，所产茶叶具有“香高、味浓、耐泡、形美、保健”的独特品质，富含硒元素是其他茶区所无法比拟的显著特点，茶叶平均含硒量达到362.06ppb，安康富硒茶的研究与开发为人们提供了一种既符合国饮传统又简便易行的天然补硒途径。安康紫阳富硒茶、平利绞股蓝分别获得国家地理标志产品认证，成为西北唯一获得“中国名茶之乡”殊荣的城市，进入中国农产品区域公用品牌百强行列，为安康茶产业发展奠定了坚实基础。

为大力开发安康富硒茶，安康市在“十二五”期间将继续按照“种植集约化、制作机械化、生产标准化、销售品牌化”的发展思路，不断推动茶产业发展，同时进一步整合茶叶品牌，搞活茶叶流通，努力将安康富硒茶打造成为国内乃至国际茶叶的知名品牌，促进茶产业、茶旅游、茶文化的和谐发展。

自2000年举办首届龙舟节以来，安康已成功举办了十届中国安康汉江龙舟节，“中国安康汉江龙舟节”先后被中国节庆协会和陕西省节庆协会评为“2004中国节庆100强”、“2005中国节庆50强”、“2006中国十大民俗类节庆”、“2007年中国十大魅力节庆”和“十大博览赛事类节庆”、“2008年陕西省首届十大魅力节庆”、“2009中国节庆产业金手指奖·十大品牌节庆”、2010中国节庆产业金手指奖·十大节庆和首届中国节庆学院奖(即“天女奖”)最佳主题奖等荣誉称号。安康市也被授予全国“十大节庆城市”。“中国安康汉江龙舟节”已成为全国知名的节会品牌，直接提升了龙舟文化和汉水文化的影响力，推动了全市经济、社会的发展。据统计，十届龙舟节汉滨区共接待游客663万人次，旅游综合收入92亿元，引进各类投资客商2 795人，签订投资项目469个，投资总额达70.7亿元。商贸交易金额15.83亿元。

为了更好地宣传展示陕茶精品，弘扬龙舟文化，促进茶饮产业发展，经省政府同意，安康市委、市政府于2011年4月25日—27日在安康市合并举办中国陕西(安康)茶叶节·第十一届中国安康汉江龙舟文化节。“两节”的合并举办，将进一步提高办节规格，整合资源，提升档次，突出亮点，达到优势互补，相得益彰，有利于扩大对外宣传，树立安康良好形象，扩大节庆效应，更好地实现文化搭台，产业唱戏，繁荣地方特色文化，促进地方经济社会发展的预期目标。

本次两节活动由中华全国供销合作总社、陕西省人民政府、中国国际茶文化研究会、中国茶叶流通协会主办；中共安康市委、安康市人民政府、中共汉滨区委、汉滨区人民政府承办；省发改委、省财政厅、省农业厅、省林业厅、省商务厅、省文化厅、省旅游局、省体育局、省质量技术监督局、省供销合作总社、中国贸促会陕西分会、省茶业协会、省茶文化研究会、汉中市人民政府、商洛市人民政府、西安市新城区人民政府、西北农林科技大学协办。

本次两节的主题是：龙腾汉江、陕茶飘香、富硒安康。共有10项重要活动：第一项：4月25日举行盛大开幕式。25日上午8:30—9:30在金州广场举行茶叶节开展仪式，4月25日上午10:00—11:30在汉江南岸龙舟文化园举行两节开幕式，包括屈原祭祀仪式、龙头点睛、行政首长宣布开幕、文体表演等活动。第二项：4月25日—27日在金州广场举行名优茶展示及交易会。第三项：4月25日—26日在汉江一桥至三桥之间汉江水面举行场面壮观的龙舟竞技比赛。第四项：4月25日20:00—21:00在金州广场举行"万人品茗"活动。第五项：4月19日—24日在西安举行"十佳"标准化茶园、"十佳"清洁化茶叶加工企业、"十佳"制茶能手和茶叶产业发展"十强"企业评选及名优茶评比活动。第六项：深入开展春季旅游专项活动。第七项：4月26日8:30—12:00组织安康、汉中、商洛各产茶县和省内外茶叶加工、经销企业在金州广场进行茶艺表演，展示丰富多彩的茶文化。第八项：4月25日14:00在安康学院多功能会议厅举办茶产业发展研讨会。第九项：4月26日9:00在明江国际酒店举行茶产业发展项目推介会。第十项：4月27日9:00在明江国际酒店举行闭幕式。

继2011年两节后，2012中国紫阳第八届富硒茶文化节也于2012年4月15日开幕，本次文化节以"富硒安康·茶歌紫阳"为主题，以紫阳文化做基础，将紫阳茶及民俗文化、紫阳原生态民歌等完美展现给了游客和客商。又一次很好地宣传了紫阳和安康，扩大了紫阳和安康的对外影响力。

六、汉中柑橘旅游文化节

城固县是我国最北缘、海拔最高的柑橘主产地，素有"橘乡"美誉，是陕西"果业十强县"、陕西旅游强县。沿秦岭南坡、湑水河畔，22.6万亩柑橘因山势起伏成带状分布，东西绵延数十公里。每到十月金秋，橘园硕果累累，浮珠耀金，蔚为壮美。近年来，城固县大力实施"旅游活县"战略，叫响"张骞故里神奇橘乡"旅游品牌，依托丰富的柑橘产业资源，大手笔打造中国柑橘生态观光第一园。在相继投入4 000多万元建成橘颂文化长廊、观景台、会仙阁、升仙大道、升仙台等特色旅游景点后，该县又投入3 000多万元，新建成唐仙观、魁星园、升仙湖水体景观等旅游景点，大大增加景区吸引力。同时，对橘园镇集镇进行整饰改造，提升"农家乐"服务质量，让游客进得来，留得住。

张骞故里显魅力，神奇橘乡醉游人。2011 年 9 月 27 日，2011 陕西·汉中柑橘旅游文化节在风景如画的城固县橘园景区隆重开幕。是日上午，橘园景区人潮涌动，彩旗飘扬，极具陕南民俗特色的威风锣鼓和民俗秧歌将现场氛围烘托的极为热烈。上午 9:30，伴随着隆隆的鼓声，以“情满张骞故里，畅游神奇橘乡”为主题的 2011 陕西·汉中柑橘旅游文化节拉开帷幕。

本次活动由陕西省旅游局与汉中市人民政府共同主办，汉中市文物旅游局、中共城固县委、城固县人民政府承办，会期 30 天。节会期间邀请了全国政协常委、中国道教协会会长任法融举办中国传统文化讲座，邀请中国象棋特级大师柳大华举行象棋一对多表演赛，开展“魁星园”开园剪彩拜贤、橘乡大舞台文艺演出、“采橘、品橘、颂橘”游园活动、自行车邀请赛、登山赛等系列特色活动。

继 2011 年之后，2012 陕西·汉中柑橘旅游文化节也于 2012 年 9 月 27 日在城固县江滨公园广场开幕，“张骞杯”海内外征联同时举行颁奖仪式。节会期间，采橘品橘、登山赛、魁星园祈福活动陆续展开。最美城固摄影暨书画笔会展，也为旅游文化节助兴。

近年来，城固抢抓产业结构转型实施“旅游活县”战略，精心打造“张骞故里，神奇橘乡”旅游品牌，投资 3.5 亿元用于橘园、南沙湖、张骞纪念馆三大景区基础设施建设，累计接待游客 250 万人次，实现旅游综合收入 5.3 亿元。城固境内自然景观和人文古迹交相辉映，依托秦岭南坡 20 多万亩柑橘产业带，城固县投入近亿元改造完成环山旅游观光路，建成橘颂文化长廊、观景台、会仙台、唐仙观、魁星园、升仙湖水体景观等旅游景点，推出了野外攀岩、滑索等项目。

2012 年前 8 个月，橘园景区共接待游客 98.52 万人次，实现旅游收入 3.75 亿元。旅游文化节期间，橘园将推出“采橘、品橘”、登山赛，魁星园祈福等系列特色活动。为使游客进得来、留得住，该县积极扶持有条件的农家开办特色“农家乐”，“住农家屋、吃农家饭、赏农家景、干农家活”活动。

在橘园景区，游客既可观赏“万亩橘海”，品尝别具特色的城固美食，观赏秦岭大鲵等国家珍稀动物，又可以尽情享受登山、漂流、游泳等一系列休闲活动，让游客真切体会到本土民俗风情，提升了文化旅游的内涵。

七、商洛核桃节

“核桃坡，核桃沟，核桃砭，核桃路，漫山遍野核桃树，核桃累累碰人头”。这说的就是商洛的核桃。商洛核桃栽植有着 2 000 多年历史，商洛核桃，据说是西汉张骞从西域带回植于京都长安，然而“龙凤之地”不适核桃生长发育，核桃便被发配到商洛山中。岂知，核桃却因祸得福，寻到了安家落户、发家兴族的宝地，从而繁衍成为一个旺族。商洛地区是著名的核桃之乡，年产量为全国第一，已成为全国有名的核桃生产基地。商洛山区的气候、雨水、土壤最适宜于核桃的生长，有得天独厚的自然条件。商洛核桃仁以口感油香味浓、色泽白黄如玉、营养价值高而驰名，富含蛋白质、维生素、矿物质，对人体有较高的保健作用。1958 年 1 月 31 日，毛泽东主席在《中共中央工作方法六十条》上作出“陕西商洛专区每户种一升核桃，这个经验值得各地研究”的批示，随后，全国十六届省、市核桃生产现场会在丹凤县武关召开，会上专门给武关“八一”林场颁发了由周恩来总理亲笔签名的国务院奖状，由此揭开了商洛核桃发展新的一页。

近年来，商洛市大力实施“生态立市、工业强市、产业兴市”战略，将核桃产业确立为全市最具发展潜力的优势特色产业，核桃发展规模、质量和效益均大幅提升；良种推广、规模栽植、标准化管理、良种繁育、科技支撑、典型示范等核桃生产关键环节都处在全国前列，核桃已成为商洛对外开放的一张亮丽名片。2011 年年底，全市核桃种植总面积达到 208 万亩、4 500 万株，年产量 3.7 万吨、产值9.8 亿元。全市人均核桃收入 450 元、户均 1 600 元。

借力核桃产业，近年来商洛市丹凤县旅游业也得到了迅速发展。秦岭最美是商洛，丹水凤山是胜游。地处秦头楚尾、秦岭腹地、六百里“商于古道”核心区域的丹凤县，是“北通秦晋，南连吴楚”的主要通道，也是商鞅封邑、商山四皓隐居之处、著名作家贾平凹的故乡。近年来，丹凤县依托丹江和凤冠山的优美自然景观，大力发展地的山水旅游和生态旅游，把核桃产业和旅游业进行有机融合，为丹凤经济发展带来了无限生机。

在此基础上，商洛市利用特产优势，于 2009 年 10 月 9 日至 11 日举办了首届商洛核桃节。2010 年 9 月 28 日至 29 日，商洛市再接再厉，举办了第二届商洛核桃节。2012 年 9 月 5 日，在丹凤县又成功举办了第三届商洛核桃节。

2010 年 9 月第二届商洛核桃节由陕西省林业厅、西北农林科技大学、商洛市人民政府主办，商洛市人民政府承办，中国经济林协会、中国绿色时报、商洛七县区人民政府协办。本届核桃节以“打造绿色品牌、优化核桃产业”为主题，以核桃为载体，以节会为平台，通过举办核桃论坛、招商引资签约、名人采风、文艺演出等重大活动，进一步宣传推介商洛核桃品牌，提升商洛核桃和绿色农产品的产业化发展水平。

当前和今后一个时期，商洛市将以这个节会为契机，按照国家对商洛市“引领中国核桃发展方向，打造中国核桃产业集群”的定位要求，坚持产业发展生态化和基地建设标准化的理念，以发展区域经济、增加农民收入为目标，以规模化栽植、标准化建园、规范化管理、集约化经营为重点，不断提高核桃产业化水平。力争到 2015 年，全市核桃面积发展到 305 万亩，产量达到 6 万吨，五年实现面积产量双翻番，总产值达到 20 亿元，真正将商洛打造成名副其实的“中国核桃之都”。

2012年9月，正值核桃成熟时节，核桃之乡商洛市200多万亩核桃树果满枝头，一派丰收在望的景象。2012年9月5日，第三届商洛核桃节暨丹凤第三届文化旅游节在丹凤县城开幕。陕西省政协副主席、省委统战部部长周一波宣布核桃节暨旅游节开幕，陕西省林业厅厅长李三原宣读授予商洛市“陕西省核桃产业强市”决定，国家林业局巡视员于建亚、西北农林科技大学副校长钱永华、商洛市市委书记魏增军分别作重要讲话，商洛市市长杨冠军主持开幕式。

本次节会由陕西省林业厅、西北农林科技大学和商洛市人民政府主办，丹凤县人民政府、商洛市林业局承办。节庆活动历时两天，重点突出唱响“中国核桃之都”美誉、打造“商鞅封地，丹凤朝阳”品牌两大主题。

八、商洛生态休闲农业

2012年商洛市生态休闲农业蓬勃发展，涌现出了商州绿缘生态农业休闲园、丹凤县桃花谷生态休闲农业示范园、柞水县休闲农业示范县、镇安县永乐镇青槐社区省级休闲农家明星村等一批生态休闲农业发展典范。如今占地200亩的商州区绿缘生态农业休闲园，已成为商洛市民休闲游玩好去处，已建成育苗温室、设施蔬菜、农田体验、生态餐厅、适时采摘、休闲垂钓、莲池观赏、健身广场8个区域，其生态餐厅占地1 500平方米，可容纳300人置身于通透开阔的模拟原生态自然环境之中，品尝新鲜美食，享受健康休闲；其农田体验区吸引城市人群携妻带子体验劳动的乐趣、收获的快乐；其休闲垂钓区可供游客赏荷垂钓，放松身心。随着二期工程的建成，将形成农情休闲区、农趣互动区、农科体验区、生态餐饮区，从不同的角度让广大市民体验现代农业园区吃、住、行、游、购、娱、体、学、研、悟等为一体的综合服务，实现经营收益的可持续性。丹凤县桃花谷生态休闲农业示范园现已建成科技园景区、生态园景区和农业示范园景区三大景区，成为集农家乐、采摘园、农业培训为一体的农业休闲活动聚集地，至目前园区拥有农家乐17户，采摘园30亩，其他林果千余亩，接待游客3万人次，培训农民600余人，实现营业收入300万元，从业农民实现收入8 000元。

第九章 陕南生态农业——农业现代园区

一、陕南发展现代农业的经验借鉴

(一)台湾地区现代农业发展的经验——休闲观光农业

台湾农业通过结构的调整和生产方式的转变,逐步化解存在的困难和问题,不断提高农业效益。在休闲农业上的探索和实践,就是一个很好的尝试。他们认为休闲体验农业是21世纪的朝阳产业,通过发展休闲农业促使农业转型,是促进农民增收,发展农村经济的有效手段。

随着人们生态可持续发展意识的提高,以观光果园为主的台湾观光农业经营形态逐步发展为内容更丰富的休闲农业。到目前为止,台湾已开发的观光果园有70多处,每个县都设有休闲农场。开放的作物种类有:莲雾、芒果、番石榴、荔枝、龙眼、木瓜、柑橘、百香果、文旦、杨桃、金枣、李、桃、草莓、葡萄、柿子、红枣、香菇、茶叶及其他20多种花卉。仅台北市的观光农园就有300多公顷,共有300多个农户参加。据了解,台湾休闲农场每年旅游人数达100万人次,约占台湾人口的4.7%。休闲观光农业的形式与种类主要有如下5种:

1.休闲农场

他们共同的特点是地处山区,面积在100公顷左右,山清水秀、景色优美、主题突出。农场有各种原生植物,水果采摘园配以观景亭、悬索桥和山间崎岖小路;以有机农业、家畜家禽饲养、山潭垂钓等分布于起伏的山坡之间;以奶牛饲养,品尝自产牛奶、奶酪、牛肉及秀丽的牧场景观吸引游人,使人们享有全新的环境,体验活动丰富多彩。让人们通过视觉、听觉、味觉、嗅觉、触觉领略自然,感受环境。活动项目有点天灯、搓汤圆、印T恤、做陶艺、摸泥鳅、挤牛奶、挖地瓜、农耕收获等。给人们带来喜悦、欢乐、刺激的感觉,有趣好玩,令人印象深刻,记忆难忘。

2.观光农园

观光农园就是开发成熟的果园、菜园、花圃、茶园等,让游客入内摘果、拔菜、赏花、采茶,享受田园乐趣,这是观光农业最普遍的一种形式。对生产者来说,观光农园虽然增加了设施的投资,却节省了采摘和运销的费用,使得农产品价格仍然具有竞争力;对于消费者来说,这种自采自买的方式尤其适合于那些优质的生鲜产品,不仅买得放心,而且还达到了休闲的效果。在节假日,一家人或亲朋好友到农园观光,尽情享受田园风光,非常的轻松、愉快。

3. 市民农园

市民农园是指由农民提供土地,让市民参与耕作的园地。一般是将位于都市或近郊的农地集中规划为若干小区,分别出租给城市居民,用以种植花草、蔬菜、果树或经营家庭农艺。其主要目的是让市民体验农业生产的甘苦,享受耕作的乐趣。和观光农园不同,市民农园是以休闲体验为主,而不是以生产经营为方向,多数租用者也只能利用节假日到农园作业,平时则由农地提供者代管,而且市民农园里所生产的农产品不能出售,只可自己享用或者赠送给亲朋好友。

4. 农业公园

农业公园是指按照公园的经营思路,把农业生产场所、农产品消费场所和休闲旅游场所结合于一体的公园。例如葡萄公园,它将葡萄园景观的观赏、葡萄的采摘、葡萄制品的品尝(如葡萄酒、葡萄果汁、葡萄冰淇淋、葡萄大餐等)以及与葡萄有关的品评、写作、绘画、摄影、体验、竞赛与季节、庆典活动融为一体。农业公园的经营范围是多种多样的,从目前情况看,除了果品、水稻、花卉、茶叶等专业性的农业公园之外,其他大多数农业公园是综合性的,园内一般规划有服务区、景观区、草原区、森林区、水果区、花卉区及活动区等。农业公园的面积,因性质与功能而异。既有迷你型的水稻公园,又有几十公顷的果树公园,但大多在10～15 亩之间。农业公园的经营方式,既有政府经营免费开放的,也有收取门票的公园。

5. 教育农园

教育农园是兼顾农业生产与教育功能的农业经营形态。农园中所栽植的作物、饲养的动物以及配备的设施极具教育内涵,如稀有植物、热带作物、水培耕作、设施栽培、传统农具展示等。台湾的自然生态教室就是一个典型的教育农园。教育农园的规模比较大,有的教育农场的土地规模在 700 亩以上,农场内修建有展厅、步道,开放了牛圈、挤奶室、奶制品、加工车间等设施,供学生和游人免费参观。在这里,游人可以完整地了解奶制品生产制作的全过程,对于非专业的学生来说,这不仅是一种充满乐趣的参观,也是一次丰富知识,提高素质的受教育过程。

(二)江苏发展现代农业的经验——农业产业园区

1. 高起点规划

无论是农业园区还是产业园区,江苏省都是按照“高起点规划、高质量建设、高水平管理”的要求，明确园区产业定位，科学规划，合理布局，从而形成清晰的产业导向，结合承接产业特色完善园区承载功能，使园区逐步达到了种养、物流、加工、信息服务、科技研发、生态旅游观光、休闲度假等多种功能的高度融合。如沛县生态肉鸭产业作为该县三大农业主导产业之一，从一开始就高起点科学编制了发展规划，制定了切实可行的发展措施以及推进步骤，并在良种繁育、养殖模式、生态种养、饲料配方、防控防疫、精深加工等一系列环节进行技术跟进和科技创新，大力发展种养加循环、废弃物综合利用的生态农业模式，取得了显著成效。重啤集团盐城有限公司项目一开始就聘请世界顶级丹麦设计团队进行规划设计，由于规划起点高，工艺和装备先进，引进的德国和丹麦具有国际先进水平的全套啤酒酿造、灌装生产线，生产出的每一瓶啤酒都是精品。

2. 园区化承载

农业园区化发展是现代农业发展的必然趋势，园区是承接产业转移、促进产业聚集的载体，通过拓展农业的生产、生活、生态和文化功能，实现集观光、休闲、科普、体验和购物于一体，不仅推进了农业产业化发展，提高了农业生产效益，同时也拓展了农民增收致富的途径。许多现代农业园区效益显著、功能完善、示范带动作用明显。如南京傅家边现代农业园，通过对丘陵、山区综合开发，目前园区已形成“四万五千”的特色主导产业布局，开发出 12 类 100 多个产品，已成为全市最大的青梅、水晶梨、大棚草莓生产基地，最大的设施农业产业基地和省内外有一定影响的农业观光旅游景区。由市场交易区、加工集中区、仓储物流区、生活服务区四大功能区组成的盐城农副产品加工交易园区，已成为集农副产品生产、加工、交易、批发、服务于一体的大型现代化综合聚集区。

3. 市场化运作

现代农业具有资源配置市场化、要素投入集约化、生产手段科技化、产业经营一体化等特征。只有遵循市场规律，按照工业经营理念，吸引、动员市场主体进入建园区，才能真正实现规模化经营、标准化生产、产业化开发，才能帮助更多农民就业，有效增加农民收入。如沛县生态肉鸭产业，通过完善的市场体系建设和龙头企业的引领，建立“企业＋基地”、“企业＋合作社＋基地”等模式，强化利益联结，共同抵御市场风险。维维集团是国家级农业产业化龙头企业，拥有 30 多个豆奶、牛奶生产基地，100 多条现代化食品生产线，是全国最大的豆奶食品生产企业，长期以来把“企业发展，农民致富”作为自己的经营理念和追求目标，带动千家万户农民增收致富。

4. 科技化服务

科技进步和科技创新是建设现代农业的强大动力。只有技术领先，产业才有生命力，产品才有竞争力，生产者才有较好收益。如徐州久久农业科技示范园，以现代农业高新技术和新型先进实用技术的应用为核心，以现代农业工程为主体，进行太空蔬菜和特色蔬菜的种植及新技术、新材料的示范和推广，引进“神五”“神七”上搭载的蔬菜新品系(品种)20多个，种植各种特色蔬菜示范品种40多个。徐州远景羽绒有限责任公司，通过和中国矿业大学建立联合实验室将IT技术和传统生产设备相结合，自主研发了6项羽绒生产加工核心技术，大大提高了羽绒加工生产的效率，显著降低了羽绒损耗和能耗。盐城翡翠湾花卉交易中心与南京农业大学、扬州大学、盐城高等生物专科学校等科研院校合作，组培花卉苗木，打造中高档花卉市场。雨润集团已成为我国食品行业首家同时拥有“国家级重点实验室”、“博士后工作站”和“院士工作站”的民营企业。

5.多元化投资

现代农业园区集种养加、贸工农于一体，是资本富集型产业，在土地、劳动力、资本、科技四大农业生产要素构成的农业生产力中，资本的比重已占主导地位。江苏园区建设的经验告诉我们，以龙头企业为主体，加大财政扶持，加大金融支持，吸纳和引进社会各类资本投资园区，构建多元投入格局，是解决现代农业园区建设资金问题的有效途径。工商资本投资农业产业，不仅构成了多元化的投入格局，而且带来工业化经营理念和企业化管理模式，推进了园区更好更快发展。如傅家边现代农业园，出台优惠政策，吸引社会资本进入。目前园区已有10个重点农业龙头企业、10个不同类型的专业合作组织，共同打造“全国农业名园”，傅家边村已由昔日的穷山村跨入了“市百强村”、“县十强村”行列。雨润集团广泛融资、多元投资，形成了集食品、物流、商业、旅游、房地产、金融、建筑等产业于一体，实现销售总额超600亿元，生猪屠宰产能居世界首位，中国肉食品加工业第1位。维维集团、沛县生态肉鸭、樱桃谷肉鸭等，都是通过“企业＋合作社＋基地”等模式，多元投资，最终实现共赢。

6.品牌化营销

农产品竞争实质上是市场竞争，市场竞争的核心是品牌竞争。创品牌就等于开拓市场。江苏这些知名园区，都是通过加强品牌包装、定位和宣传推介，来扩大品牌的知名度和美誉度，创建名牌产品，放大品牌效应，提升园区效益。雨润食品在中国内地拥有一流的品牌，也正是依靠一流的品牌，吸纳了大量社会资本，占领了社会优势资源，实现了自身跨越发展。无锡阳山水蜜桃产业的做法是围绕提高阳山水蜜桃品质，倾力打造阳山品牌效应。阳山镇桃农协会向国家工商局申请注册了“太湖阳山”牌商标和“阳山”水蜜桃地方证明商标，获得了阳山水蜜桃原产地标记，如今“阳山”水蜜桃已成为惠山区农民致富的“摇钱树”、“致富果”。维维集团、沛县的肉鸭产业等无一不是主打品牌战略，达到占有市场之目的。

二、陕南现代农业示范园区的建设和发展

（一）安康市现代农业园区的建设与发展

1. 生态农业示范园区

安康市瀛湖水湾，水波浩渺的湖面上现代水产养殖网箱星罗棋布，这是安康阳光集团的生态养殖基地，网箱中 100 多万尾鱼。青鱼、鲳鱼、花鲢和中华倒刺鲃等高档鱼种应有尽有。不远处，是近年来公司带动当地农民建设的养殖基地。

在汉滨区江北办的田野上，占地 2 000 多亩的各种现代农业设施一眼望不到头，蔬菜、花卉、养猪、茶园，几乎囊括了现代农业的全部产业。这是阳晨集团的生态农业示范园区。2012 年 10 月 24 日，由安康市政府主办的农业园区与超市对接、农业园区与农信对接签约仪式在安康市隆重举行，当天签约涉农贷款 1.6 亿元，五家超市与园区签订了农产品销售协议。制约现代农业发展的两个瓶颈关节被全部打通。

近年来，安康现代农业如雨后春笋，遍地开花，给当地农民带来了实惠，也给传统农业找到了出路。这些成绩的取得，得益于安康市市委、市政府的审时度势、科学决策，也得益于各级部门狠抓落实、协同发展。

(1)创新实践——"四个落实"推进百园建设千元增收

安康市市委书记方玮峰多次强调："现代农业是核心竞争力，是旗帜和方向，关系到农村经济的生存和发展。"根据自身气候、土壤、交通条件，按照大农业、全领域的现代农业发展思路，安康市编制完成了《安康市现代农业百园建设规划方案》，构建起了覆盖全市、立体布局、梯次推进、涵盖循环农业山林经济渔业产业的现代农业园区示范体系。

为确保百园建设目标顺利实现，安康市重点抓好"四个落实"：①落实园区规划。保证园区布局合理、定位准确、适度超前、突出特色、错位发展，在高起点、高标准、高水平编制 111 个园区的发展规划基础上，合理布局种养、加工、营销、休闲观光以及相关配套服务等产业，实现高中低山功能分区，加快形成一体化的产业体系。实行以规划落实项目，以项目引导生产要素配置，促进园区科学发展。②落实土地流转。安康市创新土地流转方式，鼓励园区内农户以土地入股的形式建立农民专业合作社，通过土地合作社集中统一向园区业主供地，力求流出一片土地、建成一个园区、带动一批农户。③落实配套服务。安康市先后制定出台了现代农业园区科技服务、招商引资、金融扶持等配套政策，初步形成了完整的支持现代农业园区建设的配套扶持政策体系，有效带动了资本、技术等生产要素向园区聚集。④落实包抓责任。安康市成立了以分管市长为组长的领导小组，

协调各方力量,要求各包抓单位有包抓领导,有包抓措施,有包抓成果。

(2)突出特色——"五大产业"引领现代农业发展

安康市紧扣畜牧养殖、设施蔬菜、富硒茶饮、现代渔业和休闲观光五大产业,不断夯实园区发展产业基础,引领现代农业快速发展。

①以生猪为重点的畜牧养殖规模不断壮大。全市千头以上规模化标准猪场发展到510个,万头猪场发展到48个。力争通过园区和规模大厂大户带动,使全市生猪出栏达到300万头,肉类总产达到26.5万吨,实现畜牧业产值54亿元。

②以设施蔬菜为重点的现代种植业快速发展。全市已新建设施大棚1.3万亩,启动建设工厂化育苗中心和气调库15处,目前全市设施蔬菜生产总面积已达到7.3万亩,实现产值7亿元以上。

③以富硒茶饮为重点的茶饮产业品质不断提升。安康市通过重点实施良种苗木繁育、茶园基地建设、精深加工及综合开发、品牌整合及创建、龙头企业培育、茶文化生态旅游开发六大工程,拓宽复合功能,提升综合效益,全市茶园面积已达43万亩,产量1.08万吨,实现产值11.8亿元。

④以汉江河鲜为特色的现代渔业结构调整步伐加快。汉江绿色生态养殖和大鲵等特色水产养殖加快发展,养殖面积、产量、产值快速扩张。全市养殖面积已发展到21.4万亩,养殖产量达到2.8万吨,实现渔业产值12.9亿元。

⑤休闲农业的发展拓展了农业整体功能。安康市通过大力培育休闲观光农业,将现代农业园区、新农村建设、土地利用和生态环境保护等有机结合起来,积极开拓农业的体验、观光、休闲、教育、健康和传承文化功能,满足多元化需求,使城乡发展互相衔接、互相促进,带动城乡和谐发展。

(3)提质提速——"五大转变"加快现代农业建设

现代农业是安康农村发展的新高地,是农村经济的增长极,更是实现城乡统筹发展的重要战略。

为了让现代农业真正成为统筹城乡经济的切入点和主抓手,全市各部门尤其是涉农部门干群一心一意谋发展,做到了:①工作重心到园区。把现代农业园区视为各项农业技术研发、推广的平台,抓点示范的窗口,教育培训的载体,农民增收的样板。变千家万户服务为园区示范引导,变面上"走读"为园区驻点。各站、所把试验示范、技术推广、科技培训、项目建设等倾斜到园区实施,各项技术服务放在园区开展。②技术人员驻园区。开展了"万名干部进园区"活动,积极组织广大农技干部送政策、送科技、送服务到园区。③科技培训入园区。各县区以园区为重点,加强农业技术推广普及,加快新品种、新技术、新器械的引进与推广应用,加强疫病防控、防灾减灾、质量安全等技术的推广普及,加大就业农民培训,使园区生产、经营管理保持技术领先。④项目聚合到园区。各涉农部门主动协调有关部门，从项目申报开始着手，争取更多涉农项目在园区实施，同时积极协助园区落实水、电、路等基础设施配套项目。⑤干部成长在园区。各级涉农部门把农业技术骨干、优秀后备干部选派到园区驻点，同时建立健全包抓、考核责任体系，推进工作，培养人才。

截至目前，安康市已启动建设县级以上园区 154 个，其中省级 20 个、市级 91 个，建设面积 21.4 万亩，安置农民就业 8 200 人，带动农民 13.2 万人。园区内农民人均纯收入达到 6 729 元，比全市农民人均纯收入高出 1 720 元，带动农民户均增收 2 686 元。“市有示范带、县有示范园、镇有示范点”的安康现代农业发展格局已初步形成。

2. 突出重点抓落实，全力推进循环农业园区建设

2012 年是安康市现代农业示范园区建设的关键年，全市能源环保工作按照抓重点、攻难点、建亮点的要求，以建设现代农业为核心，以“畜—沼—菜(园)”循环农业示范园区建设为重点，加快建设中小型沼气，加大循环农业技术示范推广力度，完善沼气社会化服务体系建设，加强农产品产地环境普查监测，探索低碳循环途径，促进农业农村节能减排，推动全市农村能源和环保工作取得新成效、实现新发展。突出抓好了 9 项重点工作。

(1)稳步推进户用沼气建设。围绕省上下达的 13 600 口户用沼气建设任务，安康市落实建设任务，加快建设进度，提高建设质量，确保完成任务。加快巩固退耕还林成果农村能源建设项目的实施进度，结合实施移民搬迁民居工程，实行集中连片建设。积极推广节柴炉、太阳灶、太阳能热水器，推行多能互补发展。

(2)加快规模养殖场配套沼气工程建设。安康市严格执行农村中小型畜禽养殖场沼气工程 3 个地方标准，规范建设管理，要在全市新建养殖小区沼气 55 个，努力建成标准化沼气示范工程。加快已批复大中型沼气工程建设进度，严把建设施工单位资格准入，探索完善建设模式和运行机制，提升建设管理水平，确保发挥效益。

(3)加强沼气建设后续服务管理。规范建设沼气后续服务网点，继续抓好白河“辰明模式”示范县建设，整市推进“辰明模式”沼气社会化服务体系建设，努力实现“县县有公司、村村有网点、户户有服务”，全面提升沼气后续服务能力和水平。

(4)抓好畜—沼—菜(园)循环农业园区建设。按照全市现代农业园区示范体系建设规划和实施方案的要求，以汉滨、汉阴、石泉、旬阳、白河为重点，积极开展 33 个猪—沼—菜(果)循环农业示范园区建设工作，探索建设畜—沼—菜(果)循环农业模式精品示范工程，每县建成 1～2 个精品工程，打造循环利用亮点，总结典型经验，推动全市循环农业示范园区建设。

(5)开展万吨有机肥加工试点。按照全省“百肥”建设要求，开展有机肥加工

生产,建立10个有机肥加工基地,提高沼肥高值化综合利用能力和水平,推进有机肥商品化生产、品牌化销售、产业化发展,推进畜禽粪便和农业生产废弃物治理。

(6)深化技术培训工作。安康市对沼气管理人员、技术人员、沼气生产工、服务网点人员、大中小型沼气工程业主和建池农户分类分层次进行技术培训,重点开展循环农业园区、养殖小区沼气建设与管理技术培训,全面提升沼气从业人员的技术水平,推进全市沼气建设技术升级,不断适应新形势下沼气发展要求。

(7)搞好沼气新技术试验研究。围绕制约循环农业发展的核心问题,组织技术人员对大中型沼气工程建设的增温保温、搅拌、沼气综合利用及沼液、沼渣深加工等开展技术攻关和试验研究,为新形势下建设大中型沼气,推行肥气并举、循环利用提供技术支撑。

(8)强化沼气项目建设情况核查。对近三年来批复的户用沼气、养殖小区、大中型沼气工程以及服务网点建设等项目实施情况进行全面核查,核实项目完成情况,查清项目拖欠数量和存在的问题。重点核查沼气建设率、使用率、建池档案、资金拨付、物资采购等方面内容。各县要尽早做好自查,市上将组织抽查。

(9)做好全市农产品产地环境保护和绿色食品与有机食品认证工作。开展全市农产品产地土壤重金属普查,对工矿企业周边等重点区域的农产品产地划分监测单元,定位取样检测,摸清污染底数,完善农产品产地土壤环境质量档案,为农产品产地实行分级管理奠定基础。积极推进农业面源污染防治工作,启动循环农业技术示范,实现资源循环利用,减少污染物排放。积极协助省绿色食品办公室受理本辖区生产企业申报绿色食品、有机食品环评初审工作,做好绿色食品、有机食品认证和监管。

3.2013年安康市新添5个省级现代农业园区

安康市汉滨区忠诚现代农业园区、平利县龙头现代农业园区、汉阴县凉水泉现代农业园区、旬阳县润农现代农业园区、旬阳县双河现代农业园区被省政府认定为第四批省级现代农业园区。截至目前,安康市省级现代农业园区总数量已达25个,数量居全省前列。

2013年以来,安康市现代农业园区建设工作紧紧围绕“三区两园一中心”建设的总体部署,紧扣“千元增收提增速、百园建设上水平”主题,以拓展提升现代农业园区功能效益为核心,以培育千万以上产值园区为重点,明确建设任务,制订工作方案,落实推进措施,强力推进现代农业园区扩规模、上水平、提效益,全市现代农业园区建设继续保持健康快速发展的态势,有力地引领了全市现代农业的发展。

据统计,2013年上半年安康市共启动建设各级各类现代农业园区247个,已建设面积39.19万亩,建成设施面积5.4万亩,已流转土地32.86万亩,已完成投资 35.16 亿元，实现产值 24.79 亿元，同比增长 18.78%。全市重点推进建设的 55 个精品现代农业园区已完成投入 14.98 亿元，已流转土地面积 8.73 万亩，已建成面积 17.96 万亩，实现产值 12.16 亿元。全市已有 25 个园区被认定为省级园区，16 个园区被认定为市级园区，汉滨区跻身 153 个国家级现代农业示范区之列。汉滨区阳晨、汉阴县五一、石泉县嘉晟、平利龙古等 30 余个现代农业园区已初具规模，取得了良好的经济和社会效益，并有效促进了当地农民收入的快速增长。

4.2012 年安康全市农业工作成绩斐然

2012 年安康全市农业工作以发展现代农业、建设美好安康为总揽，以“百园建设、千元增收”为目标，以富硒农产品开发为重点，大力发展畜牧产业和设施蔬菜，全力推动现代农业园区和规模大场大户建设，全市农业工作凸显出“四大支撑点”，呈现出“四大闪光点”。

(1)四大支撑点

①园区建设领域拓宽实现快速发展。按照“百园建设，千元增收”目标，安康市将重点规划建设的现代农业园区由 56 个增加到了 111 个，将园区建设纳入对县区的单项考核，并出台了七个配套扶持政策，通过培育市场主体，狠抓土地流转、融资担保、技术服务、市场开拓等关键环节，实施县区部门包抓，检查考核督促，有力地推进了园区的快速发展。全年共培育省级现代农业园区 20 个，市级园区 16 个，园区面积达到 21.4 万亩，共引进新品种 182 个，引进新技术 89 项，带动农民入园就业人数达 13.2 万人，园区内农民人均增收 2 686 元。全市基本形成“市有示范带、县有示范园、镇有示范点”的现代农业园区示范体系格局。

②畜牧产业创新模式实现突破发展。以生猪为主的畜牧产业，在遭遇市场波动、饲料价格上涨等不利因素影响下，安康市坚定信心，调整思路，以标准化养殖场创建为契机，以生猪产业联盟为突破口，落实“品种上抓特色，技术上抓高端，思路上抓联盟，典型上抓园区，管理上抓考核”的工作措施，畜牧产业得到健康突破发展。全市 50 头以上的养猪大场(户)达到 16 000 个，居全省第一；千头以上规模化标准猪场 546 个，万头猪场 58 个(其中 2012 年新发展千头场 57 个，万头场 10 个)。

③设施蔬菜初具规模实现稳步发展。按照高起点规划，板块化建设，园区化发展的要求，加大项目整合，积极推进水、电、路等基础设施配套，2012 年新建设施蔬菜大棚 20 950 亩，创建标准化示范园 2 个，建成育苗点 6 个，推广秸秆生物反应堆技术 600 棚；食用菌示范县和示范镇建设进展良好。安康市通过引进新技术、新品种、实用技术人才、大规模开展技术培训，使设施蔬菜生产水平明显提高，全市设施蔬菜总面积达到 8 万亩；全市蔬菜总产达到 127.02 万吨，大棚面积和蔬菜总产分别完成全年任务的 104.75%和 105.83%。

④山林经济初见成效实现带动发展。根据安康市政府出台的《关于大力发展山林经济的实施意见》，2012 年试点工作在宁陕等一县三镇为重点的食用菌示范区和汉滨等八县区林下种养示范点工作已初见成效。示范点共发展食用菌 3 400 万袋，建设林下魔芋示范区 400 亩，共发展林下养鸡 200 万羽，试点建设成效凸显。为全市发展林下经济发展起到了良好的示范带动作用，吸引了投资者对发展林下经济的青睐，大面积开发利用山林资源发展林下经济的局面正在形成。

(2)四大闪光点

①富硒产品研发工作进展顺利。安康市充分利用富硒资源禀赋优势，依靠科技为全市农产品在激烈的市场竞争中赢得一席之地。安康市市政府与中国农业科学院的农业科技战略合作协议在北京签约，同时市农业局和中国农科院农业资源与农业区划研究所签署了富硒产品研发合作协议。各相关部门通力配合落实合作协议，迅速启动富硒产品研发工作。随后，安康市邀请中国农科院副院长王韧率领相关专家来安康市考察调研，有力推动了安康市与中国农业科学院战略合作进入实质阶段。安康市在中国农科院聘请了七位岗位首席专家，聚合本市研发力量，围绕富硒肥料、富硒饲料、富硒蔬菜、富硒食用菌等产品研发开始全面启动工作。

②职业农民培育模式探索成功。面对工业化和城镇化的发展形成的农村空心化、农业兼职化、农民老龄化，"关键农时缺人手、现代农业缺人才、农业生产缺人力"和"土地谁来耕种"等问题，安康市把职业农民队伍建设作为发展农业的主体培育工程，经过深入调研，反复论证，制定了《安康市关于切实加强职业农民培育工作的意见》，对生猪、蔬菜、茶叶、渔业 4 个产业的职业农民培育工作方案及两个配套保障支持措施，进行整市试点推进，有计划、有步骤地开展职业农民培育，在全国新型职业农民培育工作试点启动暨研讨班上，安康市作为全国参加研讨班的唯一一个地级市在大会上交流发言。

③龙头企业扶持落实助农增收。按照扶持农业产业化就是扶持农业，扶持龙头企业就是扶持农民的理念，安康市把农业产业化组织的建立与健康发展作为农业市场主体培育的着力点，认真落实各级政府对农业产业化的鼓励扶持政策，先后推荐认定了国家级重点龙头企业 1 家，省级重点龙头企业 26 家，首批认定市级龙头企业 49 家，登记注册各类农民专业合作社 663 个。全市共争取中、省投入扶持资金 2 210 万元，通过扶持龙头企业和专业合作社带动农民发展，促进农民增收。

④粮油丰收农产品全面增长。2012 年安康市粮食播种面积 404.81 万亩，总产量 85.18 万吨，油料播种面积 103.32 万亩，总产量 13.46 万吨，实现连续九年丰收；生猪、牛、羊、家禽饲养量分别达到 565.5 万头、31.81 万只、192.4 万只

和2 103.5万羽，分别较上年增长9%、0.15%、9%和6.05%；其中生猪、牛、羊、家禽出栏量分别达到305.2万头、7.71万只、96.3万只和1 160万羽，分别较上年增长9.15%、1.18%、9.02%和6.42%；实现肉类总产量26.5万吨、禽蛋产量3.5万吨，分别较上年增长6.01%和2.78%。

(二)汉中市现代农业园区的建设和发展

1.汉中市现代农业园区建设

汉中市2012年推动现代农业园区建设上水平，抓好基础设施配套，真正使现代农业综合区成为"田成方、树成行、路相通、渠相连、旱能浇、涝能排、土肥沃"的样板区；抓好土地经营权流转，扩大园区规模、提升现代农业水平；抓好市场主体培育，促进农户与市场有效衔接；抓好科技支撑引领，不断提高农业科技支撑水平。

2012年是省政府确定的全省现代农业园区建设年，汉中市强化政策扶持、资金支持，加大行政推动力度，扎实推进园区建设。目前全市已有省级现代农业园区15个，实现了省级园区全覆盖，有市级现代农业园区27个；全市已向农业园区流转土地3.56万亩，达成流转意向5.21万亩；已有88家企业入驻现代农业园区，总投资近10亿元。

2.西乡县用精品园区加快现代农业发展

近年来，该县坚持把特色园区作为发展现代农业的重要载体，抓规划、破难题、造亮点、强科技，成功创建了1个省级示范园区、6个市级园区和5个县级园区，为现代农业发展注入了强大活力。

(1)抓规划，画好蓝图。西乡县用精品规划打造精品园区，坚持把园区建设与产业发展、群众增收、城镇化相结合，邀请专业院所编制了"四大茗园"、军鑫和永康现代循环农业以及食用菌产业示范园规划，未来的园区都将是农业转型升级的示范区、产业化与城镇化的融合区、农民增收的承载区、科技应用与推广的先行区。该县计划到2015年在一类镇各创建1个市级园区、其他镇各创建1个县级园区，全县创建4个省级园区，使园区经济成为推动县域经济发展的强大引擎。

(2)破难题，抓好建设。该县采取"自己省、向上争、市场融"的办法，有效解决了资金难题。2012年，县财政拿出1 000万元，争取上级资金835万元，整合涉农资金3 500万元，搭建银企对接平台落实企业贷款3 000万元，全部用于园区建设。协助企业采取租赁、托管等办法流转土地2.4万亩，保障了用地需求。西乡县依托发展农民专业合作社、建立"公司＋基地＋农户"利益同盟模式加快园区建设，对重点示范园区还实行县级领导和责任单位包抓机制，确保建设成效。目前，全县园区建成面积达1.5万亩、总投资6.2亿元，辐射带动群众2万余户。

(3)造亮点，示范推进。该县采取组织本地企业外出“取经”和吸引实力型县外企业来县投资，着力打造亮点园区、提升整体档次。通过引进河南永康、西安新现代、鑫仕达、汉中茗仙等大企业来县带动茶叶、生猪、食用菌等产业发展，目前该县已建成高标准茶园27万亩、饲养生猪130万头、发展食用菌2 500万袋，打造出了东裕茶叶、军鑫有机蔬菜、江榜茶园等一批现代农业优势品牌。

(4)强科技，增强后劲。西乡县严格按照绿色生态、有机循环理念，用现代科技引领现代农业发展。大力推进猪—沼—茶(菜、果)循环农业模式，积极推行标准化、清洁化生产，开展农产品质量认证和基地认证，加强绿色农业生产、加工、管理技术培训，逐步构建绿色农产品质量安全体系。目前该县无公害生产面积已超过3万亩，建成标准化生产基地500亩。东裕等18家企业取得了ISO9001质量体系认证，13家企业取得了ISO14001环境体系认证，午子绿茶等17家企业产品获得了中国绿色食品标志使用许可证或通过国家有机食品认证，成功为县域现代农业发展插上了腾飞的翅膀。

(三)商洛市农业现代园区的建设与发展

1.商洛市休闲农业发展举措

为加快休闲农业发展，商洛市采取多项措施：

(1)强化休闲农业宣传推介。一是加强信息宣传工作。重视网络媒体的利用，向农业信息网、省休闲农业网站提供信息，大力宣传推介本市休闲农业名地名吃名产品、休闲农业好经验、好典型、好做法，让游客做到“足不出户，了如指掌”，以便提高商洛市休闲农业的知名度。二是积极参加并开展各种节庆活动。商洛市积极组织参加农业部“创意提升农业，休闲改变生活”为主题的2012年全国休闲农业创意精品大赛西北赛区比赛推介活动；成功举办了以茶兴旅、以旅促茶的2012陕西(商洛)茶叶节暨第三届中国秦岭生态旅游节活动，商南县茶叶企业报送茶样39个，共获奖牌26枚，其中名优茶：金奖5个，银奖5个，铜奖4个；大宗茶：金奖2个，银奖3个，铜奖4个；其他茶：特别奖3个。“五一”小长假，商洛市借助以逛仙鹅湖、上天竺山、吃“农家饭”、“采摘草莓”等为主题的休闲农家乡村游，全面展示商洛秀美山水，全力推进休闲农业的发展，据统计，2012年“五一”期间，全市1 100多户休闲农家(庄)共接待游客近30万人次，占到全市总接待量的30%。

(2)加快休闲农业建设步伐。一是统一思想，提高认识。商洛市已从战略的高度，充分认识到发展休闲农业的重要意义，进一步解放思想，转变观念，形成共识。要把发展休闲农业、旅游农业提到重要议事日程，将其作为一项系统工程、长远工程抓好抓实。二是切实加强组织领导。商洛市政府已成立休闲农业产业工作领导小组，由分管领导任组长，领导小组统一负责休闲观光农业发展的规划编制、政策制定和统筹协调工作，及时解决休闲农业发展中的重大问题，督促检查有关政策的实施和落实，以推动全市休闲农业健康发展。三是科学编制休闲农业发展规划。商洛市制定了《商洛市生态高效农业发展规划》、转发了省发展一村一品指导中心《关于进一步做好休闲农业规划编制指导工作的通知》，指导协调各县区有关部门做好休闲农业规划编制工作。截至目前，已完成休闲农家明星村规划工作，引领休闲农业发展。四是积极申报休闲农业项目。五是加强引导，政策扶持。商洛市采取了投入引导、捆绑使用资金、政策扶持、强化指导管理等措施，突出培育适合本市自然资源的休闲场所，以推进商洛市休闲农业健康发展。

(3)大力提升休闲农家建设。一是着力打造“休闲商洛”品牌。利用“秦岭最美是商洛”的品牌宣传，积极推广休闲农业园区、休闲农庄和休闲农家等产业发展模式，打造“休闲商洛”品牌，拓宽增收渠道。二是加强技能培训。商洛市组织6名同志参加宝鸡市岐山县的全省休闲农业建设座谈会，学习先进发展理念，着力提升本市农家乐经营管理水平、接待服务水平，全面推进全市休闲农业发展上台阶；柞水县开展凤凰古镇农家乐厨艺培训和千禧杯农家乐厨艺竞赛活动；2012年8月份，商洛市专门邀请省一村一品指导中心领导来商做休闲农业专题培训，不断提高休闲农业发展水平，推动全市生态休闲农业蓬勃发展；三是加强服务接待能力建设。商洛市正在积极加快休闲农业标准化建设，严格规范提升“农家乐”，镇安县永乐镇青槐社区已被评为省级休闲农家明星村；商州绿缘生态农业休闲园、丹凤县桃花谷生态休闲农业示范园已被推荐为省级休闲农业示范点，柞水县休闲农业示范县被推荐为省级休闲农业示范县。

2.洛南县实施“农业三年强优计划”加快建设关天经济区绿色特产基地

洛南县2011年制定出台并启动实施《农业三年强优计划》，力争到2013年，实现农业总产值38亿元、增加值21.2亿元，年均增长19.7%和19%，农民人均纯收入达6 737元，年均增长22%，使洛南县一举成为商洛农业强县、陕南农业大县、全省产业名县和关天经济区绿色特产基地。

(1)抓好园区建设，引领现代农业发展。洛南县按照“一个优势特色产业至少一个示范园区引领”的思路，采取科学规划、捆绑项目、聚合资金、提高装备水平、突出一极办法，重点抓好古城草店现代畜牧小区、三要建成高耀蚕桑示范园区、石门万亩核桃示范园、古景现代烟草农业示范园、永丰现代农业示范园、永丰—卫东蔬菜园等一批特色产业示范园，引领产业提等升级，推进现代农业发展。围绕“十二五”五大“洛牌”产业发展目标，按照“一村一品”、“一村一业”发展思路，狠抓农产品基地建设，努力实现量的扩张，重点抓好城关、景村、古城、永丰等 11 个镇生猪规模养殖基地，景村、柏峪寺、灵口等 8 个镇烟叶基地，秦岭、蟒岭沿线薯类产业带等一批特色产业基地建设。

(2)壮大龙头企业，强化服务体系建设。洛南县按照“一个产业舞起一个龙头企业”的思路，落实更加优惠的扶持政策，广泛开展招商引资，多渠道引进项目和资金，加快农业龙头企业的重组和建设，集中力量、分期分批帮促农业龙头企业投产达效，该县把九州、成华、天玉建成产值超 2 亿元、财产超 10 亿元的农业龙头企业集群。该县继续加大对农民专业合作社的扶持力度，新发展各类农民专业合作社 80 个、社员 7 000 户，带动农户 20 000 户，推进农民专业合作社的联合和重组，不断提高农民生产经营组织化程度。该县以“龙头企业＋合作社＋农户”为模式，建立健全农业服务体系，大力发展农产品仓储、物流、运输、信息和技术、种子、化肥、地膜供应等服务业，逐步实现产、加、销一条龙服务，着力建设龙头企业、合作组织、农产品基地“三位一体”的农业产业化经营体系。

(3)加大资金投入，推进品牌战略实施。洛南县 3 年投入 50 亿，其中政府和项目资金 1.09 亿元，农民自筹资金 42.95 亿元，争取银行贷款 4.44 亿元，吸引社会资金 1.52 亿元。该县下大气力组建小额信贷担保公司，实施集体土地流转和农民房产、林权等产权抵押配套改革，引导信贷资金向农业倾斜，扩大组建扶贫互助基金会，强化资金注入，开展资金互助。该县坚持每年从烟叶税中拿出 1 000万元，建立农业产业发展基金，重点用于三大战线造林、蚕桑产业、生猪产业、农民专业合作社和农业园区建设。同时，加大对涉农资金整合力度，协调各类涉农资金项目向农业园区和基地集中，积极落实生猪、烟叶、核桃、蚕桑等农业保险政策，降低产业发展风险，保障产业持续稳定发展。该县围绕洛牌产业引进和消化吸收了一批关键技术，积极推进标准化生产，探索和制定了洛南特色的产业标准，提高农产品商品率和市场竞争力。大力实施品牌带动战略，加强策划、包装、推介力度，力争把“洛源豆腐”、“华阳生猪”、“王岭红薯粉条”等一批绿色特产做成国、省名牌产品。

3. 商州区首家生态农业休闲观光园

2012 年 7 月 3 日，商州区蔬菜产销对接推介会暨绿缘生态农业休闲园开园仪式在夜村镇于塬村隆重举行。在推介会上，7 家设施蔬菜生产基地成功与华润万家、聚丰冷链物流公司、锦都国际酒店等 9 家企业签订了蔬菜产销合同，创新了从田间地头直接到消费者手中的产销对接模式。同时，绿缘生态农业休闲园的正式开园接待游客，开创了商州现代生态观光农业的先河。该项目集产业功能、休闲娱乐、生态餐饮于一体，建成了全市首家生态餐厅，计划总投资3 000 万元，占地 2 000 亩；其中一期项目总投资 1 000 万元，共分设施蔬菜、生态餐厅、农田体验等 8 个板块，年产蔬菜可达 500 吨，可日接待游客 300 人次，对进一步推进全区设施蔬菜产业发展，加快建设现代农业园区，具有十分重要和深远的意义。

近年来，商州区按照省、市要求，以为市区消费者提供更多绿色、安全、健康的有机产品为目标，在充分调研的基础上，计划在“十二五”期间建成设施蔬菜生产基地 2 万亩，不断推进农业产业转型升级，进一步加快农业现代化进程。

(1)狠抓基地建设。区上以市上下达的 4 000 亩设施蔬菜基地和现代农业园区建设任务为目标，进一步明晰农业产业发展思路和方向，制定有针对性的推进和扶持政策，在全区范围内大力发展设施蔬菜产业，丰富种植品种，扩大基地规模，持续增强“菜篮子”产品综合生产供应能力。

(2)创新产销模式。区上大力推广“超市(企业)＋合作社＋农户”的新型产销对接模式，促进订单式生产与供应，减少中间环节和流通费用，逐步构建起现代化的农产品流通体系。各镇办、相关部门大力支持、积极帮助种植大户开展多种形式的蔬菜产销对接活动，建立起了长期稳定的产销关系，实现了设施蔬菜产业发展与丰富市民“菜篮子”、保障改善民生的互惠共赢。

(3)强化质量监管。各农产品生产基地不断提高田间科管能力和水平，大力开展“菜篮子”产品“三品一标”认证，争取打造绿色品牌。区农业局、卫生局积极为生产基地和种植大户提供病虫害防治方案和办法，加大技术支持力度。同时，结合蔬菜生长季节特点，加大农产品质量安全检测力度和频度，严禁违规使用农药现象发生，坚决杜绝不合格蔬菜产品上架交易，保障群众吃得安全，吃得放心。

(4)积极开拓创新。区上对绿缘生态农业休闲园等农业园区，提供大力支持，要求各企业借鉴吸收外地先进经验，加强内部管理，注重宣传，不断提升企业形象和知名度，逐步扩大在全市的影响力，以取得更大的经济和社会效益，为全区生态观光农业发展带好头、领好航。

(5)加强协作配合。区上针对设施蔬菜产业涉及面广、建设任务重、工作要求高的情况，进一步明确了各镇办、各部门的工作任务和责任，加强协作配合，集中力量、加大力度、奋力推进，确保区设施蔬菜产业发展和“菜篮子”工程再上新台阶。

商洛市将农业、农事活动向休闲娱乐转化，拓宽传统农业收益方式，全方位拉长现代农业产业链，闯出一条集综合治理、产业开发、科研示范、成果展示、旅游观光为一体的生态休闲农业发展之路，休闲农业活力显现。截至目前，全市发展休闲农家 326 家，休闲农庄 19 家，休闲农业产业示范园 8 处，休闲场所 72 个，采摘园 615 亩，其中农民就业人数 6 731 人；实现年营业收入 1.5 亿元；从业农民人均纯收入 8 551 元，休闲农业已经成为农民增收的重要产业。

第十章 陕南农业生态系统的维护

生态农业的发展，是以农业生态系统的健康发展为条件的，没有健康的农业生态系统，就没有生态农业的发展。农业生态系统是生态农业生存的条件与环境，也是生态农业赖以存在的保证，因此，只有保证农业生态系统的健康发展，才能保证生态农业的健康发展。

一、农业生态系统

农业生态系统可以理解为农业、生态、系统三者的结合，也可以理解为农业与生态系统的结合，其本身是一个复杂的大系统。这里对农业生态系统的分析，无疑是最简单的分析，许多复杂的相互关系与结构只能简单处理，尽可能的不损害对农业生态系统本质的理解。

(一)农业生态系统的要素

农业生态系统与其他系统一样，有其系统的基本构成要素。这些要素的状态与发展，影响着农业生态系统的存在与发展。

1. 土地

土地在陕南分为水田与旱地。水田主要分布在江河沿岸、川坝等地，其中汉江及其大小支流两岸是水田的集中分布地区。陕南三市水田最多的汉中市，水稻土壤仅占总面积的 7.7%。这里气候、水资源、土壤比较适合种植水稻，人们也习惯以大米为主要食品。有一些山区水土适合种水稻，但没有种水稻，是出于对农业产量的考虑，主要与气温不够有关。旱地主要分布在丘陵、山区，除水资源外，地形(坡地等)成为其发展为水田的关键。汉中市黄棕壤土占65.35%、黄褐土占 2.54%、棕壤土占 8.65%。

2. 水资源

陕南气候湿润，雨水较多，以汉中为例，年平均气温 11.6～14.7℃，年降水量 757～1 186 毫米，全年日照 1 044～1 616 小时(汉中年鉴，2004)。陕南水的主要来源是江河水源，其次是降水，地下水所占比例较低，主要原因是陕南山地多，雨水多，河流多，一般不用地下水，真正需要水的地方，又因难于采取(井深、成本高)而无法使用。

3. 肥料

肥料主要有化肥、绿肥和农家肥。化肥主要在肥沃土地使用，以水稻、小麦、玉米田地使用较多。绿肥（毛苕子等）主要在丘陵、浅山使用较多。农家肥（猪、羊、牛粪便及生活垃圾等沤沃而成）主要使用在离房屋较近的田地。

4. 气候

陕南气候三市有差异，以安康市为例，主要候特点是：冬季寒冷少雨雪；夏季多雨并有伏旱；春暖干燥；秋凉湿润并多连阴雨。主要灾害性天气是伏旱、暴雨、连阴雨。年平均气温在12.5～16.6℃，降雨734～1 215毫米，日照1 487～1 898小时（安康年鉴，2005）。

5. 农作物

农作物是农业生态系统的主体，没有农作物就没有农业，也谈不上农业生态系统。陕南的农作物主要有玉米、水稻、小麦、薯类、豆类等。平川、塘坝以水稻为主，丘陵浅山以小麦、玉米为主，山区以玉米、薯类为主。

6. 农民

农民是农业生态系统不可缺少的组成要素。其中农民的经济行为、习惯、观念等都对农业生态系统有重要影响。陕南人口中，绝大多数是农业人口，以安康市为例，295万人口中，251万是农业人口。人口主要分布在川、坝、塘周围的宜耕地区，城镇人口所占比例较关中等平原地区低。人口素质与教育条件成正比，交通好的城镇，生活工作条件也相对较好，能留住教师，人口素质相对较高，远离城镇的地区教育条件差，人口素质相对较低。

（二）农业生态系统的结构

农业生态系统的结构比较复杂，为了深入的认识农业生态系统结构，由简到繁，由浅入深是十分清晰的认识路径。

农业生态系统最简单的结构是人在土地上种粮食，即人、土地、农作物。人作为农业生态系统的主体因素，是系统运行的动力；土地是农业生态系统的主要承载因素，对系统运行有重要影响；农作物是农业生态系统的产出物品，是系统功能的重要表现。就陕南而言，山区农民和平川农民就有区别，山区由于交通不便，农民以生活需要的满足为生产目的；平川交通方便、距市场近，农民把经济效益作为生产追求。农民在实现自己追求时，土地无疑是最重要的制约因素，土地平整、水利条件好，可以种水稻、小麦、油菜等农作物；丘陵、山区土地贫瘠，灌溉不便，多以种小麦、玉米、豆类、薯类等农作物为主。农作物是人生产的目的，主要受土地类型、水利条件等的影响。在陕南，三者结构主要表现为坪坝水稻生态系统、浅山丘陵小麦玉米生态系统、深山玉米薯类生态系统。

从环境的角度来分析，气候因素对浅山和深山有明显不同的影响，浅山气温相对较高，农作物生长一年四季不受影响，深山气温相对较低，冬季一般无法种植农作物。水利因素对农作物的种类和产量有重要影响，水利条件较好的土地，一般种植水稻、小麦等人们喜欢的主要农作物，水利条件较差的土地，一般种植玉米、豆类、薯类等能种的但不一定喜欢吃的农作物。肥力因素对农作物的产量和品种有一定影响，肥沃的土地产量高，不需要休耕，贫瘠的土地产量低，需要休耕，并且对种植品种有一定的要求。大的生态环境因素主要有污染、干旱、植被、虫鸟、阳光等，也是农业生态系统不可缺少的因素，直接作用不是很明显，但长期影响却是不可忽视的。比如秦巴山区的植被，初看对生态农业影响不大，但实质上影响很大。因为，农业生产需要的水资源，直接受植被状况影响。

农业生态系统的结构也受社会因素的影响。经济发展水平是影响系统的首要因素，好的影响是退耕还林，一些较差土地没人耕种，农业生态系统进入良性循环；坏的影响是环境污染日趋严重，禽畜粪便污染就是其中之一。市场经济的影响也值得重视，农业的规模化经营使农民有了改善农业生态系统的积极性，也使循环经济、有机农业等真正成为可能，农业生态园区的发展，说明市场经济对农业生态系统建设的正作用。不利之处在于投机现象日趋严重，过度的使用农药、化肥以及其他的添加剂等，使农产品质量有所下降。

（三）农业生态系统的功能

农业生态系统的功能，可以站在大系统的高度来理解，克服“不识庐山真面目，只缘身在此山中”的难题。事实上，农业生态系统对人、社会、环境都有不可忽视的作用。

农业生态系统的功能，从人的角度来理解，就是可以持续的生产出粮食等作物。系统功能的最直接感知，就是生产出粮食等作物。良好的系统能够持续高效的产出，非良好系统，必然不能持续高效的产出。如汉中市的平川地区是全国著名的水稻生产基地，自古以来土地肥沃，水利设施发达，可以持续高产的生产水稻，这就是农业生态系统良好的功能表现。从生态学的角度来理解，良好的生态系统，生物之间，生物与土地、气候之间，人与生物、土地之间，存在一种互相促进发展的作用，相互依存、相互促进、相互发展、相互利用是其关系的真实写照。

从区域社会发展的角度来理解农业生态系统，其功能是为社会发展提供良好的环境。系统的粮食产出功能，对一个区域来讲，就是区域社会发展的基础，毛泽东所谓的“农业是基础”就是从这个意义上来讲的。在战乱时期，陕南特别是汉中成为人们的“避难所”、“救护地”，就与陕南农业生态系统能够持续的生产粮食分不开。今天农民的“打工潮”，也与农业生态系统良好的产出能力分不开。

农业生态系统的功能，更重要的是对生物本身的意义。良好的农业生态系统，可以影响气候，农作物生产的氧气，是人不可缺少的生存条件，这在农业生态系统较差的西北干旱地区感受最明显。良好的农业生态系统，可以影响降水，而水又是农业的"命脉"。自"文革"以来，林木砍伐过度，造成全国范围的干旱等自然现象，让人们记忆深刻。改革开放以后，特别是市场经济的发展，在比较利益的作用下，农业生态系统立体化倾向十分明显，园林、池塘及传统农业使农业生态系统变得更为多样化，极大地改善了区域的气候、雨水状况，干旱等破坏性自然现象逐年减少。同时，宜农则农，宜林则林，宜牧则牧，尊重自然规律，使得农业生态系统走上了良性循环的道路。如城固橘园，商洛中药材，安康茶叶、众多的水库养鱼等，多样化的生产系统，促进了生物的多样性，这与"文革"时期单一农业生产对生物多样性的破坏是相反的。"退耕还林"，"生态移民"也对农业生态系统具有重大的促进意义。农业生态系统的良性循环，对土地肥力恢复、减少病虫害有重要意义，也对提高粮食产量、质量（无公害、有机、绿色）是十分必要的。

当然，农业生态系统功能的发挥，也有一些反面的例子。如水渠的水泥化，看起来是节约了土地，方便了灌溉，但同时也丧失了传统水渠的水质净化功能，影响动植物的生长环境，从生态的角度来讲是得不偿失。再就是过度使用农药，不但危及人的食品安全，而且破坏生态系统的良性循环。

二、农业生态系统的保持与优化

（一）农业生态系统基本要素的维护

农业生态系统的保持与优化，首先需要系统要素的维护与发展。对于人，需要增强生态意识、循环意识，减少索取意识，这是农业生态系统良性循环的目标保证；人对农业生态技术的掌握和运用是农业生态系统良性循环的技术保证。对于土地，不要过度利用，适当施以农家肥、绿肥，保持土壤的生物活性是当务之急；因地制宜，宜农则农，宜林则林，提高土地的绿色效率是十分必要的。对于农作物要合理搭配种植农作物的类型，从生物兼容性、互补性、病虫害防治的角度合理种植，推广优良品种，适当兼顾经济效益，农、牧、渔、林等立体发展，进而推动农业生态系统的良性互动循环。对于肥料，要增加农家肥、绿肥使用，减少化学肥料使用；适当休耕，恢复肥力；合理种植，减少肥力浪费；推广沼气、秸秆还田，促进生物良性循环。对于水资源，基本水利建设的不断完善，水资源的保护与合理利用，杜绝污染，是保持水质水量的基本措施。从生态循环的角度，适当减少水泥渠道，发挥微生物的作用，对净化水质是十分必要的。

(二)农业生态系统基本结构的保持

陕南农业生态系统结构主要表现为坪坝水稻生态系统、浅山丘陵小麦玉米生态系统、深山玉米薯类生态系统。

坪坝水稻生态系统结构的保持,影响因素主要是工业污染、生活垃圾。工业污染的源头是污染企业,治理难度较大,但目标、措施明确;还有一些工业污染,其数量不大,不引人注目,却长期危害系统(如广东的含铬大米),这是应当重点关注的污染源。生活垃圾主要是塑料袋、化学制品等,其治理主要是农民的思想观念、行为习惯要跟上社会发展的步伐,对现代科技、循环经济等知识要有一定的理解。保持水田面积的稳定,保护农民种田的积极性,也是保持系统结构稳定的重要一环,水田的不断减少,或农民不种田,也就没有系统结构的保持。

浅山丘陵小麦玉米生态系统结构的保持,主要影响因素是水利基础设施、自然灾害等。水利基础设施需要投入,改革开放以来,农业基础设施投入基本没有;在农业比较效益下降的情况下,农民也没有投入水利基础设施建设的积极性;基础设施具有很强的外部性,需要组织农民集体投入,缺乏有效组织者。自然灾害的预防,一是减少破坏,二是增加防范。就目前陕南的实际来看,山体破坏主要是矿山、公路等建设垃圾成为破坏因素,合理堆放建筑垃圾需要规划。洪水、泥石流等自然灾害,除基础设施建设外,主要办法是移民。现在移民工作已进入实施阶段,陕西移民10年移民300万,陕南移民占60%。

深山玉米薯类生态系统结构的保持,重点是自然生态系统的保持。对深山而言,没有自然生态系统,就没有农业生态系统,二者是“皮”与“毛”的关系。保持自然生态系统,以保护为主,开发为辅;开发以适度为上,严禁过度使用。农业生态系统结构的保持,以休耕、轮耕为主要方式,以林、农、牧结合获取综合效益为目的。不能耕种的地区,要果断移民以恢复自然生态的功能。

(三)农业生态系统基本功能的优化

系统论的基本理论是“结构决定功能”,但功能也可以强化结构。农业生态系统的结构决定了系统的功能,而功能的优化是强调以功能为引导,促进系统的良性循环。

1.粮食产出

粮食产出是农业生态系统的基本功能,传统农业能够提供有机食品,但产量较低,其追求目标是高产。现代农业产量比较高,但受化肥、工业污染等的影响,质量下降。因此,农业生态系统的功能优化,主要是在保持高产的同时,提高粮食的质量。这一功能追求,必然会影响系统结构,使与质量相关的结构不断得到强化。如,系统的污染自处理功能的相关结构——水草、微生物、动物等生物消化分解；减少化肥、农药等的使用量，把高产与休耕、轮耕、农家肥等联系起来；减少农村人口，补贴农业生产，降低农业经济收入压力。

2. 改良环境

农业生态系统不仅给人类提供生存条件——粮食，还给人类提供生活条件——环境。人类的健康发展，首先需要环境提供各种物质、能量的品质和数量，没有良好环境，健康就没有基础。人呼吸的氧气需要植物来生产，人生存在植物中间，就会感觉到空气清新。人的感官需要刺激，最好的刺激是自然的颜色、气味、声音等，“鸟语花香”就是对此的最好形容。如果人类需要的物质、能量混入了有害物，必然会影响人类健康发展。而这些良好的环境主要是农业生态系统提供的，现在人们喜欢到森林、农村旅游，回归大自然，就是对良好环境的向往与追求。系统的这一功能，就强化着观光农业等系统结构。当然，环境不总是美好的，破坏环境的因素时常存在，但农业生态系统能够在一定程度上化解破坏环境的因素。如灰尘，树林可以遮挡、消化；水质污染，水草、微生物可以分解、消化。良好的农业生态系统，能为人类健康提供正能量，也一定程度的消减副能量，因此，强化农业生态系统的结构，发挥农业生态系统的功能具有重大的意义。

3. 生物群落

农业生态系统本质上是生物系统，生物发展有自身的规律，如生物的相生相克、种群等，因此，尊重生物发展规律是众所周知的道理。生物发展规律最简单的表现之一就是生物链，生物链强调生物之间的相互联系、相互依存关系，而不是单一存在、单一发展。一片稻田，看起来很美，但不一定符合生物发展的规律，生物多样性原理告诉人们，有鱼有鸭也许更适合水稻的生长。从生物链、生物多样性理论出发，生态农业、多样化的农业，才能提供优质的农产品。重视生物链、生物群落的发展，强化多种农作物的间作套种，发展立体农业等，是优化农业生态系统的基本路径。

三、农业生态系统的维护技术的应用

农业生态系统维护技术涉及的内容很多，这里仅列举几种。

（一）生物群落技术的应用

从农业生态系统功能的生物群落来看，混合种植养殖符合生物发展规律，可以促进农产品质量、产量的发展，也是目前比较成功的做法。

1. 种植业混合模式

其原理是空间结构的合理使用、种群物质的多层利用、植物特性的互补等。

应用比较广泛的是间作、套种。间作是分行种植不同的品种，提高土地、气候、阳光等的利用效率；套种是混合种植不同品种，提高土地、气候、阳光等的利用效率；二者在本质上是一样的，即混合种植，不同的是种植技术。从生物链的角度来看，套种更符合生物生长需要；从人类生产方便的角度来看，间作更适合生产需要。陕南间作主要是小麦和油菜的间作，玉米和薯类、豆类的间作；套种主要是玉米和黄豆、豇豆等套种。

2. 养殖业混合模式

其原理是空间结构的合理利用及生物循环。牛—鸡—猪—鱼循环模式就是利用牛粪喂鸡、鸡粪喂猪、猪粪喂鱼的物质循环利用，提高物质利用率，促进生态系统的良性循环。陕南比较普遍的是牛—鸡—猪模式和鱼—鸭模式，因为养殖成本及方便程度在混合养殖决策中占很大比例。

3. 林业混合模式

陕南最常见的是混交林，通过林木的高矮、阴阳属性、抗病虫性、抗旱性等的互补，形成生物群落，相互促进，相互补充，循环利用。乔灌草模式也是一种基本混合模式，主要分布在丘陵、湿地及山区。林药间作利用许多药用植物喜阴凉、湿润的环境的习性，实行林药间作。林木可以为药材提供隐蔽环境，以防夏日高温伤害，为药材提供良好的环境。同时，林药间作可以减少成本，增加收益，并能促进林木生长。陕南一般是杉木、天麻、魔芋间作，地区差异较大。

4. 农林牧混合模式

该模式最大限度的进行空间利用、生物循环，方便实用，发展历史悠久。最基本的混合方式是林木（杉木、松柏、果树等）、农作物（玉米、薯类、豆类、油菜等）、家禽家畜相混合。由于地理条件的差异，山区以林木为主，农业为辅，兼养牛、猪、鸡等畜禽；丘陵浅山地区以农业为主，以栽种林木、果树等为辅，兼养猪养鸡等；平川地区以农业为主，养殖业为辅，兼栽种果树、林木。该模式的简化形式有鸭—稻—鱼模式，鸡—果—猪或鸡—果—农模式，特种养殖与林木模式等。这些模式属于传统农户经营方式，符合生态学原理，有着悠久的历史。

（二）水土保持技术的应用

水土保持技术在农业生态系统中主要体现为果林、林药模式和地膜覆盖技术。

1. 果林、林药模式

陕南水土保持的主要任务是防止水土流失，这与陕南降雨量充足有密切关系。从国家的角度来看，防止水土流失，营造长江防护林是陕南的主要任务；保护南水北调中线工程水源地的水质，使一江清水送北京，也是十分重要的。因此，与提高山地植被覆盖率相关的技术，就是应当推广的技术。植树造林对陕南生态系统的意义不言自明，把林木与经济效益联系起来，无疑是可持续发展的长久之道。所以，果林就成为农户的首选，不宜种果树的地区，可以林药间作、林牧混合发展，只要以林为主，保护水土不流失即可。

2.地膜覆盖技术

该技术自20世纪70年代从日本引进我国后，由于其显著的增产作用，得到了大面积的推广，特别是在低温干旱地区，地膜覆盖通过改善土壤水、热状况，活化土壤养分，提高养分有效性和利用率，实现了农业增产增收。在西北半干旱地区的研究表明，小麦地膜覆盖平均可增产30%，最高可达到50%以上（骆世明，2009）。地膜覆盖增产的原因是：地膜覆盖可抑制蒸发，有保持水分、集水、增温效应。地膜技术在陕南主要用于增温。如山区，特别是深山高寒地区，地膜技术用于玉米、薯类农作物的增温，增产效果较好、使用普遍；平川地区也用于增温，主要是提前成熟期，增加经济收益。

（三）废物处理技术的应用

保持良好环境，需要及时处理废物。生态农业的废物处理技术主要有：畜禽废弃物的资源化利用技术；农林牧业废弃物能源工程技术；秸秆的综合利用技术；生活垃圾处理技术。

1.畜禽废弃物的资源化利用技术

（1）饲料化技术。畜禽粪便中含有大量的未被消化的各种营养成分，尤其是鸡粪含有较高量的蛋白质和齐全的氨基酸种类，经适当处理后可再次被动物利用，从而节约饲料，降低饲料成本。据试验，在饵料中添加鸡粪30%，与对照比，渔业产量增加9%～17%，成本降低30%，盈利提高50%。值得注意的是，畜禽粪便是畜禽体内代谢的产物，不仅含有营养成分，也含有体内代谢产生的有毒有害物质、微量元素、兽药等。因此，将畜禽代谢物作为饲料资源利用时，首先，必须注意饲喂量，一般认为鸡粪可占鸡日粮的5%～15%，占生长猪日粮的5%～10%，占育肥猪日粮的10%～15%，占牛日粮的20%～30%比较适宜；其次，在饲喂前必须进行无害化处理，对畜禽粪便进行除臭、去毒、灭菌、脱水等前处理措施，从而提高其利用价值并便于储存。前处理方法一般有青贮、添加化学物质、干燥、发酵等。

（2）能源化技术。该技术利用粪便产生沼气，作为可利用的能源。沼气是一种可再生的燃料，燃烧后的产物是二氧化碳和水，是高度环保的燃料，可以给居民提供廉价、优质的生活用能；在沼气的生产过程中，可以消除粪臭、杀灭有害微生物和切断寄生虫的生长周期，实现畜禽废物的无害化；沼液和沼渣中含有丰富的氮、磷、钾以及各种微量元素，还含有多种生物活性物质，是优质的有机肥料和土壤改良剂，沼渣还可以作饲料饲喂家畜以及养殖水生生物和蚯蚓等。

(3)肥料化技术。畜禽排泄物中含有大量农作物生长所需要的氮、磷、钾等营养成分和大量的有机质，将其作为有机肥料施用于农田是一种被广泛采用的处理和利用方式。据统计，畜禽粪便占我国有机肥料总量的63%～71%，是我国有机肥料组成中极为重要的肥料资源，目前利用畜禽粪便生产的有机肥不仅是绿色食品和有机食品生产的需要，也是增加土壤肥力和实现农牧结合相互促进的最有效途径。新鲜未完全腐熟的畜禽粪便施于农田，肥效低且污染环境，因此，在利用前必须对粪便进行无害化处理。堆肥是目前较常用的氧化发酵处理废弃物以达到稳定化和农肥化的方法。通过堆肥，可以将畜禽粪便中复杂的有机物降解为易被植物吸收的简单有机化合物，降低堆肥的碳氮比，有利于作物根系的吸收；堆制过程中，堆内温度可达60～70℃，可杀死大部分病源微生物、寄生虫卵和杂草种子等，消除了它对作物生长及对人畜健康的影响；堆制结束后，堆肥的氮磷钾含量均有所上升，有利于培肥土壤，增加土壤中氮、磷、钾及微量元素等的含量，特别是可以增加土壤中有效态氮、磷、钾的含量，改善和提高土壤腐殖质组成，为农作物生长提供营养物质(吴银宝，2002)。堆肥的主要方式有无发酵装置的堆肥系统和发酵仓堆肥系统两大类。无发酵装置的堆肥系统包括条垛式堆肥系统和通风固定堆肥系统等。发酵仓堆肥系统包括槽式发酵仓堆肥、塔式堆肥等。

陕南对畜禽废物的利用尚处在初期阶段，因为许多技术的应用需要一定规模，独家散户应用成本较高，方便成为技术推广的重要标准。饲料化技术应用较少；能源化技术使用较普遍，随着家庭的小型化，也有闲置的可能性；肥料化应用比较普及，但传统方式居多。

2. 农林牧业废弃物能源工程技术

该技术主要是沼气厌氧发酵及其残余物利用技术和生物质化利用技术，使用较为普遍的是沼气，综合效果鲜明，具有长期使用意义。

3. 秸秆的综合利用技术

秸秆是农业生产最常见的副产品，过去多用作燃料，即做饭、取暖等。现在人们普遍使用电能，秸秆成为废弃物且数量庞大，因此，更好地利用秸秆就成为迫切的需要。

(1)秸秆热解气化工程技术。就是将玉米秸秆、玉米芯、棉柴、麦秸等秸秆粉碎后作物原料，经过氧化设备热解、氧化、还原反应转换成可燃气体，经净化、除尘、冷却、储存加压，再通过输出系统送往一家一户，用作燃料或生产动力。

(2)秸秆还田养地技术。一是秸秆高留桩还田。在庄稼收割时，留12～27

厘米(4～8 寸)的高桩,通过翻耕压于土中。二是秸秆翻压还田。以每亩 150 公斤左右的干秸秆或 500 公斤左右的湿秸秆,铡成 10～15 厘米,铺撒于田中,翻压于土壤下 10～15 厘米。玉米、小麦、油菜收割时,采用秸秆还田机(粉碎机)使秸秆还田最理想。三是秸秆覆盖还田。直播作物小麦、玉米、豆类作物等播种后,出苗前,以 150～200 公斤/亩干秸秆均匀铺盖于耕地土壤表面,以"地不露白,草不成坨"为标准。盖后抽沟,将沟土均匀地撒盖于秸秆上。

(3)秸秆作为食用菌培养基质技术。利用作物秸秆生产食用菌可以选用多种农作物秸秆(如小麦秸秆、大豆秸秆、玉米秸秆等),利用机械粉碎成小段并碾碎,以此作为基料栽培食用菌。栽培过食用菌的残余物即菌糠含有更多的粗蛋白,具有清香味,适口性好,可用作饲料,也是优良的有机肥。此技术已具有成熟的配方和管理工艺,秸秆作为食用菌栽培的基础材料,5～8 亩农田的秸秆,经腐熟后可栽培 1 亩露地蘑菇,生产 2 000～3 000 公斤,收入 5 000～6 000 元,是一项投资小、见效快、技术要求不高、能大量处理秸秆的致富技术。

(4)作为秸秆的饲料转化技术。秸秆作为饲料除了直接饲喂外,还有多种加工方法,提高加工的饲料价值,如青贮、黄化、氨化及糖化等方法,利用窖、池或塑料袋等,都可以实现集中规模化加工。现在利用专门的机械设备或秸秆饲料生产线,把秸秆加工成颗粒或块状干饲料,秸秆加工熟化后,具有熟香味,提高动物采食率。

4. 生活垃圾处理技术

生活垃圾处理和综合利用,首先要分类收集,这是实现垃圾减量化和资源化的重要途径和手段。通过分类投放、分类收集、分类处置,变废为宝,既能提高垃圾资源利用水平,又可以减少垃圾处置量。生活垃圾一般可分为可回收垃圾、厨房垃圾、有害垃圾、其他垃圾,进而按不同方法进行处置和利用。

(四)病虫害防治技术的应用

1. 植物生产的病虫害控制技术

农业生产中的病虫害防治首先在于采用适当的农艺措施,建立合理的作物生长体系和平衡的生态环境,提高系统内自然生物防治的能力,从而抑制病虫害的爆发。

(1)农业防治技术。农业防治是综合防治的基础,在病虫害控制中占有重要地位,其主要措施有选用抗性品种、培育壮苗、间作轮作、肥水管理和控制作物生长条件等。模拟自然生态系统,种植多样化作物,是生态农业病虫害防治的基础措施。多样化种植包括:时间上的多样化种植——实行轮作倒茬,将某个地方或某个季节的病虫害与寄生作物分开;空间上的多样化种植——通过间混套作等栽培措施，建立有利于天敌繁殖，不利于病虫害发生的环境条件。

(2)生物防治技术。生物防治技术是利用某种生物或某种生物代谢产物来控制病虫害的发生发展。天敌的保护和利用是生物防治的核心。保护天敌的主要措施：一是优化农田生态条件，增加作物多样性，田间地头预留植物保护带，种植适当的蜜源植物和中间寄主，创造有利于天敌生存和繁衍的良好生态环境；二是保护天敌安全越冬，以增加早春天敌数量，如束草诱集、引进室内蛰伏等；三是必要时补充寄主，使天敌及时寄生繁衍。

(3)物理防治技术。一是利用害虫的趋避性。如利用蚜虫避灰特性，在田间挂银灰膜可以驱赶蚜虫。利用白粉虱、蜘蛛等的趋黄性，设黄色机油板诱杀。同时可以利用昆虫的性外激素或聚集激素以及黑光灯或高压汞灯的灯光、糖醋液等进行诱杀。二是利用冷热处理法。干热消毒、温烫浸种、太阳能高温消毒土壤、低温灭虫等。三是隔离。如在果园中用套袋的方法防治柑橘食果夜蛾、桃蛀螟、梨小食心虫等果实害虫为害；在树上涂胶可以防治树木害虫下树越冬或上树为害；在树干上刷石灰水既可防止树木冻害，也可阻止天牛产卵；在粮食上覆盖草木灰、粮壳或惰性粉等，可以阻止粮食害虫浸入为害。

2. 动物养殖的疾病控制技术

生态农业中动物养殖的疾病防治应遵循如下原则：预防为主、治疗为辅原则；使用安全、高效原则；对症下药原则；适度剂量原则合理疗程原则。防治技术有：良种繁育技术；科学饲养管理；创造良好的生活环境；疫病防治技术；减少激素与兽药依赖。

第十一章 陕南生态农业的规划与运作

一、陕南生态农业的规划

(一)国家规划中的陕南

国务院印发的《关于丹江口库区及上游地区经济社会发展规划的批复》(2006),原则上同意《丹江口库区及上游地区经济社会发展规划》(以下简称《规划》)。这是保障南水北调中线工程顺利实施、推动生态文明建设、促进区域协调发展的重要举措,对于保障南水北调中线工程顺利实施,促进全国区域协调发展,提升库区及上游地区经济社会发展水平具有重要意义。

《规划》范围包括河南、湖北、陕西三省的43个县(区、市),以河南省南阳市和湖北省十堰市的9个库区县(市、区)为核心区,包括陕南三市全部28个区县在内的34个县(市、区)为影响区。规划面积11.13万平方公里,其中核心区2.26万平方公里。规划期到2020年。

《规划》按照水源区生态保护的需要和水环境保护的要求,根据经济社会发展实际和发展趋势,将规划区划分为水源保护区、生态农业区和集聚发展区三类功能区。

水源保护区主要是水源保护核心区和涵养保护区,要按照禁止开发的要求进行管理。其中水源保护核心区包括南水北调中线水源一级、二级保护区范围。区内禁止开展易造成水污染的生产活动,严禁新建、改扩建易造成水污染的项目。加强生态建设与保护,逐步搬迁外移区内人口,提高水环境安全水平。水源涵养保护区包括自然保护区、风景名胜区、重要湿地、森林公园、地质公园以及坡度25度以上的山地。严格控制采矿、采伐等破坏水源涵养功能的相关活动。加强天然林保护、生态公益林建设、湿地保护与恢复和水土保持,不断提高水源涵养能力。加大生态移民实施力度,加强各类保护区的建设与管理。

生态农业区包括以种植、养殖业为主的区域,按照限制开发的要求进行管理。区内重点调整农业结构,发展生态农业、高效农业和设施农业,着力改进种植业、养殖业和林果业生产方式,减少农药、化肥施用量,推广测土配方施肥和病虫草害生物防治技术,集中建设畜禽养殖场污染防治和综合利用设施,减少农业面源污染。积极推进农村沼气、太阳能等清洁能源建设,改善能源消费结构。加强农村环境综合整治，建设农村垃圾收集处理系统和小型污水处理设施，减少农村生活污染。

集聚发展区包括中心城市的规划建设区以及依法设立的开发区和产业集聚区。区内实行最严格的节约用地制度，从严控制建设用地总规模。在符合土地利用总体规划的前提下，合理确定新增建设用地规模和时序。结合企业兼并重组、易地改造、淹没搬迁，在有条件的地方集中布局建设产业聚集区，重点发展二、三产业，着力促进产业改造升级，推行清洁生产，发展循环经济，减少污染排放，提升已有开发区集约发展水平和辐射带动能力。

安康市建设新型材料工业基地和特色生物资源加工基地，建成上游地区交通枢纽和物流中心。

汉中市建设重要的装备制造业基地、循环经济产业集聚区和重要的物流中心，建成生态宜居城市。

商洛市建设优质绿色农产品、新材料工业基地，建成秦岭南麓生态旅游城市。

（二）陕西省“十二五”规划中的陕南

生态建设成效明显。“一山两河”为重点的综合整治力度加大，关中、陕北县级污水和垃圾处理设施基本建成，陕南 28 个县区全面进入国家生态补偿范围，汉丹江水质保持良好，渭河干流水质明显改善。

推进引汉济渭取得重大进展，力争完成主体工程。突出抓好渭河中下游、汉江重点段及丹江干流等防洪工程，加大洛河、嘉陵江、延河、无定河等中小河流治理和山洪地质灾害防治力度。

调整结构，优化布局，创新模式，搞好现代农业示范园区建设，大力发展农产品加工业和流通业，积极发展生态农业，壮大农业产业化龙头企业，农产品加工转化率到达 70%。扩大猕猴桃、柑橘等名优水果种植面积，推进核桃、红枣等五大干果基地建设。畜牧业以生猪、牛奶为重点，实施现代畜牧业产业化工程，完善良种繁育体系，推广科学养殖模式，建设一批百万头生猪大县，万头生猪示范村，奶牛标准化示范县，发展一批标准化养殖场，形成关中奶畜、陕北羊子、渭北和陕南生猪生产基地，促进畜牧业发展。依托资源禀赋，鼓励和支持发展陕北名优小杂粮，关中时令瓜果，陕南“双低”油菜、茶叶、中药材、食用菌、富硒食品等区域特色产业。

全力推进秦巴山区、白云山区、黄河沿岸土石山区、采煤沉陷区等特殊困难地区扶贫开发，启动移民搬迁安置和扶贫移民搬迁工程，在全面完成移民搬迁 280 万人任务上取得重大进展。

加快培养秦岭生态旅游带，积极发展民俗风情、科教观展、温泉疗养、乡村、工矿等特色旅游。完善提升西府民俗体验、渭北农业观光、秦岭南麓生态休闲、嘉陵江羌族风情体验、米仓山乡野观光、巴山人家休闲度假、黄土风情红色旅游、沙漠生态观光、陕南油菜花海、关中印象民俗风情等乡村旅游板块。

商丹谷地、汉中盆地、月河川道城乡统筹示范带建设,推进关中创新发展、实现陕北持续发展、加快陕南循环发展。

加快构建以西安、重庆、成都为核心的“西三角”经济区,培养和作共赢新优势,打造全国第四增长极。

突出华夏始祖和周秦汉唐历史文化、红色文化、秦巴绿色生态文化和佛、道宗教文化,建设十大特色文化区。

(三)陕南三市“十二五”规划中的生态农业

1.汉中市“十二五”规划中的生态农业

“十一五”末,汉中市生产总值达到509.7亿元,年均增长13.9%;人均生产总值达到14 462元,年均增长13.6%;财政总收入达到45.2亿元,年均增长22%,其中地方财政收入达到18.6亿元,年均增长23.8%,财政支出达到126.79亿元,年均增长38%;社会固定资产投资五年累计完成925.57亿元,年均增长33.1%。农业产业化和规模化水平不断提高,猪、药、茶、菜主导产业占农业总产值比重由47.2%上升到59.7%;装备制造、有色冶金、烟酒食品、医药化工等支柱产业产值占规模工业的比重由62.9%提高到78.7%;“十一五”末,全市工业增加值达到146.32亿元,年均增长15.9%;旅游业收入占生产总值的比重由3.8%提高到9.6%。三次产业结构由22.08∶39.22∶38.7调整到21.66∶39.14∶39.2。

实施五大战略。一是打造汉中循环经济产业集聚区。积极发展装备制造、有色冶金、新型材料、生物医药、油气石化、有机农业、生态文化旅游、静脉产业等循环经济主导产业,全面构建以循环型农业为基础、循环型工业为主体、循环型服务业为补充的产业体系,加快推进经济发展方式的转变。二是打造国内一流生态文化旅游特色城市。依托汉中市良好的生态资源和深厚的历史文化资源,加快黎坪、华阳生态旅游区,定军山三国文化旅游区等旅游精品区开发建设,整合文化、生态、民俗等资源及红色旅游资源,加快旅游业发展。三是打造国家绿色产业基地。以绿色经济、循环经济、低碳经济为重点,大力推动有机农业、生态农业、观光农业及生物医药等绿色产业的发展。四是打造“西三角”经济区现代物流重要节点城市。依托西成高速客运铁路、阳安铁路扩能改造、兰渝铁路阳平关至姚渡连接线、西汉高速、十天高速、宝汉高速和汉中机场等交通基础设施建设,充分发挥汉中位于“西三角”经济区腹地的区位优势,加快发展商贸物流和现代服务业。五是打造中国汉文化展示中心。加快两汉三国文化、栈道文化、民俗文化、陕南民歌、茶文化等的系统研究,统筹文化产业发展,打造具有地域特色的文化品牌,推进文化资源向文化产品、文化服务的转化,围绕“关中—天水经济区”提出的“彰显华夏文明的历史文化基地”建设战略,唱响汉中汉文化。

完善现代农业产业体系,发展高产、优质、高效、生态、安全农业。提高农业技术装备水平,用现代技术装备农业,用现代技术改造农业,提升科技对农业的贡献率。巩固和加强农业基础地位,保障粮食安全。严格保护耕地,加快农村土地整理复垦,建设旱涝保收高标准农田,规划新修和改造基本农田 30 万亩。认真落实各项粮食生产扶持政策,进一步调动农民种粮积极性。粮食播种面积稳定在 410 万亩,总产 120 万吨以上。做大做强“三个六”(年出栏生猪达到 600 万头,茶叶总产达到 6 万吨,柑橘面积达到 60 万亩)、做精做细“四个优”(130 万亩优质水稻、120 万亩优质双低油菜、100 万亩优质薯类、100 万亩优质绿色蔬菜)、培育壮大“七个特”(100 万头牛羊养殖基地、50 万亩魔芋种植基地、30 万亩优质桑园、10 万亩苗木花卉基地、150 万亩特色果品生产基地、优质水产品养殖基地、休闲观光农业),延长农产品产业链,提高农产品附加值。到 2015 年,市级以上重点龙头企业达到 200 家,其中国家级 5 家,省级 50 家,过亿元重点龙头企业超过 20 家,农产品加工率达到 50%。

以市场为导向,依托优势资源,加快转变农业发展方式,调整产业结构,着力发展特色产业,促进农业生产经营专业化、标准化、规模化、集约化、绿色化,把我市建设成为西北地区最大的绿色农产品基地,全国著名的循环农业示范基地。生猪产业以优化品种、扩张规模为重点,抓好良种繁育,扶持规模养殖大户,发展标准化养殖小区,建设饲养量达 1 000 万头生猪产业基地。中药产业突出天麻、猪苓、山茱萸、西洋参等骨干优势项目,推行规范化、标准化种植,建设高标准药源基地,发展中药材批发市场,把汉中市建成国内优质中药材产地和区域性中药材集散地。茶叶产业以扩大总量、做强品牌为重点,发展高产密植生态茶园,建设 80 万亩有机茶产业带,提高中高档茶市场份额,把“汉中仙毫”打造成国内外知名品牌。蔬菜产业以优化布局、集约生产为重点,大力发展大棚菜、精细菜、特色菜,建设 100 万亩绿色蔬菜产业板块。渔业以推行绿色养殖、提高效益为重点,抓好大鲵等特色养殖,把汉中市建设成为无公害水产品养殖示范基地。果业以标准化、优质化为重点,因地制宜发展柑橘、梨、猕猴桃和板栗、核桃等干鲜果,形成产加销一体的产业链。

依托优良的生态环境和绿色农业、有机农业的发展基础,按照有机农业的规范和要求,把原则性与科学化相结合,生产与市场开拓相结合,经济、环境、社会三大效益相结合,在洋县、西乡、宁强、留坝重点建设万亩有机农业示范园。在汉台、南郑、城固、洋县、勉县、西乡和宁强等生猪大县,以沼气为纽带,种养结合,大力推广猪—沼—菜(果、渔)生态循环模式,建立循环农业示范园,提高有机农业的生态、经济、社会综合效益。

按照“产业高新，集成创新，示范展示，辐射带动”的原则，突出地方特色，充分利用各县农产品资源，建立一批以农产品加工企业为龙头，以园区为载体的农产品加工示范园。在勉县、城固、洋县、南郑、西乡、宁强等县建设以畜产品、茶叶、柑橘等为主的农产品加工示范园，就地加工当地农产品。到“十二五”末入园企业由17家发展到100家。

把农业发展与城市休闲有机结合起来，在中心城市郊区和各县城郊依托各类农业示范园、花卉苗木基地、特色种养业基地等农业生态资源，建设上规模、有档次、服务规范，集住宿、餐饮、娱乐为一体的城郊休闲、观光农业示范园（休闲农庄）50个。

科学制定村镇体系规划，引导村镇集聚发展。在尊重农民意愿、有利于改善生产生活条件的前提下，适当进行迁村并点，建设农民新村，提高村镇建设用地的利用率，节约使用土地。抓好农村清洁工程，加快推进户用沼气工程、农村危房改造、道路绿化工程、建筑物整饰工程、垃圾污水处理等工程建设，努力改善农村环境面貌。加快农村教育、卫生、文化等 公共服务设施建设，改善农村公共服务条件。

以黎坪景区为龙头，辐射带动南湖度假旅游和红寺湖水上生态旅游开发，打造黎坪山水休闲旅游度假区；以朱鹮、大熊猫、金丝猴、羚牛、自然山水和原始森林为亮点，打造华阳四大“国宝”旅游区；以张良庙、紫柏山、栈道漂流为重点，打造集祈福朝拜与山水休闲为一体的张良庙、紫柏山旅游区；以武侯墓（祠）、定军山、温泉为核心，建设三国文化休闲与温泉度假于一体的定军山休闲度假旅游区；以青木川古镇历史文化为依托，打造青木川古镇旅游区。同时加快汉台天台山、西乡午子山、略阳五龙洞、佛坪大坪峪和镇巴苗族风情谷等旅游景点建设。到“十二五”末，建成4A级以上旅游区3～5家，3A级旅游区10～15家，2A及A级旅游区15～20家。

2. 安康市“十二五”规划中的生态农业

2010年，安康市实现生产总值327.06亿元、工业增加值84.71亿元、地方财政收入13.23亿元、社会消费品零售总额110.5亿元，分别是2005年的2.28倍、3倍、3.85倍和2.38倍。全社会固定资产投资五年累计完成1 089.5亿元，是“十五”时期的4.68倍。经济结构在调整中优化，三次产业结构由2005年的25.5∶29.8∶44.7调整优化为2010年的20.5∶39.6∶39.9。农村基础条件不断改善，农业经济正在向规模特色效益方向迈进。工业经济快速成长，规模企业数量大幅增加，质量效益显著提高，新兴工业门类开始生成，工业化率达到25.9％，较2005年增加了6.3个百分点，清洁能源、新型材料、富硒食品已成为安康突破发展的重要引擎。生态旅游带动第三产业蓬勃发展，旅游人数突破千万人次，旅游人数和综合收入分别是2005年的9.2倍和10.8倍。经济增长速度快步跟进全省发展步伐。

抢抓国家加大水利基础设施建设机遇，适应经济社会发展和汉江水资源保护需要，加快建立城乡供水安全保障体系，建成汉阴洞河水库、重点城镇供水工程，实施农村安全饮水工程，提高城乡供水保障能力。做好“月河补水”工程前期工作，有效缓解水资源供需矛盾。加大中小灌区改造力度，实施病险水库除险加固，强化抗旱水源工程。加强基本农田建设，积极推广节水灌溉技术。实施沿江城镇防洪保安、中小河流治理和农村小流域综合治理工程，提高农业抵御自然灾害的能力。

坚持预防为主、避让与治理相结合，加强山洪地质灾害防范和综合治理。以城镇、村庄和基础设施的抗灾保安为重点，逐步对危险性大、危害严重、治理难度大的山洪地质灾害隐患点和危险点实行择址搬迁。高质量、高标准完成安康中心城市东西二坝防洪保安工程建设，以中心城市周边月河、吉河、黄洋河为重点，大力开展堤防建设和河道整治，减少安康中心城市水患危害。积极做好沿汉江及一级支流县城和主要集镇的防洪保安工程，确保人民群众生命财产安全。稳步推进重要生态功能区域的移民搬迁工作，通过实施以工代赈、生态移民、扶贫搬迁三大工程，按照规划分期分批逐步迁移，十年时间累计搬迁高寒山区和“山地危居”贫困群众22万户、88万人，其中“十二五”期间搬迁11万户、45万人。加强自然灾害预测预报和防灾减灾能力建设，增强防灾意识，提高应对自然灾害的水平。“十二五”期间，实施23个特大地质灾害点、244个一般地质灾害点、40条易发山洪泥石流小流域的综合治理，把安康建设成为秦巴山区生态移民和抗灾保安示范区。

坚持绿色、低碳、循环发展理念，以节能减排为重点，加快构建资源节约、环境友好的生产方式和消费模式，增强可持续发展能力，提高生态文明水平。加大生态环境建设力度，继续实施丹江口库区上游水污染防治和水土保持、天然林保护、退耕还林、长江防护林、汉江绿化和野生动植物保护及自然保护区工程。不断优化农村能源结构。扎实推进节能降耗，合理控制能源消费总量，严格执行项目节能评估审查制度，建立节能监察监测体系，支持发展循环经济和环保产业。推广资源节约技术，推进资源综合利用。加强环境保护，实施水、大气、噪音和废弃物排放综合治理，加快建设中心城市、县城集镇、江河沿线污水处理和垃圾处置设施。到2015年，污水集中处理率及燃气普及率中心城市达到90%以上、县城达到80%以上，城镇生活垃圾基本得到无害化处理。汉江出境水质保持Ⅱ类标准。

(1)十大环保和灾害防治工程。一是退耕还林工程：完成退耕还林155万亩，其中退耕地造林65万亩，宜林荒山荒地造林40万亩，封山育林50万亩。二是天然林保护工程:加强森林资源管理,完成宜林荒山荒地造林 135 万亩,中幼林抚育 200 万亩。三是长江防护林工程:以汉江两岸、公路、铁路沿线、城镇周边、库区景区周边荒山裸露区域为重点,营造林 60 万亩。四是生物多样性保护工程:加强野生动植物物种和生态关键物种保护。续建宁陕大熊猫、朱鹮 2 个保护区,建设天然珙桐、红豆杉 10 万亩珍稀濒危植物基地。加强化龙山自然保护区基础设施建设。五是水土流失及易受灾地区生态环境综合治理工程:实施丹江口库区及上游水土保持和易受灾地区生态环境综合治理工程,新增水土流失综合治理面积 3 900 平方公里。六是山洪地质灾害防治工程:实施 23 个特大地质灾害点、244 个一般地质灾害点、40 条易发山洪泥石流小流域的综合治理。七是山地危居搬迁工程:对灾害多发、生态恶劣地区的村庄实施移民搬迁,累计搬迁 11 万户、45 万人。八是汉江绿化工程:结合天然林保护、退耕还林工程,在沿汉江的汉滨、汉阴、石泉、紫阳、岚皋、旬阳、白河 7 县区新造林 20 万亩,封山育林 25 万亩。九是节能工程:应用节能技术,推广节能产品,推行合同能源管理,实施燃煤工业锅炉(窑炉)改造、能量系统优化、新型墙体材料和节能装备制造工程,完成省定节能量。构建市县两级节能监察监测机构,培育 3～5 个节能服务公司。十是垃圾、污水处理工程:建成 10 县区垃圾处理场,日处理能力 1 366 吨;建成江北污水处理和 9 县城污水处理工程,日处理能力 11.7 万吨;开工建设高新区傅家河污水处理工程,日处理能力 3 万吨。

(2)设施农业。在月河川道、山谷盆地和丘陵地带,培育发展新型农业组织经营模式,推广先进栽培技术,建设规模化、标准化、集约化的绿色有机农产品基地。建立农产品质量认证和检测体系,集中打造一批在省内外具有较强竞争力的农产品知名品牌。重点发展设施蔬菜、特色瓜果、名优花卉、食用菌等产业。到 2015 年,设施农业实现产值 30 亿元。

(3)畜牧产业。以福润、大红门、阳晨、鸿盛等龙头企业为依托,加快生猪标准化规模养殖场(小区)建设,发展月河川道百万头商品猪和镇坪生猪生产基地,建设年出栏千头以上规模养殖场 1 000 个,发展生猪养殖大户 1.5 万户,形成 500 万头商品猪养殖规模,构建畜牧养殖和深加工产业体系。同时,大力发展牛、羊、禽等养殖业。到 2015 年,畜牧业实现产值 70 亿元。

(4)林特产业。稳步发展蚕桑,加快发展茶叶、魔芋产业,大力发展油桐等木本油料和干鲜果品,稳定优质烤烟种植面积,按照 GAP 规范建设绞股蓝、葛根、黄姜、厚朴等道地中药材种植基地,突出发展林产品加工业。整合茶叶品牌,做大茶饮产业。到 2015 年,林特产业实现产值 50 亿元。

(5)水产养殖。大力开发丰富优质的水域资源,加大名优水产繁育力度,推广绿色养殖和综合生态渔业技术,发展大水面人工养殖、网箱养殖、名贵冷水鱼和秦巴大鲵养殖,推进水产品冷藏、运输、包装和深加工建设,打造汉江安康渔业品牌。到 2015 年，水产养殖业实现产值 35 亿元。

(6)稳定粮油生产。继续坚持严格的耕地保护制度，加快土地复垦、中低产田改造和基本口粮田建设，继续加大对粮食生产的补贴和扶持力度，增强农业的比较效益。坚持依靠科技，主攻单产，建设优质粮油基地，粮油种植面积稳定在 400 万亩和 90 万亩，产量分别达到 80 万吨和 10 万吨左右。

(7)富硒食品。以打造“中国硒谷”品牌为目标，珍惜保护、科学开发、合理利用富硒资源，坚持基地化培育、集团化整合和项目化实施，建成陕煤化工集团年产 60 万吨富硒矿泉水、福润公司和大红门公司年屠宰 300 万头生猪及肉制品加工、秦东公司年产 4 亿粒魔芋刺五加胶囊和 4 万吨魔芋速冻食品、旬阳烟厂 60 万担烟叶复烤、制丝和 20 万大箱卷烟生产等重点项目，重点发展粮油、茶叶、肉类、魔芋、果蔬、饮料、保健食品七大富硒食品产业集群，建成具有核心竞争力的中国富硒食品加工基地。到 2015 年，富硒食品产业实现产值 170 亿元，增加值 50 亿元，增加值占生产总值比重达到 7%。

(8)安康丝绸。加快科技创新，改造提升茧丝加工能力，重点发展织绸、炼染、服装等深度加工项目，充分开发蚕蛹、蚕沙、桑枝、茧丝下脚料等副产品，延长和拓宽茧丝、绸产业链，促进产业提等升级，打造安康丝绸品牌，使安康成为全国重要的茧丝、绸生产加工基地。到 2015 年，安康丝绸产业实现产值 30 亿元，增加值 10 亿元。

(9)生态旅游。依托安康市良好的交通区位优势、丰富的旅游资源，以“打造南宫山、连通汉江水、建设旅游村、提升中心城”为发展思路，以“秦巴风情、汉水神韵、金州美食、绿色安康”为主题，着力打造“一山(南宫山)一湖(瀛湖)一城(中心城区)”核心景区。加快南宫山、瀛湖、汉水明珠、秦岭景区、化龙山景区等一批重点景区建设，建设 30 个旅游示范村，力争将瀛湖创建为 4A 级景区，同时创建 6 个 3A 级景区，建设 2 家以上五星级酒店和 3 家以上四星级酒店，培育 5 条特色旅游街区。整合旅游优势资源，实施旅游产品深度开发，精心培育精品线路，深化旅游体制改革，推动服务接待体系建设，全面提升生态旅游的质量和水平，建设山水休闲度假胜地和国内一流生态旅游目的地。到 2015 年，全市旅游人数达2 500万人次，实现旅游综合收入 100 亿元。

3.商洛市“十二五”规划中的生态农业

2010 年全市生产总值达到 285.9 亿元，年均增长 13.7%，是“十五”末的2.5 倍，人均产值越过万元大关；工业增加值达到 64.49 亿元，是“十五”末的 3.9 倍；全社会固定资产投资累计完成 908 亿元，是“十五”的 6.2 倍；2010 年财政总收入达到 21.24 亿元，其中地方财政收入达到 12.01 亿元，分别是“十五”末的 4.1 倍和 4.9 倍。

优势特色产业不断壮大。生态旅游蓬勃发展，形成了 10 大旅游景区和 3 条精品线路，2010 年接待游客 1 260 万人次，综合收入 45 亿元；现代中药稳步发展，中药材种植面积达到 160 万亩，医药企业发展到 30 户，2010 年实现销售收入 25 亿元；绿色食品知名度进一步提高，全市认定“三品”产地 175 个，认证“三品”产品 80 个，认定农产品地理标志 2 个，以核桃、板栗、茶叶、生猪、肉鸡等加工为主的龙头企业发展到 56 家，2010 年实现销售收入 26.7 亿元。

全面实施退耕还林、天然林保护、重点区域造林绿化等生态工程建设，五年累计完成造林面积 181.37 万亩，森林覆盖率达到 62.3%，比 2005 年提高 9.9 个百分点。积极推进汉丹江上游水土保持及水污染防治工程，累计治理水土流失 3 925.5 平方公里。市污水处理厂、垃圾处理场、医疗固体废物处理场建成投入运行，县区污水处理厂全面开工建设。节能减排任务基本完成，淘汰落后产能 160 万吨，化学需氧量削减 7.3%，二氧化硫削减 1.1%。

坚持“生态立市”战略，加大重点生态工程实施力度，加强生态屏障建设，确保生态更加美好。继续推进天然林保护、退耕还林、“长防林”等重点工程建设，扩大生态容量，提升森林固碳能力。大力实施秦岭山地生态功能区和南水北调中线水源水质保障区生态环境综合保护工程，维护生态功能，确保水源安全。有效保护湿地，维护湿地生态平衡。积极实施“绿色城市”和村镇“三化一片林”工程，建设人居生态环境和丹江生态景观带，绿化美化城乡环境。积极开展生态环境创建工作，推进国家环境保护模范城市、生态园林城市、生态县区、生态乡镇和生态村建设。

坚持预防为主、综合治理、远近结合、标本兼治原则，加快环保基础设施建设，加强环境监测监管，着力解决流域水污染、矿区环境污染、城镇大气污染和农村面源污染等突出问题。加强重点行业污染防治，强化重点区域、流域环境整治，实施生态环境综合治理工程，有效保护秦岭生态环境，确保南水北调水质安全。加快城镇污水垃圾处理设施建设，全力推进市污水处理厂二期工程、6 县城和重点镇污水垃圾处理厂(场)建设，同步建设中水回用设施，大幅提高全市污水处理率和垃圾无害化处理率。强化大气污染治理，推广城镇天然气气化工程，加强城市烟尘粉尘及汽车尾气治理。全面开展农村环境综合整治，启动农村清洁家园、清洁田园、清洁水源建设，大力推广畜牧养殖小区大型沼气和农村户用沼气建设，从根本上治理面源污染。到 2015 年，城市污水、垃圾处理率均达到 80%以上，省级重点镇全面建成垃圾污水处理厂。

坚持兴利除害结合、防灾减灾并重、治标治本兼顾、政府社会协同的基本要求，加强洪查评价、监测预警、防治和应急体系，提高对自然灾害的综合防范和抵御能力。修订完善各种灾害应急预案，强化预案演练，加快应急救援队伍建设，完善物资储备机制，落实各级防灾救灾责任，提升全市救灾能力。加强自然灾害重点薄弱环节工程建设，重点加强病险水库除险加固和泥石流、滑坡体等地质灾害的预防和治理，加快山区危居搬迁。加强对滑坡体植被的保护和修复，严格控制人为引发地质灾害隐患。严格建筑抗震设防设计标准，70%民居达到抗震设防要求，市县城区能够抗御7级左右的地震，最大限度降低地震灾害损失。

加大旅游资源整合，大力发展自然生态旅游和休闲度假旅游，配套发展历史人文旅游和红色旅游。加大三条精品旅游线路、四大国家森林公园、十大精品旅游景区深度开发力度，完善配套设施和服务功能，提升旅游资源产业化经营水平。加快旅游管理机制创新，强化旅游文化策划、宣传与旅游产品开发，加强与区外旅游线路对接合作，重点打造秦岭自然风光生态旅游板块，努力建设秦岭国家中央森林公园核心区，提升“秦岭最美是商洛”品牌，提高知名度和竞争力，进入国内外主流旅游市场。到2015年，全市5A级景区发展到2家，4A级景区发展到2家，旅游接待人数突破4 000万人次，综合收入达到150亿元。

以道地中药材为重点，以科技研发为核心，以现有医药企业为基础，引进国内外大型医药集团，提高商洛医药竞争力，着力打造西部现代中药基地。采取“公司＋科研＋基地＋农户”的模式，不断扩大丹参、桔梗、连翘、五味子、黄芩等药源基地规模化、规范化种植面积，争取更多中药材得到国家地理标志认证。加大科技研发投入，加快对传统中药产业进行升级改造，抓好盘龙七片、香菊片等传统骨干产品二次开发。运用现代制药新工艺、新技术建立生物医药加工体系，加快中成药、新型疫苗、多肽合成药物等生物创新药物研发，通过新特药升级扩能，推进香菊连翘制剂、盘龙苓丹痛风胶囊、必康五脂软胶囊等一批重大成果产业化，培育名牌产品。与台湾中卫集团合作建设现代中药产业开发园区，打造中药材及保健食品国际品牌。建立国家级中药材检验检测中心，保证特色中药材品质。策划组建商药集团，提高核心竞争力。到“十二五”末，商洛道地中药材发展到200万亩，其中规范化种植100万亩，年产值达到50亿元以上。

充分发挥商洛绿色食品的比较优势，依靠科技和管理，大力培育重点龙头企业，推动核桃、板栗、茶叶、生猪、肉鸡等特色绿色食品基地规模化、标准化建设。一是加快示范基地建设。搞好区域主导产业布局规划，引导优势产业向优生区聚集，重点发展核桃、板栗、茶叶、生猪、肉鸡、设施蔬菜等产业基地。到2015年生猪出栏300万头、存栏200万头，家禽出栏5 000万羽、存栏2 000万羽，肉类产量达到32万吨，核桃发展到300万亩、板栗发展到290万亩、茶叶发展到35万亩、蔬菜发展到50万亩。二是培育壮大龙头企业。坚持培育与引进相结合，积极引进国内外知名农产品加工企业来我市建立“第二生产车间”，推动企业间的兼并重组，加快对现有企业的技术改造，做大做强绿色食品龙头企业。重点抓好核桃、板栗深加工项目的策划、整合和招商工作，加快技术引进、深度开发和企业自主创新，培育壮大商洛君威、丹凤葡萄酒、洛南天鸿、丹凤华茂、柞水汇生源等龙头企业，打造商洛绿色食品品牌。到2015年，市级龙头企业突破50家，省级龙头企业达到20家，国家级龙头企业达到2～3家，农产品综合加工率达到80%以上，精深加工达到40%以上，绿色食品产业年销售总收入40亿元。三是切实抓好“菜篮子”工程。把“菜篮子”作为民心工程来抓，根据资源条件、消费习惯、产品供求变化和市场缺口，确定重点发展区域，加快设施蔬菜、生猪、肉鸡等产品基地建设，解决我市蔬菜长期依赖外购的局面，逐步提高自给保障能力。完善市场体系，搞活农副产品流通，加强市场调控及全程质量监测，保证货源充裕，价格相对平稳，保证居民一年四季都能吃上放心蔬菜。四是完善质量安全监管体系。加强农产品“三品一标”工作，建立健全农业地方标准体系。按照“政府负总责，三级有机构，监管到村组，检测全覆盖”的总体思路，坚持“属地管理、分级负责、分层次监管”原则，完善无公害农产品质量安全监管体系建设。

(四)县区“十二五”规划中的生态农业

1.汉中市勉县

勉县循环经济产业园区规划通过市上评审，集聚规模以上企业30余户，年产值达80亿元。武侯墓成功创建为陕南第一家4A级景区，定军山、云雾山、温泉旅游开发建设迈出实质性步伐，以黄家沟、诸葛村为重点的城郊乡村旅游圈初步形成，带动发展农家乐107户，旅游“三区一带一城一圈”建设初见成效，旅游总收入由2005年的1 360万元增加到2010年的4.02亿元，增长29倍。

农业“一园八个基地”建设初见成效，全县茶园面积达到11.14万亩，桑园4.35万亩，魔芋2.93万亩，蔬菜10.79万亩，生猪饲养量达到107万头，大鲵养殖规模达60万尾，涌现出县级以上农业产业化龙头企业29户，其中农业产业化科技示范园聚集建兴农业、春光油脂等龙头企业14户，年产值达10亿元，被农业部命名为全国农产品加工业示范基地。农业基础设施不断改善，农村人饮工程使12.9万人受益，治理水土流失面积455.2平方公里，新修砌护堤防14.6公里，衬砌渠道224.5公里，土地整理、治理7.4万亩，发展户用沼气1.5万口，新建、改建农村公路1 265.6公里，累计实施扶贫移民搬迁和重点村建设项目138个，搬迁贫困山区农民886户3 612人，改建农村居民住房1.26万户3.2万间，累计投资1.87亿元，实施了农村环境综合整治工程，农村生产生活条件得到极大改善。

汉中市勉县八大基地建设规划如表2。

2.汉中市洋县

洋县依托国家有机认证示范县和陕西省有机食品基地县的品牌及资源优势，做大做强“菜、果、药、畜、米”五大产品有机种养基地和加工基地，建立县乡村三级有机食品监控网络。到2015年，有机农业生产基地新增12万亩，建成百万头生猪基地县;实现有机农产品的标准化、基地化、规模化、集约化、特色化。

表2 八大基地建设规划

基地规划	建设地域
粮油基地:粮食播种面积稳定在49万亩,总产14.5万吨。其中水稻15.6万亩,总产7.85万吨;小麦10.6万亩,总产2.68万吨;玉米15万亩,总产3.65万吨;马铃薯3.38万亩,总产0.85万吨。油菜16万亩,总产2.5万吨	全县
茶叶:种植面积15万亩,总产0.4万吨。新建规模化、清洁化加工厂10家	小河庙乡、漆树坝乡、阜川镇、元墩镇
蔬菜:种植面积15万亩,其中设施蔬菜2万亩,总产37.5万吨	武侯镇、勉阳镇、定军山镇、周家山镇、黄沙镇、老道寺镇、阜川镇
魔芋:建设魔芋生产基地6万亩,总产10万吨	小砭河乡、长沟河乡、武侯镇、二道河乡、漆树坝乡等
蚕桑:6万亩桑园面积,养蚕8万张,蚕茧0.36万吨	温泉镇、金泉镇、老道寺镇、同沟寺镇、茶店镇、武侯镇、镇川乡、定军山镇、周家山镇、土关铺乡
生猪:饲养量达150万头,基础母猪存栏达到7.5万头,生猪良种扩繁场达到20个、育肥场60个、万头猪场35个,建成25个二元母猪专业村,60个养殖专业村,规模养殖场达到1 500个,家庭适度规模养殖户达到2.1万户。	全县
中药材:重点发展天麻、元胡、附子、猪苓等,种植面积达18万亩	张家河乡、长沟河乡、二道河乡、小砭河乡、温泉镇、新铺镇、漆树坝乡
特种养殖:重点发展大鲵、林麝、野猪、黑熊、獭兔等,推广特种养殖面积1.2万亩	张家河乡、长沟河乡、二道河乡、小河庙乡、漆树坝乡、同沟寺镇、定军山镇

在县城东部建设有机食品产业园区,吸引有机食品加工龙头企业入园发展。大力引导农林副产品向高附加值和深加工方向延伸,新建有机肥料和无公害农药生产线,延伸产业链。

以“农产品生产基地”与“产地加工和精深加工基地”为抓手,以龙头企业为依托,以农民合作组织为支撑,积极启动中国有机食品批发中心建设,连接生产基地和物流中心,形成有机食品与农副产品加工产业集群。

做好集体林权制度改革，逐步完善林业配套改革，合理利用森林资源，培育特色优势林产品，建设核桃、厚朴基地和商品用材林基地，发展森林旅游，抓好林特副产品深加工，提高林业经济效益，推动林业产业化快速发展。

依托厚朴、枣皮、金银花、天麻等大宗特色中药材资源，以调整结构、优化品种、提高质量为重点，加快16万亩有机中药材种植示范基地建设，按照GAP标准规范化种植，建成四个中药材科技示范园。充分发挥特色中药材资源优势，以项目为载体，重点支持骨干企业加快发展，积极加快黄姜、丹参、银杏、绞股蓝等药用植物的深度系列开发与产业化进程，新建扩建深加工生产线，提高产品技术含量，合理延伸产业链条，重点开展药物中间体提取、中药饮片、胶囊、制剂等开发生产。力争到“十二五”末中药产业总产值达到5亿元。

建设项目：①朱鹮梨园景区旅游综合开发，项目占地24 615亩，主要建设高档别墅区、高档自建楼宇区、高档老年公寓、高档酒店、会议中心、学校、医院、商业中心、健身训练中心以及休闲度假、旅游观光、生态农业开发等功能齐全的牛头山新区，总投资30亿元。②华阳景区开发建设秦岭“四大国宝”探秘区、大熊猫野外救护中心、科普教育馆、珍稀植物园、百竹园、观景台等；建设红色旅游设施，打造5A级景区，总投资5亿元。华阳百里休闲度假长廊。以华阳景区为核心，洋太公路为轴线，依托沿途自然风光，重点打造华阳生态旅游景区、华阳湖水上乐园及别墅群度假区、临近108国道和高速公路的短程农家生活体验区，总投资6.8亿元。③朱鹮梨园景区开发项目占地187公顷，由“一轴两核五区”构成；以山脊观光景观为轴，以翠湖、郦湖两个人工水体形成的景观为核心，建设园艺景观区、人文景观交融区、梨园农家风情区、朱鹮生态科普区和山林康体健身区，总投资2.9亿元。④梨园现代农业观光示范园建成集观光农业、生态旅游、餐饮服务、有机果品示范种植为一体的现代农业观光园，总投资1 200万元。⑤汉江百里黄金水道旅游开发项目。开发黄金峡电站坝址至县城57.4公里的水域，形成百里汉江黄金水道，总投资5.5亿元。⑥洋都湖风景区及农业综合开发项目规划占地3 460亩，主要建设内容包括水面游乐设施、环湖道路、宾馆、观光农业、环保活水公园等，总投资2.6亿元。⑦华阳欢乐谷游乐设施建设项目。主要建设高空表演、空中飞车、滑索、地道战等游乐设施，总投资1.5亿元。⑧中国秦岭珍稀植物盆景园。一期工程珍稀植物盆景园建设，二期工程酒店、宾馆等旅游配套服务设施建设，总投资1亿元。⑨景区演艺大厅建设。华阳和朱鹮景区演艺大厅建设，总投资2 000万元。⑩洋县蔡伦纸文化博物馆建设。项目占地70公顷，建设纸文化博物馆，总投资2.2亿元。⑪洋县人文宗教观光旅游建设项目。依托洋县丰富的人文宗教资源，建设以智果寺藏经楼、良马寺觉皇殿、谢村民居为主的人文宗教旅游项目，总投资2亿元。⑫华阳景区基础设施建设。景区道路、通讯、电力、垃圾和污水处理设施建设，总投资2亿元。

3.汉中市城固县

城固县"十二五"规划要求做大做强农业主导产业。

(1)重视抓好粮油生产。稳定粮食种植面积,确保粮食安全。以博望、龙头、沙河营、五郎、柳林、老庄、文川、崔家山、橘园、原公、上元观、董家营、五堵、三合等平川地区为重点,优化区域布局和粮油品种结构,加速粮油作物向优势产区集中。大力实施水稻单产提高工程,积极推广水稻高产技术,努力提高水稻单产。积极实施"双低"油菜大县建设工程。力争到2015年,全县粮油播种面积稳定在58万亩左右(其中粮食43万亩、油料15万亩),全县水稻平均亩产达到550公斤,粮油产量达18万吨,产值3.6亿元。

(2)突出做优柑橘产业。发挥柑橘优生区的优势条件,扩大柑橘种植面积,形成以橘园、原公为中心,辐射老庄、文川等北部丘陵乡镇的柑橘产业带;推行标准化管理,普及和提高果品生产关键技术,提升果品品质和生产加工水平;实施提质增效工程,加快推行原产地保护制度,打造城固柑橘品牌,到2015年,该县柑橘种植面积达到25万亩。

(3)继续做大生猪产业。以创建百万头生猪生产大县为目标,按照产业上规模、产品上档次、质量保安全的要求,完善乡镇兽医站基础设施建设,提高服务水平。加快10个生猪良种扩繁场、20个商品化猪场、30个千头标准化规模养殖场及20个养猪示范村建设。到2015年,全县生猪饲养量达170万头,出栏103万头,产值15亿元。

(4)切实做精蔬菜种植业。抢抓省政府实施百万亩设施蔬菜工程机遇,突出抓好反季节菜、精细菜和特色菜生产,不断优化和调整品种结构,扩张蔬菜种植面积,推进设施化栽培,强化营销网络,提高组织化销售,促进产业升级。到2015年,建成3万亩大棚蔬菜生产基地、5个重点设施蔬菜示范村、10个高效育苗基地。全县蔬菜复种面积稳定在17万亩以上(其中设施蔬菜3万亩,专业菜地5万亩,南部山药2万亩),产量58万吨,产值13亿元。

(5)鼓励发展中药材种植业。加强基地建设,扩大规模化种植,建立稳定的产、加、销产业链条。主要发展元胡、黄姜、乌药、百合、厚朴等拳头品种。"十二五"末,全县中药材种植面积20万亩,产量7万吨,产值7亿元。

(6)坚持发展以大鲵养殖为龙头的水产养殖业。发挥生态资源优势,以大鲵繁殖驯养为重点,以鲢、鲤、鲫、草鱼为辅,建立健全水产渔业标准化生态养殖体系,大力发展生态休闲渔业,积极培育产、研、销为一体的现代科技型特种养殖龙头企业。重点扶持陕西汉水大鲵公司、陕西湑水生物开发有限公司、汉中天成生物公司等水产养殖龙头企业,加快水产养殖综合开发利用。"十二五"末,力争全县水产品养殖面积达1.2万亩,产量0.5万吨(其中,大鲵养殖量60万尾,年繁殖幼鲵60万尾),产值3.5亿元。

(7)突出发展区域特色产业。积极实施果业提质增效工程，在湑水河流域建成优质高效猕猴桃生产基地5万亩；在北部秦岭山区建成优质核桃、板栗干杂果10万亩，实现果业发展格局多元化；积极扩大茶园种植面积，大力培育茶叶产销企业，扩大生产规模，开发新产品，增加产品附加值，形成“产加销一条龙，科工贸一体化”的茶叶产业化格局。到2015年，全县茶园面积扩大到5万亩，产量2 000吨(其中名优茶300吨)，产值0.8亿元；积极发展种桑养蚕，到2015年，全县桑园面积发展到3万亩，年养蚕2万张，产鲜茧1 800吨，产值0.3亿元。

4.汉中市西乡县

西乡县着力打造粮油、茶叶、生猪、果业、西镇牛生产及加工产业链条，积极建立有机农业示范园，加强农业产业化基地建设，走“猪—沼—菜、猪—沼—茶”生态循环发展模式，大力推广“龙头企业＋合作组织＋基地＋农户”农业产业化经营模式，全力提升农业产业化水平。

(1)壮大茶叶、生猪两大主导产业

①茶叶产业。在巩固无公害茶园的基础上，以低产茶园改造和生态茶园、有机茶园建设为重点，加大资金投入力度，加强茶叶生产基地建设；提升茶叶产业自主创新能力，延长产业链条，加快茶叶精深加工，大力推进“西乡茶叶”品牌建设；积极探索具有地域特色的茶文化，促使茶叶产业与文化产业、旅游产业和工业的协调发展，加快观光茶园、体验茶园、创意茶园建设。到“十二五”末，创建1个国家级驰名商标，3～5个省级著名商标；茶叶精深加工率超过40%。全县茶园面积达到25万亩，丰产茶园面积达到15万亩，茶叶产量达到7 900吨，使全县由陕西省茶叶大县转变成为西部茶业强县。②生猪产业。“十二五”期间，加快推进规模化、标准化养殖基地建设，走专业化养殖的发展模式；加强和完善生猪养殖——农业种植一体化的循环经济模式，试行生态养殖之路；积极发展无抗养殖、发酵床养殖等绿色养殖模式，提升生猪品质和效益，打造“西乡生猪”品牌；加快招商力度，着力推进肉制品、毛、皮、肠衣、肝素、胆红素、胱氨酶系列产品的综合开发。到“十二五”末，全县生猪饲养量达到175万头，肉类总产7万吨。

(2)培育蔬果、区域特色产业

①蔬菜产业：发挥西乡县自然资源优势，积极扩大冬春露地蔬菜栽植面积，大力发展日光温室栽培，加快万亩有机蔬菜生态基地县建设步伐，使西乡县成为汉中市主要蔬菜生产供应基地之一。“十二五”期间，加大财政支持力度，县财政每年安排蔬菜产业发展资金100万元，用于蔬菜产业发展，尽快形成四大蔬菜产业区：一是以城关镇四河、葛石、二里等村为主的城郊精细蔬菜基地，大力发展精细、名优蔬菜。二是以柳树军鑫、堰口兴富、城关五丰等生猪规模化养殖场和杨河高土坝、沙河男儿坝等区域为依托的专业化设施蔬菜基地。三是以杨河高家池、罗镇、五里坝、大河等海拔高的地区为主的高山反季节蔬菜基地，大力发展以

甘蓝、白菜、白萝卜等高山延迟蔬菜和蕨菜、香椿芽、竹笋为主的山野菜。四是在沙河、私渡、桑园、白龙、马家湾、司上等乡镇大力发展黑木耳、香菇等，形成总产量2 000吨的食用菌基地，到"十二五"末，使全县蔬菜播种面积保持在8万亩以上，其中设施蔬菜发展到1万亩。②果业产业：在"十二五"期间，要将果业作为重点产业，加强樱桃、柑橘、有机葡萄及时令水果品种改良与基地建设，重点在城关、古城、杨河等乡镇建设0.5万亩无公害大粒樱桃生产基地，积极引进欧洲甜樱桃新品种，形成以樱桃为核心，以柑橘、名优小杂果、时令水果为辅助的果业生产格局，把我县打造成为陕西省果业名县。到"十二五"末，水果总面积达到7.6万亩，产量达2.5万吨。其中柑橘3万亩、樱桃2.5万亩、名优小杂果2万亩、桃、杏、梨等时令水果0.1万亩，把西乡建设成全国最大的樱桃基地县和陕南优质柑橘生产基地县。③区域特色产业："十二五"期间，要积极引导农民发展区域特色产业，为农民增收增加新的增长点。加快建设烤烟基地县，烤烟面积发展到2万亩，产量达到5万担，烤烟质量逐年提高，烟农效益明显提高。大力发展道地中药材，全县中药材种植面积达到3万亩，药材总产量达到5 000吨。苗木花卉栽培面积达到1万亩，平均每年发展2 000亩，品种扩大到100种以上。建设密植桑园8 000亩，发展养蚕专业户2 000户，年养蚕1.13万张，产茧量40万公斤。

(3)积极发展西镇牛养殖业

加大资金投入力度，加快西镇牛品种保护及改良力度，支持陕西震丰农林科技有限公司西镇牛养殖基地建设，迅速扩大养殖规模、提升牛肉品质；大力宣传"西乡牛肉干"品牌，加快发展肉松、肉肠、肉条等系列牛肉产品；积极延伸牛皮毛等系列产品的研发利用。到"十二五"末，年出栏10 000头育肥牛。

(4)积极发展水产品养殖业

加大宜渔水面的开发力度，加快老化鱼池改造步伐，扩大精养高产面积，新建1 000亩精养高产鱼池；推广精养高产技术和无公害养殖，将全县精养和无公害健康养殖面积扩大到4 000亩，平均亩产达1 000公斤，总产量达到4 000吨；积极引进、推广名优特新品种，大力发展大鲵、甲鱼等特色养殖，到"十二五"末，使名优特新品种养殖比例达到60%以上。

5.安康市石泉县

按照城乡一体化建设规划的产业布局，坚持"优一、强二、扩三"的结构调整方向，培育壮大现代产业体系。

(1)围绕"稳粮油、优桑畜、扩菜果、提品质、创品牌"的思路，优化一产结构。坚持"龙头企业带动、项目投资拉动、强村大户支撑、培育品牌提升、服务体系配套、风险机制建立"的产业发展路子，实施"现代农业提质增效工程"，推进现代农业加快发展。在稳定粮油生产的基础上，主攻桑、畜、菜，适度推进水产、烟、茶、果等产业多元发展，进一步加强农业综合生产能力建设，加大对农业的支持保护力度，提高农业社会化服务水平，促进农业生产规模化、集约化、专业化、标准化和农产品品牌化，着力提高农业的素质和效益，强化农业基础地位，确保粮食和主要农产品有效供给。到2015年，实现年养蚕发种15万张，生猪出栏60万头，年粮油稳定在10万吨以上、蔬菜稳定在4万吨，农业总产值达到12.9亿元。

（2）围绕“改造传统、发展新兴、培育品牌、园区承载、龙头引领、集群发展”的思路，把工业摆在县域经济跨越发展更加突出的位置，优化二产结构，实施“工业增加值翻番工程”，做大做强县域工业。加快推进园区建设，加大招商引资力度，促进企业入园，促进企业达产达效。要集中精力争取石泉火电厂项目落地开工和雨润集团3 000万羽肉鸡项目落地开工，引进一批骨干企业在石泉落户。要鼓励发展微型企业，增强工业发展后劲。要切实做好工业企业扶持服务工作，狠抓规模工业培育，积极壮大支柱工业体系，到2015年，规模工业企业总数达100个，产值亿元以上企业10户，工业总产值达到70亿元、年均增长22%、工业增加值达到22.7亿元、年均增长14%，实现工业增加值翻番。

（3）围绕“强游扩商”的思路，优化三产结构，实施“旅游强县建设工程”，以旅游为龙头带动三产服务业总量快速扩张。围绕“山水田园、宜居休闲”的基本定位，以“突出重点、打造精品、系统配套、体现特色、注重营销、持续发展”为基本思路，突出县城和南区两大旅游区域和“山、水、洞、峡、滩、城”六大景点建设，把县城建成宜居休闲的旅游县城，把南区建成生态旅游核心区，把六大景点全部建成3A级以上的精品景点。围绕建设旅游县城，进一步提升古街经营管理水平，使其形神兼备，成为独具人文特色的景点，要加快建设新堰休闲大街、亲水广场、大型音乐喷泉和杨柳现代农业休闲公园、陕南风情园以及上坝农家乐集群等骨干项目。要依托南区三大景点，配套发展以杨柳新区、先联、黄村坝、永红村等为重点的乡村旅游，把南区建成体验山水田园、享受生态休闲的核心区，着力打造“汉江明珠”旅游品牌。

6.安康市汉阴县

以提高农产品质量效益为核心，以农业增效、农民增收为目标，大力发展现代农业。

（1）加快月河现代农业园区建设

整合涉农项目，强化政策扶持和技术服务，加大招商力度，加快编制月河现代农业园区建设规划，大力实施“畜禽养殖＋设施蔬菜”、“林果花卉＋休闲观光”等形式的，集设施农业、观光农业、循环农业于一体的示范工程，建设一批生猪生态养殖基地、富硒农产品基地、绿色蔬菜基地、林果产业基地。突出农业发展模式、产业经营模式、现代农业技术、优质农产品开发等方面的实验、推广和创新，将月河川道建成省级现代农业示范样板区，为陕南及秦巴山区现代农业发展提供可行经验和模式，带动汉阴传统农业向现代农业转变。到 2015 年，园区内主要农作物良种推广面积达到 95%，畜禽良种覆盖率达到 85%，示范推广农业先进实用技术 10～15 项，规模化生产 200 种无公害农产品、50 种绿色食品、30 种有机食品，并打造一批在省内外具有较强竞争力的农产品知名品牌。

(2)大力发展规模特色农业

按照“产业生态化、产品规模化、管理企业化”的方式，以畜牧产业、设施农业、经济林业和水产养殖为重点，以龙头企业为牵引，提升农业产业化水平和综合效益，到 2015 年，实现农业总产值 25 亿元，实现增加值 11.7 亿元，占生产总值比重达到 18%。

①畜牧产业。加快生猪标准化规模养殖场(小区)建设，建成百万头商品猪生产基地。同时，利用山地资源，大力发展蚕、牛、羊、家禽、特种禽类养殖业。到 2015 年，畜牧业实现产值 10 亿元。

②设施农业。实施月河川道 3.5 万亩设施农业示范带建设工程，发展设施蔬菜 3 万亩。到 2015 年，设施农业实现产值 3 亿元。

③经济林业。在巩固生态林、稳步发展蚕桑的基础上，在南北山区集中连片发展特色林业经济，建设茶园 5 万亩，油茶 8 万亩，核桃、板栗、柑橘等干鲜果 5 万亩。发展林下种养业和林产品加工业。加强林业科技推广和林业管护，大力提高林业效益。把南北山区建设成为中药材种植基地、干鲜果品之乡。到 2015 年，林业实现产值 1.4 亿元。

④水产养殖。充分利用丰富、优质的水域资源，大力推广绿色养殖和综合生态渔业技术，发展特色渔业、生态渔业、精品渔业。力争建成大型特种养殖繁育基地 2 个，特种养殖场 10 个，年产商品大鲵 20 万尾。到 2015 年，水产养殖业实现产值 5 亿元。

⑤粮油生产。继续实行最严格的耕地保护制度，认真落实耕地保护责任，坚持耕地占补平衡，大力推行节约集约用地，切实保护基本农田。加快土地开发整理、中低产田改造、基本口粮田和优质粮油基地建设，大力提高粮食综合生产能力。完善粮油补贴政策和粮油生产服务体系，加强粮食市场调控，调动种粮积极性，使粮油种植面积稳定在 39.5 万亩和 14.5 万亩，确保粮食安全。到 2015 年，粮油产量分别达到 12 万吨和 2.5 万吨以上。

7.安康市旬阳县

(1)着力转变农业发展方式

牢固树立以工业思维和绿色理念发展现代农业，大力推进县域传统农业向发展生物产业转变。加快培育生物产业是推动经济结构调整，实现战略性新型产业转移，缓解人口、资源和环境约束，增加农民收入的重要选择。旬阳县具有以生物资源促进经济发展的雄厚物质基础。“十二五”时期有条件抓住机遇，发挥优势，把生物产业培育成为县域最具竞争优势的特色产业，实现由农业大县向生物产业强县的根本性转变。积极顺应劳动力价格提升、绿色消费需求增长和城镇化加快农民转移的发展趋势，在确保农村土地、林权政策长期稳定的前提条件下，加快土地、林地资源流转，推动农村土地林地适度规模集中，发展强村大户，培育专业农民，着力构建以龙头企业＋基地和农超工程为组织方式的农村产业化发展模式，提升县域农业产业化水平。

(2)做大做优十大农村产业基地

以市场为导向，以龙头企业为主体，按照区域化布局、规模化种养、标准化生产、市场化服务的发展要求，加强产业发展配套体系建设，重点建设十大现代农业产业基地。县城、集镇近郊以及双河、平定河、神河、麻坪河流域，要以大力发展蔬菜、水产和畜禽养殖等高效设施农业为主，确保城镇人口的肉、蛋、油、菜供应，开拓西安大都市鲜活生态农产品的市场供给；河边浅山地区要着力发展优质烟叶、黄姜、红薯和特色粮油等规模化种植基地，发展生猪养殖大村大户；中高山区要重点加快魔芋、中药材、核桃、青竹、淡水养殖、反季蔬菜为主导的特色农业；结合汉江、旬河、神河和蜀河"一江三河"生态绿化，大力发展油桐、拐枣、狮头柑等特色林业基地。加快县城农产品市场、白柳、吕河农产品仓储冷链设施、白柳粮油储备库、县乡农产品购销体系等服务设施建设，把优势资源转化为优势生物产业，进一步提升农业生产的综合效益，到2015年全县十大产业基地实现产值30亿元。

(3)做大做强十大龙头企业

按照"大集团引领、大项目支撑、集群化推进、园区化承载"的思路，培育十大龙头企业，形成一批具有较强竞争力的生物企业集群和知名品牌。以现有十二个骨干企业为基础，扩大与省内、国内生物企业的技术合作，加快二十个重点项目建设，加快生物产业规模化、市场化发展，形成专业分工、特色明显、产业链较为完整的生物产业集群，到2015年全县生物加工业产值达40亿元以上，成为支撑县域经济可持续发展的主导产业。

十大现代农业产业基地

①100万头商品猪基地建设：产值12亿元以上。

②10万亩优质烟叶基地建设：建成全国重要的烟叶生产基地。

③10万亩黄姜基地建设：产值1.5亿元，建成全国黄姜原料基地。

④5万亩魔芋基地建设：产量7.5万吨，产值3亿元。

⑤2万亩设施蔬菜建设：产量4万吨，产值1.2亿元。

⑥10万亩红薯基地：产量20万吨，产值2亿元。

⑦10万尾淡水养殖：水产品产量1万吨，产值突破5亿元。

⑧1万亩中药材基地建设：开展林下中药材种植，产值1亿元。

⑨100 万只特种禽类生态养殖：林下养鸡 100 万只，产值突破 3 000 万元。

⑩10 万亩蚕桑、10 万亩核桃、5 万亩狮头柑等林特产业基地，产值 5 亿元。

8. 安康市紫阳县

围绕“低山茶叶蔬菜，中山魔芋蚕桑，高山木本药材”的立体农业布局，积极推进“一镇一业、一村一品”，重点培植强村大户，进一步调整优化产业结构，实现农业提质增效。

(1)做大做强富硒茶产业

以建设 60 个茶叶专业村为重点，新建紫阳种无性系丰产茶园 5 万亩，茶园面积保持在 20 万亩以上，全面推进茶园标准化、无公害化管理，提高茶园亩均效益，保障茶叶质量安全；新建标准化加工厂 10 座、清洁化初制加工厂 50 座、年产 1 000 吨精制茶加工厂 2 座，新建茶叶专营连锁店 200 家，建立大中城市区域性销售中心 10 个。把紫阳富硒茶打造成全国名牌产品和驰名商标。到“十二五”末，培育 2 个年销售收入超亿元的龙头企业，全县茶叶年产量达 5 000 吨，总产值达到 6 亿元，茶业综合收入达到 10 亿元，使富硒茶真正成为富民强县的第一支柱产业。

(2)大力发展畜牧产业

突出规模化养殖，建成商品猪基地镇 5 个、万头村 20 个和双安 10 万头生猪养殖小区。加强动物疫病防治体系建设，初步构建规模化、标准化、产业化的现代畜牧生产体系，促进畜牧产业健康发展，到“十二五”末，全县生猪、山羊、大家畜、家禽饲养总量分别达到 88 万头、24 万只、1.4 万头、240 万羽，肉类总产 3.6 万吨，禽蛋产量 4 500 吨，实现产值 7 亿元。

(3)加快发展魔芋产业

按照“企业＋协会＋农户”模式，做大做强魔芋产业，“十二五”期间，种植面积发展到 5 万亩以上，年产商品芋 7.5 万吨，实施初精加工生产线技改扩能，促进企业增产增效，带动产业持续发展，实现综合产值 3 亿元。

(4)积极推进林业产业

狠抓林业重点工程建设，主攻经济林，大力发展木本药材、干鲜果和食用菌，建设以厚朴为主的木本药材 20 万亩，新建和改造板栗、核桃、柑橘基地 10 万亩、秦巴硒菇 30 万平方米，实现林业综合产值 10 亿元。

(5)快速扩张蔬菜产业

加快农业科技示范园建设进程，推动双安、汉王、洞河、城关和蒿坪设施蔬菜种植基地快速发展，建设蔬菜重点村 20 个，发展设施蔬菜 2 000 亩，示范带动蔬菜面积达到 15 万亩种植规模，到“十二五”末，实现产值 2 亿元。

(6)稳步发展特色养殖业

巩固发展蚕桑产业，加大政府扶持力度，抓好科学饲养，年发种量稳定在 5

万张；推进企业技术改造和产品升级，加强茧丝产品深度开发和综合利用，促使企业增产增效。到“十二五”末，实现产值2亿元。充分利用汉江、任河和电站库区，积极发展网箱养鱼和特种养殖，到“十二五”末，水产品产量达1 400吨，实现综合产值1亿元。

9. 商洛市丹凤县

发展主导产业。严格保护耕地，实行占补平衡，强化土地监管执法力度，坚决制止非法占用土地行为。坚持把畜牧业、核桃产业、设施蔬菜、山茱萸作为“一村一品”、“一县一业”的主打品牌来抓，发展壮大特色主导产业，“十二五”期间，共建设农产品、药业、林果业、畜牧业四大类16个基地。其中：建设无公害粮食生产基地23万亩，在庾岭等7个乡镇建设绿色大豆生产基地5万亩，在蔡川等5个高寒乡镇建设绿色马铃薯生产基地3万亩，在棣花等6个畜牧产业链乡镇建设无公害蔬菜生产基地3.2万亩，在铁峪铺等5个乡镇建设绿色魔芋生产基地1万亩，在龙驹、商镇、棣花建设标准化葡萄生产基地1万亩，在峦庄、北赵川建设绿色柿子生产基地5 000亩。到2015年全县中药材规范化种植达到5万亩，新建山茱萸基地0.5万亩。新造林29万亩，封山育林30万亩，核桃基地12万亩，嫁接改造13万亩；新建和改造板栗生产基地10万亩。建成2个年存栏纯种母猪1 000头，出栏二元母猪10 000头的良种扩繁场；3个年存栏基础母猪600头、年出栏商品仔猪10 000头的商品代种猪场；5个年出栏万头的规模养殖小区，30个年出栏1 000头的育肥场；3个10万头生猪示范乡镇；建成50个肉鸡养殖基地，发展年出栏万只肉鸡养殖大户2 000户；建成8个百头牛养殖基地，1个年出栏1 000头的育肥场；15个千只羊示范基地。发展一批具有较强带动能力的农产品加工龙头企业，鼓励发展农民专业合作经济组织和农民经纪人队伍，加强农产品专业市场、流通体系和农产品安全质量体系建设，推动农业产业化经营，促进农民增收致富。

10. 商洛市洛南县

坚持“生态立县”战略，实施重大生态工程，提高生态容量，提升碳汇能力，确保生态更加美好。着力抓好天然林保护工程、退耕还林工程、“三大战线”绿化、洛河走廊绿化、花果庭院建设、植树养老工程、矿区绿化、景区绿化和全民义务植树、机关、校园绿化等生态建设工程，构筑完备的林业生态体系。大力实施秦岭山地生态功能区环境综合保护工程，维护生态功能，确保水源安全。积极开展生态环境创建工作，推进生态园林县城、环境优美乡镇和生态示范村建设。

充分发挥洛南绿色农畜果产品的比较优势，依靠科技和管理，重点推动生猪、蚕桑、核桃、烤烟、马铃薯等绿色特产基地规模化、标准化建设，抓好加工技术引进、产业化深度开发和加工企业的科技创新与提质增效，做大做强生猪、蚕桑、核桃、烤烟、薯类产业，积极开发大豆、玉米、杂粮、菌类系列产品，打造“洛”字牌绿色特产品牌。

大力实施节水灌溉、安全饮水、村组道路、农村沼气等农业农村基础设施工程。加强农田水利建设、中低产田改造、中小流域治理，建设高产稳产基本农田。“十二五”期间，新增耕地2万亩，改良中低产田5万亩，新增有效灌溉面积2.75万亩，治理水土流失面积410平方公里，保持67.9万亩耕地保有量。

11. 商洛市镇安县

(1)做大产业基地

按照区域布局、突出特色的思路，加快推进“一村一品”主导特色产业培育工程，力求在烤烟、魔芋、茶叶三大新兴特色产业发展上取得突破，不断扩大生产规模，着力培育特色品牌，努力提高产品质量和经营效益。“十二五”期间，规划扩建适宜种植烤烟基地12万亩12万担，发展魔芋基地6万亩18万吨，建设象园茶基地5万亩5 000吨，培育15个板栗基地镇80万亩2万吨，建设16个镇新型核桃基地25万亩1万吨，扩建10个镇为主体的蚕桑基地8万亩，人工规范化种植中药材10万亩和保护野生药材资源20万亩，发展无公害蔬菜2万亩。大力发展传统型畜牧业规模生产基地，培育养殖小区和专业大户，打造全省白山羊生产大县，建设10万只笼养鸡示范小区5个和万只山地林下养鸡小区5个。

(2)培育龙头企业

按照产业基地连农户、龙头企业带基地的模式，着力延长主导特色产业链条，实现多层次增值，依靠产业发展培育农民稳固增收的主渠道。“十二五”要立足主导特色产品和市场需求，不断加大农特产品深加工增值力度，培育壮大龙头企业，带动基地发展，促进农民增收，重点抓好板栗食品、核桃制品、蚕丝加工、魔芋产品、肉蛋制品、菜类加工、植物油、粮食加工等一系列项目扩建和新产品开发项目，研发产品门类，扩大生产规模，培育特色品牌，提高主导特色产业的综合效益。

二、不同地貌生态农业的规划及运行

(一)平川谷地生态农业的运行

平川谷地是陕南的主要农业区域，商品粮主要产自这些传统的农业地区。汉中市主要是汉江两岸的盆地区域。汉中盆地西起勉县武侯镇，东至洋县龙亭铺，长约116公里，南北宽约5～25公里。河流阶地发育平均海拔500米左右，为一狭长槽形山间陷落盆地，由汉江冲积而成，上覆第四纪黏土、黄土状砂质粘土及砾石，形成肥沃的原野。盆地有四级阶地：一级阶地高出汉江3～5米，沙细土肥，地下水位高；10～15 米是二级阶地，由黄灰色沙及黏土组成，是盆地主体，地面平整，面积广阔，为粮、油主产区；36～50 米为三级阶地，地面破碎，多为瘠薄旱地；70～80 米为四级阶地，已逐渐变为丘陵地，沟壑发育，土壤更为贫瘠。汉中盆地属温暖湿润的亚热带气候，年平均均温 14～15℃，10℃以上活动积温 4 500～4 800℃，无霜期 240～250 天，年降水量 800 毫米左右。河水不冻，冬无积雪，霜害少，风力小，有利于水稻、油菜、小麦及亚热带作物柑橘、枇杷、棕榈的生长。陕南耕地集中，灌溉便利，农业发展历史悠久，农业生产水平较高。水稻占陕西省水稻总播种面积的 60%，产量则占 65%以上。小麦播种面积和产量仅次于水稻，是陕西省的稻、麦两熟地区。城固县的升仙村一带为中国柑橘分布北界，有勉县、南郑县、汉台区、城固县、洋县。安康市主要是月河川道地区（安康盆地），月河下游流经汉滨区恒口、五里、大同等地，其冲击形成了著名的月河川道，也称安康盆地。集中了安康市优质农业发展区域，日照时间长。当地人称月河川道为"白菜心"。汉江流域的月河平原是安康土地最丰腴、农村文化经济最富庶的地区。这里交通阡陌，拥有像恒口、五里、蒲溪这样的传统强镇，近几年又涌现出平梁、大同、涧池和建民等后起之秀。安康市主要有汉阴县、汉滨区。商洛市主要是商丹谷地，商州区、丹凤县等。

平川谷地属于传统的农业地区，水利等农业基础设施较好，农业粮食产量较高。汉中盆地主要以水稻、小麦、油菜为主；月河川道也以水稻、小麦、玉米、油菜为主要作物；商丹谷地主要以小麦、玉米、水稻为主要作物。传统农业形成了一套行之有效的，符合生态农业要求的耕作方式，如农业的间作套种、绿肥、农家肥、作物秸秆的综合利用、土地资源的合理开发使用等。这也是陕南农业可持续发展的根基。

现代的生态农业在陕南发展较快。粮食种植以绿色、有机食品生产基地为主体，提高粮食的品质；养殖以规模化养殖场为主，生态循环综合利用，提高经济效益，保护生态环境；综合利用较为普及的是观光农业，包括以花卉果业为主的观光娱乐、以渔业为主的休闲观光、以农业蔬菜为主的观光、娱乐、休闲一体的休闲农业。

生态农业在陕南发展兴旺。汉中市有一年一度的油菜花节、汉台莲花园、洋县有机农业基地等。安康市有汉阴月河现代农业园、旬阳县紫薇花卉园、紫阳有机茶园等。商洛市有丹凤葡萄园、洛南核桃园、镇安板栗等。

（二）丘陵浅山生态农业的运行

丘陵浅山区域，介于平川与山地之间，兼有二者的特点，是生态农业的主要发展区域。该区域的生态农业，以农林、农渔、农林渔混合模式为主。粮食主要是小麦、玉米、豆类、薯类、油菜等；经济作物主要是柑橘、樱桃、核桃、猕猴桃、中药材等；养殖有猪、羊、鱼及其他特色品种养殖；观光农业也主要集中在该区域。比较有名的有汉中市的褒河花果山、城固橘园、西乡樱桃沟；安康市的吉河、黄洋河、瀛湖的“农家乐”，五里、恒口、汉阴等月河川道的渔场，恒口桃花、汉阴油菜花、紫阳茶文化节等。商洛市的绿缘生态农业休闲园、商洛白杨店绿色农业观光园、商南县泉茗生态旅游观光园等。以下是丘陵浅山生态农业运行的典型案例。

1. 西乡县樱桃生产基地

西乡县是陕西省最大的樱桃生产基地，已初具规模的樱桃沟风景区位于县城北郊，景区内植被优良，旅游资源丰富。经过十几年的发展，景区内现有优质品种樱桃 8 000 亩，其他经济林果 2 000 亩，拥有水库两座，水域面积 50 余亩，景区已建成砼和沙石公路网 36 公里，根据樱桃沟风景区的资源、地理、和产业特点，西乡县拟将景区打造成集休闲度假、旅游观光、生态农业开发为一体的综合风景区。风景区总体规划面积 15 000 亩。景区樱桃种植历史约有 200 多年。目前，已建成集中连片樱桃园 2 万亩，是西北地区最大的樱桃生产基地。盛产的樱桃乃果中珍品，以个大、肉厚、汁多、味美、色艳而享誉省内外。阳春三月，樱花怒放、烂漫如雪，吸引八方来客，赏花踏青；初夏时节，樱桃满园、漫坡红透，招来四海宾朋，品果怡情。

2. 旬阳县水泉坪生态农业观光园区

旬阳县水泉坪生态农业观光园因有高峡出平川的千亩水田和横贯坪中的水泉河而得名，总面积 40 余平方公里，属富硒区，海拔在 500～1 300 米之间。水泉坪围绕创建国家级生态农业观光园区和中国优秀乡村旅游景点这一目标，加大生态农业和旅游景点开发建设，实现生态农业与田园观光旅游的有机结合。以“畜、沼、园”一体化的循环农业模式带动绿色产业的发展，形成了千亩特色林果区、绿色种植区和循环养殖区。水泉坪牌绿色富晒大米、油菜、魔芋、白果、板栗、腊肉、土鸡等特色产品受到旅客的青睐。水泉坪生态农业观光园区路、水、电、通讯等基础设施完善，现已建成农家乐 5 家，特色产品专营店 2 家，停车场 2 个，公厕 5 座，观光景点 20 余处，年可接待游客 5 万人次。目前，一个集农业观光、农事体验、休闲度假、绿色美食、乡村特产于一体的休闲旅游区正在形成，并吸引越来越多的游客。

(三)山区生态农业的运行

陕南地处秦巴山区，但山区占农业的比重不高，特别是生态移民政策，会极大地降低山区人口数量，减少可耕地面积。山区生态农业主要以水土为重点，综合利用山地资源，进行合理开发。粮食以玉米、薯类、豆类为主，小麦、水稻比例很低；经济作物以中药材、果树、苗木等较多；养殖以生猪、牛、羊、鸡等传统畜禽为主，部分有水源的地区养殖鱼、大鲵等；食用菌在山区、丘陵地带生产较为普及。从生态农业模式上看，以林—农—经为主。林业以山区水土保持，提高山地覆盖率、土地含水量，发挥生态保护功能为主要任务；农业为农民提供基本的口粮；经济种养殖为农民提供经济效益。混合种养、综合利用为基本方式。农地种粮种菜、地变及其他地方种植林木、林木中放养、养猪、养牛等；现在农户从比较利益的角度出发，把一些地块用于种植中药材等经济作物，但真正的"大户"并不多。以下是山区生态农业运行的典型案例。

1. 商洛市中药材

商洛市独特的地形、地貌、土壤为植物的生存和繁衍提供了有利条件，蕴藏着极为丰富的天然资源，自古就有"秦地无闲草，商山多灵药"之说。明朝著名药物学家李时珍曾留下"商州赤箭(天麻)从生，独摇遍野"的赞誉。据统计，商洛市境内拥有植物种类 5 000 余种，连翘、杜仲、五味子等野生木本中药已郁葱成林。《全国中药材资源汇编》收录的 2 002 种中草药中，商洛市有 1 192 种，其中 265 种被列入新版《药典》。大宗地道中药材有丹参、天麻、柴胡、桔梗、连翘、五味子等 56 种。全市中药材总面积 150 万亩，年产量 50 万吨，中药产业增加值 35 亿，丹参、连翘、桔梗、五味子、柴胡五大商药称为全国知名中药品牌，开发出生产销售额过亿元的中药品牌产品 3 个，使商洛市成为道地中药材规范化生产基地，西部中药材种苗繁育基地。

2. 安康市富硒茶

蒿坪镇是安康市的排得上号的茶叶基地乡镇，镇政府通过土地流转、返租倒包的形式，吸引客商前来投资，以"公司加农户"的形式建立茶叶龙头企业。全镇累计改造老茶园 6 000 亩，新建茶园 6 600 亩，建设茶叶加工厂近 30 家，田间成了车间，农民成了工人，除了一份茶园务工收入，还有数目可观的地租收入。双星村位于蒿坪镇东南部，与汉滨区大竹园镇相邻，蒿大路穿村而过。全村辖 10 个村民小组，638 户 2 712 人。耕地面积 1 185 亩，茶园面积 899 亩，退耕还林面积 712 亩。随着农业产业结构优化升级，全村以茶、桑、畜、劳务输出、蔬菜种植等为主导产业，年产茶 23 吨，实现经济收入 52 万元，年输出劳动力 658 余人，实现经济收入 600 余万元，2009 年人均收入 2 768 元。

三、不同主体生态农业的规划及运行

(一)政府规划与运行

各级政府作为生态农业发展的主体之一，主要职能是宏观管理、规划。政府政策导向、产业规划、人力物力扶持是生态农业发展的重要因素，特别是政府资金扶持、检查、落实等，对生态农业的运行是不可或缺的。

(二)企业生产经营的带动运行

生态农业生产经营的重要主体是企业，因为企业的大规模生产经营，对资金、技术、就业、市场等资源的利用和影响是较大。特别是在市场经济发展较快的今天，农户、个人等主体在生产中竞争优势较小，很难发挥资源优势；而企业作为生产经营的组织者，其规模优势在竞争中立于不败之地。于是，各地各级政府大力扶植农业龙头企业，希望通过龙头企业的带动作用，促进农业经济的发展。事实上，农业龙头企业没有辜负政府和民众的期望，成为农业发展的主力军。生态农业的发展，也需要龙头企业的带动，支持龙头企业的发展，成为社会的共识。目前，陕南三市有数百农业龙头企业，正发挥着促进陕南生态农业发展的积极作用。

陕南生态农业主要龙头企业介绍：

1. 陕西春光油脂有限公司

在建厂初期，春光油脂厂从一起步，就彰显出极强的生命力，产品迅速辐射整个陕南地区，对油菜子的消化带动了全勉县“压麦扩油”农业产业结构调整，企业也得到了不断发展壮大。2002 年 7 月，勉县春光油脂化工厂改制成“陕西春光油脂有限公司”，实现了向现代规模化企业的跨越。2007 年 6 月，春光公司又投资 5 000 余万元建设了 3 万吨生物柴油生产线，形成了以食用油脂加工为主的多元发展格局，公司被确定为省农业产业化重点龙头企业、国家扶贫龙头企业和全国农产品加工业示范企业，被陕西省委、省人民政府授予优秀民营企业称号。公司生产的“定军春”牌系列菜籽油被认定为“绿色食品”、“全国放心油”、“国家免检产品”和“陕西省名牌产品”。依托油脂企业，该公司率先在汉中市实行“公司＋农户＋科技”订单农业利益连接机制，取免费培训，示范带动的方式，在汉中市六县区 62 个乡镇建立起优质油菜种植基地 60 万亩，订单农户 30 万户，仅以每公斤高出市场价 0.10 元的保护价收 960 余万元，汉中市农民 2007 年种植油菜 110 万亩，从中受益 1.8 亿元以上。为了做大生物柴油项目，公司计划建设生物柴油种苗基地 500 亩，原料林 502 万亩。先后安置农村劳动力、下岗职工、复退军人 400 余人。

2. 镇安县雪樱花魔芋制品有限公司

陕西省镇安县雪樱花魔芋制品有限公司位于美丽富饶、山清水秀的秦岭南麓的群山之中。公司成立于 2001 年 7 月，资产总额 2 491 万元，其中固定资产 1 323万元，现有员工 276 人，其中专业技术人员 15 人。2010 年公司产值达

3 100万元，实现销售收入 3 800 万元，创利税 136 万元。镇安县雪樱花魔芋制品有限公司高度重视科技创新，积极推广“公司＋基地＋农户”的模式，带动了 3 000户农民从事魔芋种植业，户均增收达到 2 400 元，引进推广魔芋加工和种植先进生产技术，派出专业技术人员现场指导培训农户，不断提升魔芋良种品质和生产栽培技术，为镇安县区域经济发展、发展生态农业、建设社会主义新农村起到示范带头作用，社会、经济、生态效益显著。

（三）农户比较效益经营

农户是生态农业生产经营的基本单位，“公司＋农户”模式说明，仅有公司是不够的，在农村土地承包责任制的背景下，农户才是生产的“基层单位”，由此可见，生态农业的发展，离不开农户。

农户的生产经营活动，是在比较利益的驱动下进行的。比如，现在许多农户不养猪，其原因是养一头猪得到的经济利益不如打几天工；农民外出打工，放弃种地，原因是地太少，收益太低，而打工收益更高。于是，“去农化”成为一种不可逆转的潮流。在这种潮流下，农户经营的模式：一是进城打工＋种植模式。本模式是以进城打工为主，辅助以种植。其出现的原因是农村耕地较少，加之机械化程度的提高，剩余劳动力大量出现，农民不得不出门打工。其发展方向是农户全家进城落户，完全放弃土地。二是种植养殖＋打工模式。本模式是以种植养殖为主，辅助以打工。其出现的原因是有一些农户有种植养殖经验，收入较高。如作为猕猴桃生产基地县，许多土地较多、种植较早的农户，每年收入 2 万～4 万元，是比较正常的收入，他们一年主要种植猕猴桃，收入比较有保障。因此，他们仅在农闲时间给别人打工，打工范围多在一天路程之内，既能赚钱，又能照顾家庭。这是真正在家务农的农户。当然，也有人种苹果、养鸡、养猪等。这一模式的优点是经济收入较好、且有保障，同时又能照顾家庭。本模式的发展方向是种植养殖大户。三是工商经营＋种植模式。本模式是指以工商业经营为主，辅助以种植。其出现的原因是在社会主义市场经济建设的三十多年里，农户中出现了一些优秀的工商业经营者。其发展方向是进城、专业经营等。

然而，农户生产经营本质上是多种经营或综合化经营。综合化模式是指生产经营的多元一体化模式，建立在专业分工基础上的高级经营模式。综合化模式是以资源的多样性为基础的多种经营模式，传统的自给自足的农户“庭院经济”属于综合化的典型模式。农户耕种数十亩土地，有足够的粮食可以自用，自己织布缝衣，自己养猪养鸡，门前有桃杏苹果等，自给自足不需要外购，这就是典型的综合化模式。综合化模式比较符合现代生态农业理念，资源的综合利用率较高。综合化经营的原因，一是资源多种多样，白白浪费太可惜，如河边插柳、院子种菜等。二是需要多种多样，能自给自足的就不去购买，节约资金，如门前种果树、蔬菜、养鸡、养猪等。三是自给自足的自然经济以及远离市场、缺乏现金等因素，致使人们形成综合化生产经营，远离村镇的农户最为典型。与小农家庭综合化不同，建立在专业化基础上的综合化，是高层次的综合化，其显著特征是规模化。它是比专业化更高级的经营模式。

综合化模式的优点是：①资源利用率高。区域资源本身具有综合的性质，如一块农田，可能包括水渠、田埂、树木等。不同的资源具有不同的用途，单一使用必然会导致部分资源浪费，只有综合利用，才能最大限度地发挥资源优势，提高资源利用率。②经营风险小。各类资源的综合利用，使收益多元化，某一项收益的减少，对整体利益损害很小，因而经营风险也比较小。③技术要求低。综合化经营主要是收益的多元化，而不一定是高技术化。田埂种豆，主要是利用田埂，以方便、不浪费为指导，不一定要优良品种、精耕细作，因而技术要求比较低。④经济收益稳定。经营风险小，本身就意味着经济收益稳定。养一头猪、几只鸡、数株果树等，不但可以满足不同需要，也可以获得稳定的收益。少数项目收益减少，对整体影响也是极其有限的，收益波动很小。

陕南农户综合化经营最常见的模式是：稻田小麦产区——兼养鸡、鸭、鱼、猪等；小麦玉米产区——养猪、鸡、羊、果树等；玉米薯类产区——养猪、鸡、羊、牛、果林、中药材等；林果产区——中药材、果林苗木、养猪、羊、牛等。

第十二章　陕南生态农业的经营管理

生态农业的可持续发展，必须建立在经济效益的基础上，没有经济效益的生态农业，无疑是不能长久的。陕南生态农业的经营管理，是使有限的资源发挥最大的效益，从而促进陕南生态农业的良性循环。

一、生态农业经营的理念与要素

经营一般是与经济相联系，即生产经营、市场经营等。经营与管理一词很相似，但比管理更具有综合的性质，于是，改革开放以来，越来越多的人把“经营”用于非生产领域，如城市经营、品牌经营、文化经营等。经营一词被“泛化”，说明人们对经营一词的理解更深入，更会经营，更能发挥经营的作用。生态农业也需要经营，何况它本身就是一种经济活动。经营的本质是创造，经营就是从无到有、从小到大、从不发展到发展、从不安定到安定的创造过程。经营通过创造的方式，取得发展。经营职能包括决策职能、管理职能、监督职能、改进职能。

（一）经营理念

经营中最重要的、具有纲领性的是经营理念。陕南生态农业的经营理念，源于陕南生态农业经营者的认识，没有统一的样式。由于陕南地理环境和区位性质决定了陕南生态农业经营理念的共性：一是合理利用自然资源、保护生态环境、可持续发展的资源保护理念；二是地域特色、工艺特色、品种特色的品牌理念；三是市场导向、需求拉动、因地制宜的生产理念；四是质量至上、用户至上、长期合作的经营理念。

陕南地理地貌复杂，不可能实行统一的生产经营策略，因地制宜、合理利用资源是一种必然可行的生产方式，宜林则林、宜牧则牧、宜农则农，强制经营不符合经济规律，也不符合地理规律，陕南生产经营者深知这一点。可持续发展在陕南不用宣传，大家都理解，祖祖辈辈生活在这里，骨子里就有保护环境、持续发展的理念。品牌理念是在市场经济环境下学习得来的，陕南企业越来越认识到品牌的重要性，但特色和品牌组合在一起，品牌就得到升华。如城固柑橘、汉中面皮、商洛中药材、陕南青茶（汉中仙毫、紫阳青茶）、陕南菜油、生猪等，优势产品加地域特色，既提高了品牌的知名度，又扩大了品牌的影响力，品牌拓展之路，越走越宽。生态农业的发展，一方面需要供给带动需求，另一方面是需求拉动供给。

从市场经济的角度来看,需求的拉动作用更值得生产经营者重视。所以,市场导向在生态农业经营上也是行之有效的。

(二)经营环境

陕南生态农业的经营环境无疑是很好的。从宏观方面来看,一是地理上众所周知的山区、盆地、川道、谷地,具有相对封闭的良好生态空间,远离污染源,生态形象良好;二是传统农业山区,有知名的生态产品,远近闻名,无须过度宣传;三是国家政策扶植生态农业,限制有污染的企业进入,国家信誉、政府保证、企业执行,可信度极大提升;四是南水北调中线工程水源地用水区域民众的监督,也使陕南生态农业品牌知名度提高。从微观方面来看,一是改革开放几十年经营成果的积淀,企业有经验、有技术、有市场做好生产;二是特色农村品(如柑橘、茶叶、大米、中药材、生猪)的发展,不断扩大了陕南生态农业的影响力;三是交通瓶颈有所解决,高速公路系统覆盖陕南地区,节约了销售时间、成本,促进了生态农业的发展;四是全国市场食品质量监督力度的加强,有利于优质农产品市场的拓展,为陕南生态农业的健康发展提供了机遇。

(三)经营要素

经营要素:一是经营者。经营者是经营的主体,是经营活动的发起者、组织者、执行者,也是经营活动的受益者。经营者可以是个人、团体,经营者的价值选择、目标追求成为经营活动的前进动力。二是经营对象。经营对象是经营活动的客体,是经营者把自己的经营活动加于其上的东西。农民的农作物、企业的产品、酒店的房间等都属于经营对象。三是经营权。经营权是实现经营的手段,是指经营者对经营对象的占有、支配、使用和处理或强制、规范并承担经营责任的权力。有经营权,经营者才能调动经营对象,经营对象的运动,才能实现经营目标;相反,经营活动就不可能形成,也无法实现经营目标。四是经营载体。经营载体是指经营活动得以进行的组织,如农户家庭、企业等。

一般来说,陕南生态农业的经营者,企业是经理团队,其中领头人是关键;农户家庭是家长或主事人,主事人的经营理念、方式方法、技能特色等决定家庭的经营效益。就农村家庭承包责任制实行几十年的经验看,家庭经营比较好,比较富裕的,都是主事人经营水平高的;相反,贫困户中除个别特殊原因外,都是主事人经营水平低导致的。从这个意义上讲,农村贫困是农户家庭经营的主事人经营素质低决定的,脱贫要先脱愚,文化教育水平的提高要放在首位。陕南生态农业的经营对象主要是农产品,其中种植包括水稻、小麦、玉米、豆类、薯类、油菜等;养殖包括养鱼、大鲵、生猪、牛羊等;林业包括果树、花木、中药材、木耳等。经营对象中具有影响力的要素是水稻、玉米、薯类、油菜、鱼虾、大鲵、生猪、果树、花木、中药材等,但排他性的独有品种很少，因而经营的可运作空间也不大。经营权在社会主义市场经济建设的大环境下，落实的比较好，落实不好的国有、集体企业已被淘汰或正在被淘汰。经营载体企业已是现代企业经营管理，水平差异不大；农户家庭作为经营载体，两极化趋势比较明显，打工经商一族正逐步脱离农业、脱离农村，留守一族正不断扩大经营规模，经营专业化倾向比较明显。农户家庭还有大量的维持一族，他们既没有脱离农业、农村，也没有扩大经营规模，准备长期留守，仅仅是维持现有的生活状况，对通过农业生产经营致富不抱希望。

二、生态农业生产要素的经营

陕南生态农业的经营，首先面临的是生产要素的经营，生产要素的合理流动和高效使用，是生态经济发展的必然要求。

(一)土地

生态农业的经营，离不开土地，土地的流转，经营规模的扩大，是提高经营效益的前提。国家在农村实行家庭承包责任制 30 年不变，土地被分割成三、五亩的小块(每人 1 亩左右的土地，再按照优、中、劣等级分割，4 口之家，最大地块不会超过四亩)，农业机械化、规模化经营只能成为理想。随着市场经济的发展，打工、经商等其他比较利益的提高，土地荒芜化成为普遍现象。土地肥沃且交通便利的地区，土地承包现象较多，但每亩租金 100～200 元，相当于农民工 3～4 天的工资；土地贫瘠且交通不便的地区，则很少有人租种土地。但租种方式无法形成规模化耕种，因为每户的土地都有地界。以土地入股等公司化形式，目前很少，这与传统土地观念、生产方式及土地收益等因素有关，阻力比较大。另外，外出打工形式决定了农民仍以农村为家，不愿意失去生活基础，也是阻碍土地规模化经营的重要因素。

(二)资金

生态农业经营的资金需求一般不大，5 万～6 万元左右较为普遍，最多不超过 20 万。较少的资金，农户一般采用村民互助的方式解决，即农户之间互相借贷；人际关系较一般的农户，也可以在村里的合作基金贷款，额度为 3 000～5 000元，期限一年以内；需要较多的资金，需要到商业银行到款，借钱时间周期较长，但很少有农户采用这种方式，于是，农户之间的合作经营就成为另一种选择。农户之间的合作容易产生经济纠纷，为了避免这一现象，贷款现象比过去增加很多，但大部分农户不是向商业银行贷款，而是向营业性财务公司贷款，利息每年 15％左右。农户为了应对财务公司的高利息，一年以上的贷款向“亲朋好友"借的较多,财务公司仅解决半年左右的贷款。总的说来,农户借贷困难且利息高是长期制约农村经济发展的瓶颈。

(三)人力

人力资源是生态农业发展的必备要素。严格来讲,陕南人力资源比较缺乏,经济发展水平制约了人才的引进。但社会强大的培训体系,使得一些有志于生态农业发展的人接受进一步的技术培训、管理经营培训,成为生态农业发展的骨干。还有一些外出打工获得一定的管理经营或技术专长的人,回乡办经营实体,成为重要的人力资源。在城市经济不断深化的过程中,劳动力市场也逐步形成,但多属于"熟人圈"市场,而不是像城市的人才市场那样有固定地域。农民也习惯于"打工"方式,过去的"人情式"换工现象仅限于亲戚之间,一般邻居、朋友均采取"打工"方式。技术人才也以"打工"方式销售技术,使技术服务得以推广。改革开放以来,陕南外出打工的人数量庞大,也有大量的外地人进来做生意,这极大地促进了人才的交流与成长,特别是一些早期的"打工者",他们学习了一定的技能,获得了经营经验,现在已成为陕南生态农业经营的主力军。一些没有回来的打工者,也以各种方式传递着各种生产经营信息,促进各类人才的成长,也推动了生态农业的发展。

(四)技术

生态农业需要技术支撑。普通技术农户多以"模仿"的形式学习,传授技术的一方也不怕技术外流,因为他们知道,自己无法垄断市场,传授给别人也可以"抱团取暖",形成规模经营,一起开拓市场。较高的技术,农户一般聘请专门的技术人才来完成,比如禽畜疾病防治、疑难问题诊断等。农户的长期经营,也会"久病成医",学会许多较高的、有一定难度的技术,当然也有一些经营大户,有意识的培养周围农民学习较高技术,形成产业群。同类专业户经营户之间的交流与联合,也是学习、传播技术的重要方式,汉中市、安康市的大鲵养殖,商洛市、安康市的中药材等种植养殖农户较多,形成了相互学习、交流的环境。政府农技人员的专门培训、传授技术,是高端技术的重要来源,其不足之处是大路技术较多,新的、独有技术很少,很难满足经营创新的需要。真正开拓市场、创新产品,往往是从外地学习得来,或者从专业研究院所购买得来,其风险也较大,一般是规模较大的经营户采取这种方式。于是,高端技术一般是经营大户、大企业首先使用,然后逐渐流向中小经营者,农户掌握的技术属于"大众技术"。

(五)产品

生态农业发展最终表现在产品上,因此,产品的数量和质量是生态农业发展水平的直接体现。陕南传统种植业的产品主要是水稻、玉米、小麦、豆类、薯类、油菜等，商品率较高的是汉中、安康的水稻、油菜，商洛粮食外销较少，汉中大米在全国有一定的市场影响力。养殖业的产品主要有生猪、鸡、鸭、鱼、养、牛等，商品率较高的是生猪、鱼、大鲵，其他品种以自产自销为主，生猪产销量在全国也有一定的地位。传统有影响的经济作物是汉中、安康的茶叶，陕南青茶(也称陕青茶)在陕西省内外有一定的影响；陕南的中药材在全国也有一定的影响力；柑橘种植面积不大，但品质较好，特别是近十多年来，汉中柑橘产业发展势头良好，影响力不断扩大，带动旅游、酒店等相关产业发展。蔬菜也是陕南的传统经济作物，在交通越来越便利的今天，陕南比关中气温高这一气候特点带为陕南来了极大的经济收益。陕南，特别是汉中市和安康市，冬季作物也能正常生长(不越冬)，使蔬菜的产量、质量明显比关中好，同样的品种，陕南早熟半个月，也会带来极大的经济效益。在陕西三个区域(陕南、关中、陕北)中，陕南具有明显的生态优势，使陕南的生态农业产品、生态旅游品牌等市场前景越来越好，这是陕南生态农业发展的资源、优势、机遇。

三、生态农业生产的经营与管理

(一)决策

生态农业经营与管理，决策是关键。陕西省有280万的生态移民，就是一个关乎陕西经济发展和生态平衡的重要决策。这一决策的成果在20年后会显现出来，这就与现在已经看到初步成果的“退耕还林”、“退耕还牧”一样，具有重大的生态意义。陕南生态农业的经营决策，有战略层面的决策与战术层面的决策之分。从战略层面上看，生态移民、汉江治理、水源地保护、化工污染产业的限入等都属于战略重大决策。陕西省对陕南的定位是“全省上下要形成合力，积极支持陕南发展循环经济，帮助陕南在发展的进程中取得更大的突破，实现更快的跨越。”(陕西省人民政府关于加快推进陕南循环发展的若干意见，2011)即陕南发展“循环经济”。具体到陕南三市，就是安康市建设新型材料工业基地和特色生物资源加工基地，建成上游地区交通枢纽和物流中心；汉中市建设重要的装备制造业基地、循环经济产业集聚区和重要的物流中心，建成生态宜居城市；商洛市建设优质绿色农产品、新材料工业基地，建成秦岭南麓生态旅游城市。

以下分别是陕南三市在生态农业战术层面的决策。

1.汉中市

依托优良的生态环境和绿色农业、有机农业的发展基础，按照有机农业的规范和要求，把原则性与科学化相结合，生产与市场开拓相结合，经济、环境、社会三大效益相结合，在洋县、西乡、宁强、留坝重点建设万亩有机农业示范园。在汉台、南郑、城固、洋县、勉县、西乡和宁强等生猪大县，以沼气为纽带，种养结合，大力推广猪—沼—菜(果、渔)生态循环模式，建立循环农业示范园，提高有机农业的生态、经济、社会综合效益。按照“产业高新，集成创新，示范展示，辐射带动”的原则，突出地方特色，充分利用各县农产品资源，建立一批以农产品加工企业为龙头，以园区为载体的农产品加工示范园。在勉县、城固、洋县、南郑、西乡、宁强等县建设以畜产品、茶叶、柑橘等为主的农产品加工示范园，就地加工当地农产品。到“十二五”末将入园企业由17家发展到100家。

2. 安康市

设施农业：在月河川道、山谷盆地和丘陵地带，培育发展新型农业组织经营模式，推广先进栽培技术，建设规模化、标准化、集约化的绿色有机农产品基地。畜牧产业：以福润、大红门、阳晨、鸿盛等龙头企业为依托，加快生猪标准化规模养殖场(小区)建设，发展月河川道百万头商品猪和镇坪生猪生产基地，建设年出栏千头以上规模养殖场1 000个，发展生猪养殖大户1.5万户，形成500万头商品猪养殖规模，构建畜牧养殖和深加工产业体系。林特产业：稳步发展蚕桑产业，加快发展茶叶、魔芋产业，大力发展油桐等木本油料和干鲜果品产业，稳定优质烤烟种植面积，按照GAP规范建设绞股蓝、葛根、黄姜、厚朴等道地中药材种植基地，突出发展林产品加工业。水产养殖：大力开发丰富优质的水域资源，加大名优水产繁育力度，推广绿色养殖和综合生态渔业技术，发展大水面人工养殖、网箱养殖、名贵冷水鱼和秦巴大鲵养殖，推进水产品冷藏、运输、包装和深加工建设，打造汉江安康渔业品牌。

3. 商洛市

坚持“生态立市”战略，加大重点生态工程实施力度，加强生态屏障建设，确保生态更加美好。继续推进天然林保护、退耕还林、“长防林”等重点工程建设，扩大生态容量，提升森林固碳能力。优势特色产业不断壮大。生态旅游蓬勃发展，形成了10大旅游景区和3条精品线路，2010年接待游客1 260万人次，综合收入45亿元；现代中药稳步发展，中药材种植面积达到160万亩，医药企业发展到30户，2010年实现销售收入25亿元；绿色食品知名度进一步提高，全市认定“三品”产地175个，认证“三品”产品80个，认定农产品地理标志2个，以核桃、板栗、茶叶、生猪、肉鸡等加工为主的龙头企业发展到56家，2010年实现销售收入26.7亿元。

(二)经营

陕南生态农业经营，首先是陕南生态形象的经营。陕南生态形象在陕西无疑是很好的。陕南山清水秀、气候宜人、植被覆盖率高、农作物生长期长，与陕北黄土高原植被覆盖率低、气候寒冷、作物生长期短，关中人口密集、工厂林立、空气污染等形成鲜明对比。特别是近年来陕南生态形象的经营，取得辉煌的成就——陕南春天的油菜花、茶叶，秋天的柑橘、林果，冬天的蔬菜等给人留下了深刻的印象。高速公路的开通，节假日的生态旅游，更是促进了陕南生态形象的形成。在西北人眼中，汉中、安康属于"西北小江南"，气候宜人、物产丰富，与西北绝大部分地区的干旱、黄土、寒冷等形成鲜明的对照。随着陕西特别是西安在全国地位的提升，生态陕南伴着熊猫、朱鹮、羚牛、金丝猴等知名生态明星一起，影响也越来越大。于是陕南生态农业也发展迅速，如朱鹮牌系列产品等，也走向全国更大的市场。

陕南生态农业经营，离不开生态农业品牌。陕南生态农业品牌意识正在不断深入人心，比如汉中茶叶，以前一直是以企业、县域为单位进行品牌推广，汉水银梭、定军茗眉、五指仙豪等品牌，产量太低，无法扩大影响力；现在，汉中市整合茶叶品牌，统一以"汉中仙豪"的品牌进行营销，知名度、美誉度随着汉中经济的发展而不断提升。一些有实力的企业，注重企业形象和品牌营销，影响力正在不断扩大，如勉县的"建新"菜油等。有众多的中小企业，其产品规模不大，也有自己的品牌，现在市场上无品牌、无厂家、无质量标准的产品（除蔬菜外）基本很少，因为人们不相信"三无"产品的质量。事实上，"三无"产品一直是假冒伪劣产品的高发区，民众也很少购买这类产品。品牌营销，不但要有营销意识，还要有营销战略、规划、行动，更要依靠产品的质量、始终如一的品质扎根人心，短视、投机等不良心态是品牌经营的大敌。

陕南生态农业的形象、品牌经营，需要借助于各类媒体传播、人际传播、产品销售等传播方式。各类媒体是最简便的传播渠道，因为生态环境的好坏，生态农业产品的优劣，不仅仅是销售问题，还会影响其在人们心中的形象、认知。秦巴山区、南水北调中线工程水源地、熊猫朱鹮栖息地等众所周知的生态亮点，深化了人们对陕南生态农业的认识；生态旅游、红色旅游、生态城市等人际流动，让人们亲身体验生态的优良品质，使得人际传播成为一条重要方式；陕南的生态产品的销售，直接传递着陕南生态农业的发展成果，如陕南大米在四川、广州等地市场知名度很高，柑橘在西北一直销售火爆，蔬菜也是西北的畅销产品，生猪在全国市场都有一席之地，随着陕南生态农产品的不断销往全国各地，陕南正用事实扩大生态农业的影响。近几年发展起来的生态农业旅游，对于陕南生态农业的营销意义巨大，如油菜花节、柑橘园观光休闲系列等，吸引大量的旅游者来陕南，这对于生态农业产品的形象、品牌经营有着难以估量的价值。

（三）管理

陕南生态农业的管理，可以从生产、质量、销售三方面来理解。从生产的角度来看，生产管理一般是企业或农户的问题，自己对自己的生产管理负责，农村家庭承包责任制更是强化了生产者的管理责任。在中国特色社会主义市场经济条件下，各级政府对生态农业的扶植和领导作用，无疑是生态农业生产管理的重要因素。因为，符合政府的产业计划、安排会得到相应的资金、生产、销售等方面的便利，对于规模化生产经营也有意义。例如，城固橘园的柑橘，形成规模化生产，观光旅游设施等都离不开城固县有计划的扶持、组织、经济补贴，这对降低农户的生产经营成本，打开市场销路也是有益的。如果没有县乡政府的领导、组织、扶持，城固橘园观光农业产业园区是很难建成的，也很难有如今的市场影响力。同时，县乡政府的农技、农机等部门的人力支持，对于提高生产技术水平和经济效益也是不可或缺的。

陕南生态农业的质量管理，基本上以市场为导向，政府的作用很小。需要什么样的质量，决定于市场价格和销量，这与工业生产中的以产定销一样。典型的案例是猕猴桃质量管理。2005 年前后，各类媒体宣传猕猴桃生产中"膨大剂"的使用有害于产品的品质，各地政府也积极建议农户不要使用，结果当年猕猴桃长的品相不好，采购商不愿意采购，给农户造成巨大的经济损失。自此以后，农户坚定了市场质量导向，只要市场认可，就是优质产品，政府也放弃了对农户生产经营的微观指导，将工作重心放在了宏观部署上。类似的还有生猪生产、蔬菜生产等。陕南生产的无公害农产品、有机农产品等，究竟如何生产经营，质量要求高低的确定，最终是市场经济效益(比较效益)说了算。当然，有危害的、政府严令禁止的产品，理性的农户还是会认真执行，毕竟，生产经营者也是十分重视自己的信誉的。所以，质量管理的关键是政府管理部门严格检查，合理引导消费者的消费行为。

陕南生态农业的产品销售，有主动与被动之分，或者说是供给导向和需求导向。从供给导向来看，生猪、茶叶、蔬菜、大米等属于此类。这些产品长期以来培养起了自己的消费群体，产品销路一直很好，只要有生产，就会有销路。从需求导向来看，中药材、水果、干果、特色养殖种植等，需求决定生产。比如，陕南的特色养殖大鲵(娃娃鱼)，在人工养殖初期，市场销售很好，产品供不应求，但中后期价格下降，经济效益大不如前。与此相类似的还有牛蛙、甲鱼养殖等，消费浪潮已过，市场冷冷清清。需求导向型产品的销售，赶上时机，经济效益十分可观，错过时机，不赔本就算好的。因此，陕南生态农产品的经营销售，需要有一批成熟的、有经验的生产经营者，而不是投机者。同时，要有明确的市场定位，可靠的销售渠道，才能够可持续发展。就实际情况来看，有一些产品是供应全国市场，如生猪、大米、茶叶、蔬菜等，有一些是供应西安等周边地区，如柑橘、菜油、特色种植养殖等，要根据所属市场特性，与时俱进，与消费者共存亡，不能孤芳自赏，脱离市场谈生产经营。

第十三章　陕南生态农业发展的成就与趋势

一、陕南生态农业发展的成就

(一)陕南三市生态农业发展的成就

1.安康市生态农业发展成就

安康市市长郭青在《安康市2013年政府工作报告》中总结了生态农业发展成就。全年实现生产总值513.02亿元,增长15.2%;规模以上工业增加值180.57亿元,增长33.9%;全社会固定资产投资380.27亿元,增长24.9%;财政总收入51.8亿元,增长19.1%,其中地方一般预算收入21.66亿元,增长25.2%;城镇居民人均可支配收入和农民人均纯收入分别达到20 300元和5 815元,增长16.9%和16.1%。单位生产总值能耗下降3.3%,汉江出境段面水质保持国家II类标准。经济发展的质量效益逐步提高,协调性、可持续性进一步增强。

安康市2012年先后制定出台扶持发展劳动密集型产业、大力发展山林经济和涉水产业的三个意见,有力促进了实体经济的发展,现代农业特色鲜明。加快实施“百园建设、千元增收”工程,启动建设现代化农业园区154个,其中省级20个,建成面积24.1万亩,带动园区农民户均增收2 686元,粮油总产98.7万吨,连续九年增产增收,肉类总产26.1万吨,新增设蔬菜2.1万亩,发展水面养殖21.6万亩,种植烤烟22万亩,新建特色经济林43.5万亩,发展林下种植37.9万亩。汉滨区被列为国家现代农业示范区。紫阳富硒茶成为安康市首个中国驰名商标。安康市与中国农科院共建的中国(安康)富硒产品研发中心加快推进。第十二届中国安康汉江龙舟节、第八届中国盆景展、首届南宫山旅游文化节等重大节庆活动成功举办,安康市生态旅游知名度明显提高,全年接待游客1 830万人次,增长17.2%。

2.汉中市生态农业发展成就

汉中市市长胡润泽在《汉中市2013年政府工作报告》中总结了生态农业发展成就。2012年全年完成生产总值772.3亿元,增长15.2%,增幅居全省第二位。财政总收入75.59亿元，增长17.7%，地方财政收入30.08亿元，增长27.7%；城镇居民人均可支配收入和农民人均纯收入分别达到19 827元和6 181元，增长16.5%和17%。农村经济稳定增长。粮、油总产101.4万吨、17.9万吨；生猪出栏385.3万头；茶叶、柑橘、蔬菜产量分别达到2.27万吨、31.2万吨、191.1万吨，“汉中仙毫”夺得北京茶博会23项金奖，占绿茶类金奖总数的88.46%；省、市级现代农业园区达42个，入园龙头企业88家。“朱鹮”有机食品商标获国家注册认证，“城固柑橘”跻身中国驰名商标行列，洋县被授予全国首批有机产品认证示范县。旅游三产快速增长。“一江两岸会客厅”、龙岗文化遗址生态园区建设取得新进展，长青华阳、张良庙紫柏山成功创建4A级景区；全市接待游客1 905.3万人次，收入82.1亿元，分别增长26.7%、29%。

3. 商洛市生态农业发展成就

商洛市市长陈俊在《商洛市2013年政府工作报告》中总结了生态农业发展成就。全年实现生产总值439亿元，增长14.8%；财政总收入33.7亿元，增长26.1%，地方财政收入21.5亿元，增长30.3%，财政总支出134亿元，增长25.5%；城镇居民人均可支配收入19 998元，农民人均纯收入5 425元，分别增长15.3%、18.3%；城镇登记失业率控制在2.96%；全年物价上涨2.3%；万元GDP能耗下降3.38%，二氧化硫、化学需氧量、氨氮和氮氧化物排放分别削减2.3%、2.5%、1.7%、0.1%。出台了进一步加快农业产业化发展的若干意见，发展无公害农产品基地311万亩。全市烟叶生产首次跨入全国重点产区行列，全市建成省级现代农业示范园区8个，培育省级以上龙头企业22家，朝阳工贸公司成为全市首家国家级龙头企业，商洛市被省政府命名为全省核桃产业强市。农民专业合作社发展到876家，辐射带动5.8万农户。粮食总产64.3万吨，蔬菜总产65万吨，肉、蛋、奶产量分别达到24万吨、7万吨和1 900万吨。全市投入1.2亿元开展旅游宣传促销，成功举办第三届中国秦岭生态旅游节，天竺山、牛背梁创建4A级景区通过国家旅游局正式命名，牛背梁加入世界“人与生物圈”保护区，金丝峡国家森林公园荣获全国生态旅游创新奖，全市接待游客2 288万人次，实现综合收入102.5亿元，分别增长34.3%和50.4%。商洛农产品创建陕西省著名商标6个，“金丝源”品牌成为获得国家驰名商标，山阳县被省政府授予陕西省质量兴省先进县。

(二)陕南主要县区生态农业发展的成就

1. 镇巴县生态农业成就

镇巴县2012年粮油总产分别达8.5万吨、1万吨。新建和改建茶园1.57万亩，生产茶叶1 860吨，实现产值2.16亿元，在北京茶博会上获4项金奖。生猪饲养量达 74 万头，组建了镇巴腊肉产业协会，正在注册镇巴腊肉地理标志证明商标。新建魔芋种植面积 1.2 万亩，总面积达 6.2 万亩，实现产值 3.3 亿元，带动种植户人均增收 500 元。新建专业菜地 1 510 亩，蔬菜总产达 9.46 万吨。成功创建省级、市级现代农业园区各 1 个。

2. 洋县生态农业成就

洋县 2012 年有机产业园区累计完成投资 1.86 亿元，园区大道和文明东路延伸段建成通车，秦洋长生酒业、双亚粮油、志建药业等企业入园建设。有机产品认证达到 13 大类 55 种 8.17 万亩，"朱鹮"牌有机食品商标获国家注册认证，洋县被国家认监委确定为认证认可工作联系点。开工建设引西二期工程，完成 10 座水库除险加固，实施农业综合开发 8 000 亩，治理水土流失 95 平方公里。粮食总产 17 万吨，油料总产 2.73 万吨，生猪饲养量达到 135 万头，种植蔬菜 17 万亩、优质米 16 万亩，新发展果园 2.06 万亩、木本药材 1 万亩。建设省市级现代农业园区 5 个，新培育市级龙头企业 4 户。预计实现农业总产值 33 亿元，增长 8.2%。

3. 宁强县生态农业成就

宁强县 2012 年现代农业起步良好，农村经济全面发展。粮油总产达 10 万吨。生猪出栏 55 万头，发展万头养殖场 4 个，规模养殖占到 40%以上；新建良种茶园2 100亩，产茶 3 540 吨；发展中药材 1.5 万亩、核桃园 2.5 万亩、食用菌 2 900万袋、烤烟 3 500 亩、高山蔬菜 2 500 亩。认定省级农业园区 1 个，市级 1 个。培育省级龙头企业 1 户、百强合作社 1 个，发展农村经济合作组织 20 个。转移农村剩余劳动力 8.5 万人、收入 14 亿元。完成秦巴扶贫攻坚实施规划及 180 个扶贫重点村建设规划编制，实施毛坝河、白家坝、二郎坝、天台山、广坪茅咀等 15 个整村推进项目，实现脱贫 1.4 万人。造林绿化 4.9 万亩，建成通村水泥路 50 公里，新建人饮工程 38 处，解决 3 万人的饮水安全问题，新建和改造基本农田 1.1 万亩，荣获"全国农田水利基本建设先进县"称号。

4. 汉阴县生态农业成就

汉阴县 2012 年全县农业总值完成 16.7 亿元，同比增长 5.9%。粮食总产达 10 万吨，油料总产达 2.7 万吨。全县生猪饲养量 66.8 万头、出栏 37.1 万头，同比分别增长 4.1%和 5.5%。18 个现代化农业示范园区建设快速推进，五一、紫云、秦园被命名为省级现代农业示范园区，平梁苗木花卉、凉水泉大鲵养殖被命名为市级现代农业示范园区，紫云村被授予全国"一村一品"示范村的称号。推行"公司(合作社)＋基地＋农户"的利益联结机制，带动园区群众人均增收 1 700元。狠抓农业品牌建设，6 个品牌通过富硒认证，19 种产品通过有机认证，绿硒蔬菜、新鑫大米荣获"陕西省知名品牌"。烤烟、茶叶、食用菌、魔芋、渔业等特色产业规模与效益同步提升。

5. 旬阳县生态农业成就

旬阳县 2012 年全年实现农业总产值 19 亿元，同比增长 11.55%。粮食生产保持九年连续增长。收购烟叶 28.8 万担，较上年增长19.5%，实现产值 3.46 亿元。新增魔芋基地 8 000 亩，生猪出栏 106 万头，新建核桃、狮头柑、油桐、拐枣等基地 5 万亩。省级农产品质量安全示范县创建通过验收，丰裕、新森林现代农业园区被命名为省级园区，隆科现代农业园区被命名为市级园区。

6. 紫阳县生态农业成就

紫阳县 2012 年全年茶叶产量达到 3 811 吨，实现产值6.2亿元。启动建设 10 个现代农业园区，红椿茶叶生态观光示范园荣获市级示范园区命名、向阳茶叶生态观光示范园、洞河现代渔业科技示范园等建设成绩明显。发展大水面养殖 3 000 亩，魔芋种植 2.8 万亩，烤烟种植 6 227 亩，厚朴种植 5.2 万亩，设施蔬菜 2 000 亩，建设万头养殖场 3 个，千头养殖场 13 个。

7. 宁陕县生态农业成就

宁陕县 2012 年全面推进生态农业建设，秦南食用菌、东河大鲵园通过省市级园区认定，投资 1.9 亿元的江口有机农业观光园启动建设。食用菌示范县建设稳步实施，旬阳坝猪苓种源示范基地通过验收，发展塑料食用菌 2 500 万袋，猪苓、天麻 114 万窝。完成板栗科管 10.2 万亩，新建核桃园 2.1 万亩。新增大鲵养殖 3.7 万尾。发展大棚蔬菜 1 200 亩。建立了羊肚菌研究和紫果猕猴桃繁育试验基地，农业服务体系不断健全。林权改革深入推进，全年流转林地 65 万亩，办理森林保险 100 万亩，荣获“全国农民林业专业合作组织示范县”称号。农村劳动力专业就业 1.76 万人，劳务收入达 2 亿元。

8. 丹凤县生态农业成就

丹凤县 2012 年出台扶持政策，发展农业产业化龙头企业，形成了以华茂、民乐两个省级现代农业园为龙头的产业集群，培育壮大了生猪、肉鸡、肉牛、核桃和设施蔬菜五大特色产业体系，全年生猪饲养量达 72 万头，肉鸡饲养量达 5 000 万羽，良种核桃累计栽植 33.2 万亩，新发展设施蔬菜 2 240 亩，粮食总产量 6.52 万吨。全县实现农业总产值 18.67 亿元，增长 6%；农民人均纯收入达到 5 536 元，增长 18.7%。

9. 洛南县生态农业成就

洛南县 2012 年全年农林牧渔总产值 31 亿元，增长 6.1%。粮食总产量稳定在 17 万吨左右，农民人均纯收入 5 592 元，增长 18.5%。生猪饲养量达到 125.61 万头，外销仔猪 65.26 万头，分别增长 13.23%和 29.23%。新建桑园

2.2万亩，养蚕2.03万张，养蚕张数同比增长141.6%。新建良种核桃园6.5万亩，点播核桃11.62万亩，核桃产量达到1.3万吨，增长8.3%，占全市产量近三分之一。荣获"中国绿色核桃十强县"称号，洛南核桃地理标志得到国家认证。烟叶产量22.1万担，产值2.32亿元，实现烟草税5 105万元，产值和烟税分别增长54.48%、54.46%。发展薯类15.5万亩，净增4.85万亩。农业龙头企业发展实施新突破，新增华阳良种猪和民生食品两家市级以上农业龙头企业，成华公司、天玉公司等农业龙头企业建成投产，全县农业龙头企业实现销售收入3.29亿元，增长16.1%。鹿池川现代农业园区建设步伐加快。新发展农民专业合作社66个，总数达到318个，其中省级百强社达到7家，位居全省第一。完成造林绿化6.6万亩，被省林业厅命为"全省生态建设先进县"，全国绿化模范县申报工作顺利通过国家林业局初审。单位生产总值能耗下降3.3%，二氧化硫、化学需氧量、氨氮和氮氧化物排放分别削减2.5%、2.6%、2%和0.5%。水利建设完成投资1.58亿元，建设基本农田1.2万亩，解决农村9.8万人安全饮水问题。农村劳动力专业就业11.3万人，创收8.05亿元。

10. 镇安县生态农业成就

镇安县2012年农业产业化明显加快，农林牧渔业总产量达到18.8亿元，增长6.1%。粮食总产量达到9.2万吨。烤烟种植面积突破5万亩，产值超过1亿元，成为全省第三大烟叶生产基地县。板栗、核桃、畜牧、魔芋、茶叶、蚕桑等特色产业喜获丰收，镇云千亩设施蔬菜项目全面启动。省市龙头企业达到13家，新发展农民专业合作社34个。

(三)媒体上的陕南生态农业发展的成就

1. 汉台区多措并举加快建设现代农业园区

一是抓好园区规划申报。规划申报省市级现代农业园区建设项目5个，春雨、汇力园区先后荣获省政府命名，忠诚、康田食用菌园区成功跻身第一批世纪现代农业园区。4个省市级园区核心区示范面积0.51万亩，辐射带动面积3.57万亩，规划总投资8.04亿元。二是充分整合项目资金。区农业、交通、发改、水利、扶贫等部门通力协作，充分整合各类涉农项目资金近2 000万元，集中投入园区建设。积极与上级部门协调联系，推进春雨园区市区共建，争取产业化扶持资金260万元。三是加大招商引资力度。通过网络、报纸、电视等媒体，强化园区推介，宣传优惠政策，鼓励和吸引企业、种植大户入园发展，加快构建多元化投融资机制。目前已成功招引5家企业入园，汇力公司与台湾司百科生物科技公司签订10万吨生物肥生产项目共建合作协议，另有多家种养企业到春雨园区实地考察，达成投资意向。四是加快项目建设进度。春雨园区物流中心冷库建设完成库体工程，2个万头生猪标准化规模养殖场及一期200亩设施蔬菜标准园建设项目全面启动。汇力园区3万吨胚芽米生产线项目土建工程接近尾声，加工设备采购到位，力争年内建成投产。康田食用菌园区新建科技示范园100亩，建立体出菇高棚70个，示范性生产袋料香菇、木耳、灰树花等25万余袋。忠诚园区200亩设施蔬菜标准园及工厂化育苗中心新建项目全面启动。五是加快推进土地流转。组织人员进村入户，采取多种形式广泛宣传《土地承包法》、《合同法》，土地流转政策及园区建设的现实意义，增强农民流转土地意愿和主动参与意识，目前已向园区流转土地1 550亩。(2013，汉台区农业局)

2.城固县推进农业产化加速——绿色崛起

今年以来，城固县坚持以科学发展观为统领，以"三农工作突破"为契机，紧紧围绕柑橘、生猪、中药材等特色产业，积极探索农业产业化发展之路，带动"农"字头产业群集聚，促进了传统农业的升级转型和农民增收致富。去年，全县实现农业总产值61.27亿元，农民人均现金收入7 309元，同比分别增长5.7%和17.9%。该县依托优越的自然环境和生态优势，通过扩。规模、建基地、提效益，积极推进农业结构调整和作物品种调优，初步形成"南茶北果，平川粮油蔬菜"的产业格局。瞄准发展"高产、优质、高效"环保农业，该县涌现出一批柑橘、猕猴桃、草莓、西瓜、山药、元胡等"一村一品"、"一乡一业"专业化镇村，建成29个省级"一村一品"示范村和2个省级"一乡一业"示范镇、100个推进村。去年，全县粮油生产实现"九连增"，柑橘种植面积达22.6万亩，产量逾25万吨，生猪饲养量96.6万头，蔬菜复种17.8万亩，中药材种植11.1万亩，猪、果、菜、药、茶主导产业产值已占到农业总产值的70%以上。

在调整农业结构和扩大规模的同时，该县狠抓农产品产、加、销一体化经营体系建设，鼓励龙头企业利用新技术、新工艺开发新产品，扩宽市场份额，提升产品附加值和占有率，着力提升产业化水平。采取"公司＋农户"、"公司＋专业协会＋农户"等多种经营模式，合同农业、订单农业迅速勃起，企业农户携手结成了"风险共担、利益共享"的经营共同体。目前，已建成设施蔬菜、大鲵等省市级现代农业园区6个，示范园区171个，培育出汉中泛亚、顺鑫鹏程、龙宴米业、振华生物等省市农业龙头企业28户，发展农民专业合作组织137个。通过"公司＋基地＋农户"、"订单农业"等多种经营模式，企业与农户签订各类订单10万余个，带动产业农民16万户，实现农产品销售收入9.2亿元。

农业产业化发展不仅带动了农民增产增收，还激活了生态旅游观光"裂变"发展。橘园景区充分把万亩橘海自然风光与升仙文化等人文景点结合，倾力打造"中国柑橘农业生态观光第一园"，相继投入近亿元改造完成6.5公里"M"型环山旅游观光路线，建成橘颂文化长廊、观景台、会仙阁、升仙大道、升仙台、唐仙观、魅星园、升仙湖水体景观等旅游景点，重磅推出了野外攀岩、滑索、升仙大舞台等娱乐项目，增强了景区的吸引力；积极争取将张骞墓列入首批丝绸之路申遗名单，加快张骞纪念馆建设，建成配殿3座，连廊200米，整理“申遗”文字资料300余万字、图片2 000余张，编撰中小学生文化遗产普及教育教辅材料一套。同时，高标准规划建设南沙湖景区，邀请世界梦幻主义设计大师、香港成风集团行政总裁麦克先生精心设计景区建设性详细规划，将优美的自然风景与景区内文明海峡两岸的地亩庙人文景观相融合，建成船运码头、演艺厅、鹳鸟台等设施，初步建成国际路亚垂钓基地。一季度，全县共接待游客57.7万人次，实现综合收入2.37亿元，分别增长24%和23.7%。（汉中日报，2013）

3.洛南县荣获“全国绿化模范县”称号

全国绿化委员会发布了关于表彰全国绿化模范单位和颁发全国绿化奖章的决定，我是洛南县榜上有名。洛南县地处华山之南，有林业用地304.4万亩，是陕西省重点林区县之一。近年来，该县紧紧围绕“生态立县，绿色富民”的战略，坚持全县动员、全民动手、全社会办林业的基本方针，扎实开展生态文明建设，大力开展植树造林、森林保护等工程。目前，全县共有林地面积281.2万亩，森林覆盖率66.7%，活立木总蓄积量588.5万立方米，比1983年的49.2%和380.5万立方米分别增加了17.5个百分点和208万立方米，实现了森林面积和蓄积量的双增长。“全国绿化模范县”评比是全国绿化委员会受国务院委托组织开展的一项重要评选活动，每三年评选一次，是全国造林绿化工作评比表彰中的最高荣誉。2009年，洛南县曾荣获陕西省绿化模范县称号。（商洛日报，2013）

4.山阳县发展立体生态农业促进增收

近年来，山阳县大力发展林经（药）套种、林草间套、林下养殖等立体生态农业，促进农民收入持续增长。截至目前，全县已发展立体生态农业1.15万亩，其中林下种植7 500亩，林下养殖4 000亩。该县立足山区土地紧缺的实际情况和转变农业发展方式的现实需要，提出在川道区以黄姜、黄芩、魔芋、饲料草为主，发展林下种植；在坡垣区以鸡、羊为主，发展林下养殖，实现林下草料饲养畜禽、畜禽粪便施肥林地，达到清洁生产、循环利用的目的；在浅山区以天麻、猪苓等菌类中药材为主，发展以林下间套，实现林下、林上综合收益 。县上以50个新农村建设示范村为重点，因地制宜，推广林（核桃、板栗）经套种（林下种植魔芋、天麻）、林药套种（林下种植黄姜、猪苓）、林草间套（林下套种苜蓿）和林下养殖（养鸡、养羊、养猪、养兔）等多种模式，每村发展2户以上立体生态农业示范户，每个示范户发展立体种养面积50亩以上。为了破解资金难题，他们引导在外创业成功人士回乡投资发展立体农业，通过租赁、承包、流转、入股、联营等形式，实行规模化发展，集约化经营。同时，积极协调信贷部门发放贴息贷款1 000万元，支持群众发展立体生态农业。县财政每年还设立200万元专业基金，采取以奖贷补的办法，按照1万元/户的标准，对验收合格的立体生态农业示范户给予补助，推动全县立体生态农业快速发展。（商洛日报，2013）

5. 镇安县茅坪镇金银花开富农家

七月盛夏，走进镇安县茅坪回族镇，漫山遍野的金银花次第盛开，在微风中散发着一股淡淡的清香，回族群众背着篓子，采摘着金银花，幸福的像花儿一样。潘德稳是茅坪镇风景村一组村民，一家四口人，三年前在镇上的帮助下发展树形金银花5亩。时下正值采摘季节，他指着房前屋后一株株开得正盛的金银花兴奋地说："今年不仅花开得好，而且价格较往年高，真是没有白费工夫，我今年少说也能卖个两三万元。"茅坪镇海拔高，气温低，潘德稳和当地村民先后尝试种植过烤烟等经济作物，但因产量低、质量差最终只能放弃。2010年，镇上组织他们去旬阳县参观树形金银花种植基地，头一次见到树形金银花的他和村民们充满了好奇，听了树形金银花的产值效益和种植要求，他们便萌生了发展金银花的念头，当年就在全村栽种了500多亩，今年基本上都丰收了。在茅坪千亩金银花基地里，笔者见到茅坪镇组织的30多名党员干部，正在向种植户详细了解树形金银花的种植经验，带队的镇干部田厚武介绍，该镇目前已经在峰景、五星、茅坪、元坪等村大力发展种植新型树形金银花1 500多亩，采用"公司＋基地＋协会＋农户"的发展模式，为花农提供优质苗木，全程提供技术指导，花农当日采摘当日就近销售，并实现保护价制度。"现在群众是抢着发展，今天我就是带着他们来学习经验的。"田厚武如是说。为了促进金银花产业长足发展，茅坪镇引进资金300万元，投资兴建一个金银花加工厂，解决本镇和周围镇的金银花加工难题，进一步拉长产业链条，让群众就近就业，增收致富。目前，全镇群众仅金银花就可实现增收2 500万元。（商洛日报，2013）

二、陕南生态农业发展的"4x"分析

陕南地处秦巴山区，山清水秀，是国家南水北调工程的水源地。因此，陕南的生态文明建设的重要任务，就是保护"一江清水"，给子孙后代、给全国人民留下"美好家园"，为建设"美丽中国"作出自己应有的贡献。生态农业是生态文明建设的重要部分，陕南生态农业的发展，是陕南生态文明建设的重要内容。

（一）"4x"分析的地位意义

1. "4x"的提出

"十八大"报告在论及"以加快转变经济发展方式为主线"的经济发展战略时明确指出："着力激发各类市场主体发展新活力，着力增强创新驱动发展新动力，

着力构建现代产业发展新体系，着力培育开放型经济发展新优势。”“激发新活力”主要是“依靠内需”拉动，“更多依靠现代服务业和战略性新兴产业带动”。“发展新动力”主要是“依靠科技进步、劳动者素质提高、管理创新驱动”。“构建新体系”主要是“节约资源和循环经济推动”。“培育新优势”主要是“依靠城乡区域发展协调互动”。

2.“4x”的地位

如果说“实践是检验真理的唯一标准”的讨论，解放了人们的思想，使中国从此走上了“改革开放”之路；“三个有利于”的提出，平息了姓“社”和姓“资”的争论，促进了中国特色社会主义市场经济建设；那么，“4x”的提出，必将开创以“质量和效益”为特征的经济发展新时代。中国改革发展了三十多年的今天，已经不是单纯的数量扩张，而是进入到以质量和创新求发展、求生存的时代，社会发展需要开创新局面、新领域，否则就不能赶超欧美等世界强国，更不要说争取在世界上的地位了。发展需要开拓创新，需要新的发展动力、发展领域、发展路径，党的十八大提出的“4x”就是为发展创新指明方向，为社会进步确定着力点。因此，“4x”在中国特色社会主义建设过程中，将会发挥十分重要的指导作用。

3.“4x”的意义

“4x”作为衡量经济发展方式转变的尺度，不仅能够促进人们解放思想，转变观念，推动创新，同时，也是分析经济发展进步的工具。作为分析工具的“4x”，可以使人们清楚地认识到“市场主体”是否有“新活力”、“创新驱动”是否有“新动力”、“现代产业”是否有“新体系”、“开放型经济”是否有“新优势”。从“4x”的角度不断提问，可以克服人们的不思进取的“惰性”，促进人们锐意进取、不断创新。科学研究利用“4x”分析这一工具，必将引导实际工作者时刻以“4x”为标准，认识自己的工作、衡量自己的工作；引导理论工作者研究典型案例，发现和挖掘“创新”萌芽，培育经济发展的新力量。

(二)陕南生态农业发展的“新活力”

1. 市场主体

从市场主体发展“新活力”的角度审视陕南生态农业，必须先了解陕南生态农业各类商场主体的发展现状。陕南生态农业主要以民营经济为主，规模相对较小；农户家庭经营数量庞大，是不可忽视的力量；民营金融机构以中心城市和县城为主，经济发展活跃的乡镇发展较好，偏远较落后地区发展较差；科技、农机维修等服务组织能够满足需要，但水平较低。

2. 存在问题

陕南生态农业的各类市场主体在发展中也存在一些问题。民营企业数量较多，但真正有规模、效益好的龙头企业较少；民营企业多是家庭经营，经营水平差异较大；农户家庭以种粮为主，特色经营所占比例不超过5%；农户家庭经营投入资金、人力有限，大部分不是家庭收入的主要来源；民营金融机构能够服务经营者，但利息较高，大多数经营者仍然依靠个人关系从农户手中筹措资金；农机维修一般集中在县城，乡镇较少；科技组织只能解决一般性问题，发展创新能力不够。

3. 原因分析

陕南生态农业的民营企业，由于生产资源的限制和行政区域的分割，规模均比较小，规模较大的企业如勉县建新油脂公司、汉中旭升农业发展有限公司等都是大路农产品加工企业，且县域特征十分明显。民营企业成长于家庭经营，其经营水平与创办者的素质有着密切的关系，因此，在县域内经营比较顺畅，最多发展到邻近县区，但不具有跨区域经营的能力，很难做大做强。农户家庭经营绝大多数不是作为家庭收入的主业，仅有不足1%的农户家庭经营把生态农业作为主业，人力物力投入不足、市场需求不大、经营水平较低是不可避免的。服务于生态农业的机修、金融等组织，因服务对象数量少、经济能力不足而发展缓慢。

(三)陕南生态农业发展的“新动力”

1. 创新驱动

陕南生态农业创新驱动整体表现一般。以企业为导向的创新主要集中在油脂、茶叶等少数企业产品上；商业模式创新、技术集成等以引进消化再创新为主；劳动者素质提高基本保持与全省同步，各类职业培训开展较好；管理创新主要是创新资源配置和资源综合利用，最大限度地发挥陕南青山绿水的优势，发展生态农业。

2. 存在问题

陕南生态农业创新驱动存在的主要问题是；企业规模普遍偏小，经济能力有限，进行科技创新投入不够；有限的科技资金更多用于引进先进技术，消化再创新能力成本较高，成果较少；劳动者素质提高进行较好，但劳动者的基本文化素质普遍较低；管理创新以学习外地先进经验为主，承包荒山种植、利用河塘养殖，综合利用土地提高经济效益仅限于农户，大规模综合利用还没有开展。

3. 原因分析

生态农业龙头企业科技创新投入不足，根源在于现有技术与规模能够满足生产经营需求，扩大生产经营规模受到资源和市场竞争的双重制约，影响了创新积极性。以勉县建新油脂公司为例，公司产品的技术水平与品种能够满足市场需要，更大的科技创新投入，很难得的相应的经济回报，因为，勉县及汉中市的油菜子产量制约了企业进一步做大做强。跨区域购入原料，会受到同行市场竞争的挤压，且成本较高，影响企业的经营效益。农户没有能力进行技术创新，由于资金和技术比较缺乏，合作经营、优势互补等具有学习创造的积极性。管理创新来自生态资源的分配与利用，比如各小流域的水资源开发与利用，由于市场竞争压力，公平合理就成为当务之急，于是，产生了股份合作等形式。

(四)陕南生态农业发展的“新体系”

1. 现代产业

陕南生态农业的现代产业“新体系”，以粮油等基础产业为主，大米、菜籽油仍是产量最大、销量最大的产品，销往区外的数量也是最大；蔬菜是陕南的又一重要产品，主要销往西安、兰州等地；茶叶一直是陕南的特色农产品，在西北有一定的知名度；花卉、苗木市场占有率不高，但发展前景广阔；橘子、核桃等产品销售渠道稳定，但大批量生产有一定难度；大鲵、鱼等水产品数量有限、销量较好；其他如观光农业、设施农业等现代农业农产品尚未形成规模化经营。

2. 存在问题

陕南生态农业的“新体系”建设存在的主要问题有：一是产量较大的大米、菜籽油、蔬菜、茶叶等，虽然销售比较好，但附加值不高。如大米和菜子是主要农产品，基本是微利。二是茶叶、菜籽油等有一定附加值空间的产品，品牌知名度不高，影响该产品的进一步发展。三是大鲵、橘子等由于生产条件的限制，销售较好，但产量提高空间较小。四是花卉、核桃等经营规模、产量及产品知名度需要进一步提高。

3. 原因分析

形成陕南生态农业发展“新体系”建设难题的原因：一是陕南属于西部地区，且是山区和半山区，盆地面积较小，农业以传统农业为主，现代农业所占比重较低，整体发展落后。二是距离区域中心城市西安、成都、重庆、兰州较远，且兰州、重庆的高速尚未开通，中心城市的辐射、带动作用影响不大。三是生态农业产品一般是区域内销售，由于区域内经济发展水平不高，产品需求量有限，制约了生态农产品的发展。四是作为经营主体的农民，经营分散，经营能力有限，经营历史不长，现在仍处在原始积累时期，做大做强尚需时日。

(五)陕南生态农业发展的“新优势”

1. 开放经济

陕南生态农业发展“新优势”主要有：一是区位优势。陕南是欠发达地区，处于南水北调中线水源地、生态保护功能区，对于工业发展来说是落后地区，对于生态农业发展来说是"优势"地区。二是交通优势。陕南有西汉高速、石天高速、西康高速等,能够把区域生态农产品便捷的运往临近的西安、成都、重庆、武汉、兰州等地,有利于生态农业的发展。三是时机优势。我国对外开放三十余年,东南沿海大城市发展潜力不大,尚未开发或开发力度不够的中西部中等城市迎来了发展的新机遇,特别是"十八大"将"推进城镇化"作为"重点",这是陕南发展的新机遇,也是陕南生态农业发展的新机遇、新时机。

2. 存在问题

陕南生态农业发展"新优势"发展中的问题有:一是内需不足。由于区域经济发展滞后,人民收入水平较低,消费需求以温饱为主,营养、健康等消费观念尚未普遍形成,制约了生态产品的消费。二是总供给大于总需求。陕南位于我国西部,周边地区均是生态农业区,虽然西安、成都、武汉、重庆、兰州都是中心大城市,但周边生态农业的供给量十分庞大,生产获利甚微。三是品牌知名度不高。生态农产品受地区限制,外销量相对较小,所以宣传力度不够,知名度较低。四是现代农业经营动力不足。现代农业经营以规模化的大市场为前提,西部城市化发展水平整体落后于东部,农村人口较多,阻力较大,缺乏对现代农业产品的需求,制约了现代农业的发展。

3. 原因分析

形成陕南生态农业发展"新优势"问题的原因:一是整体经济发展水平较低,人民收入低致使消费水平低;二是经济滞后,开发滞后,环境保护相对较好,生态产品总供给大于总需求,人们对生态产品的需求不高;三是生态农业企业规模较小,产品营销、品牌营销力度不够;四是生态观念、健康观念没有深入人心,生态文明发展和建设宣传不够。

(六)结论与建议

1. 结论

市场主体"新活力"主要来自民营经济,农户是市场"新活力"的基础;创新驱动"新动力"主要是商业模式创新、技术集成等以引进消化;现代产业"新体系"主要是花卉、蔬菜种植和养殖猪、鱼、大鲵等,观光农业要持续培育提高;开放经济"新优势"主要依靠交通优势和区位优势,促进区域生态农业的健康发展。

2. 对策建议

培育、支持陕南发展生态农业的民营企业,使它们成为生态农业发展的主力军;走"产学研"相结合的创新之路,特别是充分利用当地高校、科研机构的力量,发展经济;种植有市场潜力的茶树、花卉、蔬菜和养殖生猪、鱼、大鲵等特色生态农业产品;发挥和利用周边大城市西安、成都、重庆、武汉、兰州的作用,形成陕南生态农业发展的新优势。

三、陕南生态农业发展的趋势

(一)趋势形成机理

研究陕南生态农业发展的趋势,必须知道趋势如何发生的,也就是说要明确趋势形成的机理。趋势概念的起源为股票市场。一般认为:股价倾向于以趋势运动;交易量跟随趋势;一轮趋势一旦确立以后,倾向于继续起作用。金融交易大师一般主张交易者追随趋势。更极致的亚当理论认为:市场有很高的几率,往某个特定方向移动一段时间。现在,趋势一词不仅仅用于金融领域,而是在更广泛的领域表示事物未来一段时间的运动方向。

趋势本质上是事物运动在未来的延续,如一辆高速运动的汽车,在下一分钟的趋势是什么,答案是继续向前高速运动,其理由是运动的惯性。因此,判断事物运动的趋势,要立足于现在的状态。农民在判断明天天气的时候,一般是以当天下午的气候变化为根据;股民判断股价的运动趋势是以近几天股价的变化为基础。从哲学角度看,趋势是事物本质的体现,如经济危机就是事物发展具有"螺旋式上升"或"波浪式前进",即周期性规律的体现。再如市场经济"优胜劣汰"规律,不然会导致企业规模越来越大,最后形成"垄断",这是"规律",也是"趋势"。

人们对趋势的判断,时间越短,判断越容易。相反,时间越长,判断越难。因为,时间长了,变量越多,变量越大,影响时间越长。例如,美国的"金融危机",由于发生在世界经济发展的"发动机"美国,因而引起了世界的"经济危机";而发生在泰国的"金融危机"只引起了亚洲的"金融危机"没有形成世界的"金融危机",我们可以把这种现象称为"大因子理论"。于是,一些重大的事件,成为改变趋势的力量,也成为研究"趋势"的重点问题。

(二)影响陕南生态农业发展的因素

重要的"大因子"对事物的发展趋势有影响,那么,影响陕南生态农业发展的因素有哪些?

1.政策因素

党的十八大报告明确指出:要建设"资源节约型、环境友好型社会","坚持节约资源和环境保护的基本国策;坚持节约优先、保护优先、自然恢复为主的方针;着力推进绿色发展、循环发展、低碳发展,形成节约资源和保护环境的空间格局、产业结构、生产方式、生活方式。从源头上扭转生态环境恶化的趋势,为人民创造良好生产生活环境，为全球生态安全做出贡献。"这一《决议》将会在很长时间影响陕南生态农业的发展。另外，地处南水北调中线工程水源地，保护一江清水送北京，这既是一项战略任务，也是陕南生态农业发展的重要因素。

2. 经济因素

由于大工业的发展，带来严重的环境污染，食品质量不断下降。因而，人们对优质农业产品的需求会越来越强烈，这就为陕南生态农业的持续发展带来了可能；另外，人们生活越来越富裕，这是不可逆转的趋势，这一趋势也会使人们对优质农产品的需求越来越强烈。事实也是如此，富裕的国家或地区，人们对食品的要求越来越高。近年来不断发生的食品安全事件(三鹿奶粉、铬大米等)，一方面说明环境污染越来越严重，另一方面也说明人们的质量意识、健康安全意识越来越强，这就为陕南生态农业的可持续发展提供了可能。

3. 国际因素

中国加入了世贸组织，融入到世界经济政治发展的大潮中，就必须尊重"国际规则"，国际生态文明的要求、准则、标准等都是制约我国生态农业发展的要素。对于陕南生态农业发展来说，有机食品、无公害农产品的有关标准是必须执行的。而"国际标准"往往比"中国标准"更高、更严，这就使陕南生态农业发展只能更好，不能倒退。"中国要求"与"世界要求"的叠加，会促进陕南生态农业在更长的时间内不断发展。

(三)陕南生态农业发展的基本趋势

在未来二十年，陕西生态农业发展的基本趋势是生态环境更优美、主要农产品的品牌影响力更大、经营方式更符合社会化大生产的需求、国家规划的区域功能定位基本实现。

1. 山清水秀、美丽陕南、区域生态功能的目标基本实现

国家对陕南地区的宏观要求是：长江上游防护林建设、南水北调中线工程水源地保护、区域生态功能定位。这些要求的具体体现是山清水秀、稻谷飘香、美丽陕南、生态区域。上述目标能够实现的根据：一是政策上不允许高污染企业进入，从源头上堵住了破坏生态环境的经济力量；二是陕西 280 万生态移民，降低了人类生存对生态环境的破坏；三是城镇化建设使人口集中到中心村镇，便于节能环保设备的运行，排放污染减少，治理污染能力提高；四是经济社会再发展 20 年，现在的留守儿童成人，移居城镇，留守老人极大减少，真正的农村人口比现在减少一半以上是完全可能的；五是经济社会的发展，20 年后，发达区域的人口更加密集、生活压力更大、环境要求更高。相比而言，陕南生态环境显得更加优美；陕南各级政府坚持既定国策，保持青山绿水，使陕南的生态环境优势更加显著。

2. 退耕还林、生态移民、城镇建设使陕南生态环境更加优美

目前已经实行的"退耕还林"政策，使一些不宜耕种的山地还草、还林，取得了很好的成果。未来，随着农村人口的减少，农民对高经济效益的追求，对比较效益低的小块丘陵、山坡土地将会被农民放弃，大块比较效益高的土地会被农民实行规模化耕种，即目前是"政策性"退耕还林，未来是"效益型"退耕还林。生态移民已经实行，计划 2020 年完成，移民对象是高山耕地较少，生存条件较差的农户，如深山独居的农户，把他们搬迁到中心村镇，提高良田的使用效率，放弃一些不宜耕种的土地，使深山植被得以恢复，起到"封山育林"的作用。现在是政策性移民，但随着社会经济的发展，自主的经济性移民会越来越多。城镇建设是未来发展的方向，目前仍停留在"建房子"阶段，未来必然以"福利型"吸引农户的搬迁。从现在农户居住的现状来看，房屋一般建在大路边，方便出入，但不会远离自己的土地。一些家庭有在外工作的子女，留老人看家，多将房子买在县城，方便子女探亲，也方便老人生活、就医等。因此，城镇建设的重点是医疗、社会服务，留守人口的社会交往，也是一种服务，其推动力量是土地流转(未来应是土地买卖)，没有土地流转，人口就难以流动。在退耕还林、生态移民、城镇建设的多因素作用下，陕南生态环境必然越来越优美，空气质量、河水流量、动植物种类将有所提升。

3. 大米、生猪、果蔬、茶叶、中药材等主要农产品产量品质提升

汉中市和安康市的大米是有名的农产品，其优良品质真是"有粮不愁卖"，且在四川、广州等南方省份销售很好，未来仍将是陕南的名牌农产品。陕南是国家重要的生猪肉食品来源基地，在未来耕地减少的情况下，生猪养殖必然有所增加，以弥补粮食减少带来的经济损失。同时，"退耕还林"带来的养猪草料的增加，也成为养猪发展的动力。果蔬种植中的果包括柑橘、猕猴桃、核桃、樱桃等，如城固柑橘、西乡樱桃等，猕猴桃种植的地区较多，商品率也高。随着人们生活的日益富裕，对水果、干果的消费量会不断增加，陕南果业的优质产品，也会越来越有名，品牌影响力会越来越大。陕南蔬菜外销主要源于陕南与关中、陕北及西北各地区的温差，这是自然条件所决定的优势，比大棚蔬菜有更好的品质。茶叶是陕南传统产品，客户群比较稳定，随着人们健康观念的进步，没有添加剂的天然饮品必然市场广阔，价格会不断提高，茶农的收益更加可观。中药材也是陕南的著名产品，随着中西医结合的发展，中药制剂的发展，会使中药需求量不断增加，经济效益也不断提高。其他如养鱼、养大鲵等，受水面的限制，产量不会很大，但需求旺盛，也有较好的发展前景。

4. 油菜、茶叶、观光农业等品牌知名度扩大

陕南生态农业的品牌建设，分两个层面，一是整体生态品牌形象；二是产品品牌知名度。从陕南生态农业整体品牌形象来看，国家层面的区域功能定位和

南水北调中线工程水源地等确立了陕南生态农业的国家定位；观光农业（如油菜花节、莲花园）和生态旅游（如城固橘园）等吸引外来人口的进入，强化了陕西生态农业的优势；企业的产品品牌营销，促进了陕南生态农业品牌的知名度的提高。就企业的产品品牌建设而言，企业无疑是十分重视品牌建设的，但企业规模普遍较小，品牌投资力度不够是制约品牌建设的关键。汉中茶叶品牌众多，影响力小就是典型案例。生态农业品牌的做大做强，需要一个优胜劣汰的过程，最少需要20多年的发展。制约品牌做大做强的根本因素是陕南的地形，即分割为许多小块的农田，集中成本较高（运输成本、管理成本等），这是小区域小品牌出现的重要原因。汉中盆地、月河川道农田较集中的地区，应率先做大做强生态农业品牌；菜油、茶叶、柑橘等农产品成熟品牌要起模范带头作用。

5. 专业经营、综合经营成为主要经营方式

目前，陕南生态农业的经营，除龙头企业外（平均每县10个左右）就是农户经营，而农户中98%以上是小规模或者无规模的经营，仅有2%左右属于有一定规模的专业经营户，主要经营的是养殖、加工类产品，种植业由于土地无法集中，仍是分散经营。从经营目标规模来看，种植业必须有100亩土地以上，按现有利润分析，每亩土地粮食收益在400元左右，100亩地收益4万元；经济作物收益较高，每亩1 000～3 000元是可能的；粮食和经济作物对半种植，家庭年收益在18万元左右，能够维持一个家庭的正常需要。因此，只有规模化经营，纯农户才能生存，而纯农户才是农业的根本力量。纯农户的规模化、专业化经营，符合经济发展的规律，利益推动市持续发展动力，这是农业的发展方向和趋势。

农户生产经营的专业化是指农户以一个行业（一般为农业）作为经营方向，集中人力、物力组织生产经营活动。专业化具有垄断性、高技术性、专业教育、行为责任等特征。农户生产经营的专业化根源是社会分工和市场竞争。社会进步的标志是商品越来越多，质量越来越高，而人的能力和精力是有限的，只能集中的生产自己具有优势的少数产品，甚至一个产品，这就是社会分工。市场竞争对于社会分工具有加速的作用，分工越细，商品竞争力越强，相反，分工越粗，竞争力越弱。从这个意义上讲，农户生产经营产业化，是市场竞争的必然选择。专业化模式的优点有：一是经济效益高。专业化经营一般是和一定生产规模、较高的技术水平及较强的市场竞争力相联系的，因而，经济效益比种粮、打工都高。专业化经营发展到一定规模就会成为企业，这是一般农户无法比拟的。二是商品竞争力强。专业化经营的规模效应和技术效应，必然带来商品的高品质和低成本，交易费用也相对较低，从而使商品竞争力增强。三是技术水平高。专业细分使生产经营者有更多的精力投入到细分领域，促使该细分领域的技术水平更高，这是近代以来社会进步所证明了的真理。四是自主经营能力强。专业化经营，不仅仅是规模和技术，更重要的是经营者自主经营能力的体现。与其说有技术、有规模能进行专业化经营，不如

说会经营才能真正实现专业化，经营能力比技术、规模更重要，因为，只有卖出的商品，才能真正实现收益，才能形成和开拓市场。

专业化经营对于生态农业而言，并不具有生态意义。专业必然破坏生态链，不符合万物共生、取长补短、综合利用的规律，因此，综合化才是生态农业发展的真正需要。综合化模式是指生产经营的多元一体化模式，建立在专业分工基础上的高级经营模式。综合化模式是以资源的多样性为基础的多种经营模式，传统的自给自足的农户"庭院经济"属于综合化的典型模式。农户耕种数十亩土地，有足够的粮食可以自用，自己织布缝衣，自己养猪养鸡，门前有桃杏果树等，自给自足不需要外购，这就是典型的综合化模式。综合化模式比较符合现代生态农业理念，资源的综合利用率较高。综合化经营的原因，一是资源多种多样，白白浪费太可惜，如河边插柳、院子种菜等。二是需要多种多样，能自给自足的就不去购买，节约资金，如门前种果树、蔬菜、养猪、养鸡等。三是自给自足的自然经济以及远离市场、缺乏现金等因素，致使人们形成综合化生产经营，远离村镇的农户作为典型。综合化模式的优点是：一是资源利用率高。区域资源本身具有综合的性质，如一块农田，可能包括水渠、田埂、树木等。不同的资源具有不同的用途，单一使用必然会导致部分资源浪费，只有综合利用，才能最大限度的发挥资源优势，提高资源利用率。二是经营风险小。各类资源的综合利用，固然是收益多元化，某一项收益的减少，对整体利益损害很小，因而经营风险也比较小。三是技术要求低。综合化经营主要是收益的多元化，而不一定是高科技化。田埂种豆，主要是利用田埂，以方便、不浪费为指导，不一定要优良品种、精耕细作，因而技术要求比较低。四是经济收益稳定。经营风险小，本身就意味着经济收益稳定。养一头猪、几只鸡、种数株果树等，不但可以满足不同需求，也可以获得稳定的收益。少数项目收益减少，对整体影响也是极其有限的，收益波动很小。

研究结论是：专业化模式是提高资源利用率的经营模式，也是市场化经营模式。近代以来的社会进步就是专业化经营模式的进步，但也可能形成垄断经营；综合化模式有两类：初级、小规模的综合经营，不符合市场经济规律，但能提高资源利用率；高级、大规模的综合经营，能够提高资源的综合利用率，符合市场经济规律，它是比专业化模式更高级的经营模式。农户家庭经营的方向：一是走专业化经营道路，提高资源利用率，提高商品市场竞争力，进而提高自身经济收益；二是在家庭成员个人经营专业化，家庭总体综合化。家庭经营的这两个方向，在西安郊区均有众多成功案例，具有学习、模仿价值。

参考文献

[1] 荣开明. 论生态文明建设的三个基本问题[J]. 武汉学刊,2010(6).
[2] 张佳佳. 关于生态文明及其建设问题研究综述[J]. 才智,2012(1):213-214.
[3] 李军. 科学术语"生态农业"的探讨[J]. 学术月刊,2011(4):14-15.
[4] 徐岩. 我国生态农业的回顾与展望[J]. 山东省农业管理干部学院学报,2009(3):46-48.
[5] 孙儒永,李博,诸葛阳,尚玉昌. 普通生态学[M]. 北京:高等教育出版社,2003:1、2、18.
[6] 贾金荣. 德国生态农业发展概况与政策[J]. 华南农业大学学报,2005(4):76-78.
[7] 徐松. 比利时生态农业发展经验及对我国的启示[J]. 中国财政,2008(15):60-61.
[8] 刘星辰,杨振山. 日本稻作生态农业发展途径与模式[J]. 经济地理,2011(11):1891-1895.
[9] 庞道沐. 台湾生态农业发展考察[J]. 中国乡村发现,2011(1):147-150.
[10] 杨青利. 浅谈西安市临潼区生态农业发展模式[J]. 四川环境,2005(6):64-67.
[11] 李亚琼,徐晓萍. 榆林地区生态农业的应用前景[J]. 榆林科技,2007:18-19.
[12] 陕西省人民政府关于加快推进陕南循环发展的若干意见,2011.
[13] 安康市 2013 年政府工作报告.
[14] 汉中市 2013 年政府工作报告.
[15] 商洛市 2013 年政府工作报告.
[16] 国务院印发的《关于丹江口库区及上游地区经济社会发展规划的批复》,2006.
[17] 陕西省及陕南三市十二五规划.
[18] 安康市农业局网,汉中市农业局网,商洛市农业局网.
[19] 马强. 北宋以前汉中地区的农业开发[J]. 中国农史,1999(2).
[20] 李国强,安康经济地理[M]. 北京:世界知识出版社,2004.
[21] 张骅,杨西民. 论陕南水土保持方略[J]. 水利发展研究:第二卷,2002(6).
[22] 陈晓荣. 陕南地区水土保持生态修复模式探讨[J]. 陕西水利,2008(3).
[23] 柳礼香. 论陕南秦巴山区小流域沟道治理[J]. 中国水土保持,2012(6).
[26] 姚远,汉中市南水北调工程上游水土保持工作纪实[N]. 陕西农村报,2012-11-9.
[27] 骆世明. 生态农业的模式与技术[M]. 北京:化学工业出版社,2009.
[28] 中共汉中市委党史研究室. 汉中辉煌 10 年,陕内资料批字(2006)JH08 号,2006.
[29] 潘宣. 陕南水土流失防治实践与思考[J]. 中国水土保持,2012(2).
[30] 雷婷. 别样美丽的循环农业[N]. 经济日报,2013-8-21.

后　记

人类社会的发展自进入工业文明以后，呈加速发展的态势，但发展的代价是生态环境的破坏。其实，生态环境的破坏也非自近代开始，自从有了人类以后，人的生存意志就是以环境破坏为前提，只是近代以来破坏加速了。人们为了保持必要的生存与发展环境，于是，生态文明被人们重视起来，并用政府等各种强制力量推广生态文明的各种举措。生态文明从理想走向现实。

农业作为传统产业，对环境的依赖性是最强的，没有肥沃的土地、适宜的气候和水利设施，就没有农业的发展。同时，农业也是破坏生态环境的重要力量，"开荒种地"就是以破坏自然生态来发展农业。农业与生态二者能否保持必要的平衡？答案是肯定的。自古以来的"庭院经济"就是农业与生态均衡发展的典型案例——门前栽柳、屋后养鸡、间作套种、多种经营。现在推行的"鱼—鸭—稻"模式、"猪—沼—果"模式等，就是"庭院经济"的发展模式。从另一方面来理解，生态农业也是对"单一产品、规模生产"的工业生产模式的超越，综合、循环成为生态农业的特征。

生态经济、生态农业等相关问题的研究始于 2002 年，以教育部项目《生态学视野下的西部经济发展研究》为契机，组合了一批志同道合的同仁，在区域发展环境、生态补偿机制、生态产业等方面取得了一些成果，并于 2007 年获得陕西省教育厅经济类科研成果一等奖。本课题（陕南生态农业发展研究，课题编号 SL-GH1204）是这一研究系列的延续，2012 年得到"陕西（高校）哲学社会科学重点研究基地汉水文化研究中心"的支持。

本书研究思路：从陕南生态农业的宏观发展环境到微观发展项目内容，再到宏观的发展成就与趋势。具体写作：第一章（林海）、第二章（林海）、第三章（邵福利）、第四章（邵福利）、第五章（邵福利）、第六章（邵福利、林海）、第七章（邵福利、林海）、第八章（邵福利）第九章（邵福利）、第十章（林海）、第十一章（林海）、第十二章（林海）、第十三章（林海）。程江龙、肖兰芳、张冰、任萌、何阳阳、梁月利参与文稿校对。汉水文化研究中心对本书的出版给予了大力支持和帮助。陕西理工学院管理学院相关老师和同学在本书写作中提供了宝贵意见和帮助，在此表示感谢！

本书是对陕南生态农业发展的研究总结，希望能对理论研究者、政府和企业等的实际工作者的学习和研究有所帮助。由于作者水平有限，对资料的收集和理解难免有不到位之处，恳请读者批评指正。

作　者

2013 年 9 月